全民数字素养与技能提升手册

吴　丹　周辉林　彭嗣禹◎著

江西人民出版社
Jiangxi People's Publishing House
全国百佳出版社

图书在版编目（CIP）数据

全民数字素养与技能提升手册 / 吴丹，周辉林，彭嗣禹著 . -- 南昌 : 江西人民出版社，2024. 12.
ISBN 978-7-210-16134-9

Ⅰ. G202-62

中国国家版本馆 CIP 数据核字第 2025HP2977 号

全民数字素养与技能提升手册　吴　丹　周辉林　彭嗣禹　著
QUANMIN SHUZI SUYANG YU JINENG TISHENG SHOUCE

出 版 人：梁　菁
策划编辑：张芝雄
组稿编辑：蒲　浩
责任编辑：周伟平　周钰杰
封面设计：马范如

江西人民出版社 Jiangxi People's Publishing House 全国百佳出版社 出版发行

地　　址：江西省南昌市三经路 47 号附 1 号（邮编：330006）
网　　址：www.jxpph.com
电子信箱：jxpph@tom.com
编辑部电话：0791-86898054
发行部电话：0791-86898815
承 印 厂：南昌市红星印刷有限公司
经　　销：各地新华书店

开　　本：720 毫米 × 1000 毫米　1/16
印　　张：16.25
字　　数：240 千字
版　　次：2024 年 12 月第 1 版
印　　次：2024 年 12 月第 1 次印刷
书　　号：ISBN 978-7-210-16134-9
定　　价：58.00 元
赣版权登字 -01-2024-981

序　言

在人类文明演进的浩瀚长河中，文字读写能力及素养曾是衡量社会进步的基础标尺，而今，随着全球数字化浪潮的汹涌推进，数字素养已跃升为衡量社会高级发展阶段的关键指标。数字化不仅重塑了人类的思维模式、生活方式、生产形态及学习途径，更成为衡量国家竞争力和文化软实力的重要指标。在此背景下，提升数字素养，强化数字化适应能力、胜任力与创造力，已成为数字时代公民必备的核心能力。2021 年 11 月，中央网络安全和信息化委员会发布的《提升全民数字素养与技能行动纲要》明确指出："提升全民数字素养与技能，是顺应数字时代要求，提升国民素质、促进人的全面发展的战略任务，是实现从网络大国迈向网络强国的必由之路，也是弥合数字鸿沟、促进共同富裕的关键举措。"因此，普及并提升全民数字素养已成为社会各界，尤其是教育领域亟待解决的重要课题，而数字素养教材的编撰与科普著作的出版，则成为破题之钥，意义深远。

南昌大学吴丹教授，作为中央网信办、教育部、工业和信息化部等 13 个部委联合评选认定的"全民数字素养与技能培训基地（数字学习类）"的负责人，兼具计算机科学与管理学的深厚学术背景，其领衔的团队更是横跨计算机科学、通信工程、信息资源管理等多元学科。这支精英团队在数字素养教材与科普著作的编撰中，既肩负着光荣的使命，又具备独特的跨学科优势。他们积极响应国家的战略号召，匠心打造了一部颇有分量的数字素养科普佳作。通读全书，我深感该书具有以下三大亮点：

（1）科学性与普及性并重。该书不仅吸纳了学界与业界的最新研究成果，确保了内容的科学性与前沿性，更在表述上力求精简实用，以案例为导向，行文流畅，简洁明了，既能大幅降低读者的理解难度，又能实现科学知识的有效普及和广泛传播。

（2）理论性与实践性交融。全书分为基础编、技能编、应用编与安全编，既夯实理论基础，又强化实践应用，通过丰富的案例、示例与图片，直观展现数字技术的应用场景与操作流程，使读者在理论与实践的双重滋养下，切实掌握数字技术，提升数字素养。

（3）前沿性与实用性兼具。该书紧跟时代步伐，深入剖析了大模型应用、低代码开发、大数据应用、网络安全等前沿技术，为读者提供了一场知识盛宴。同时，该书还紧密贴合读者生活，提供了网络安全防护的实用指南，如网购安全、Wi-Fi 使用、个人信息保护等，让读者在享受数字便利的同时，能够提升自我安全防护能力，确保数字生活的安全无忧。

我素来秉持“多发光，少发热”的处世哲学，倡导脚踏实地、行胜于言。吴丹教授及其团队以笔为舟、以心为帆，深耕于基础教材与科普著作领域，为提升全民数字素养贡献“南大智慧”，他们的情怀与担当，恰逢其时，尤为珍贵。在此，我们也满怀期待地注视着这部佳作，相信它将为全民数字素养的提升带来积极的推动与深远的影响，成为我们前行路上的一盏明灯，指引我们共同探索更加宽广的数字世界。

江风益

中国科学院信息技术科学部院士

2024 年 10 月于南昌大学前湖校区

contents

目录

基础编

第1章 数字素养的战略与政策

第2章 数字素养的前世与今生

第 3 章 数字素养的标准与概念

技能编

第 4 章 数据利用

第 5 章 低代码开发

第 6 章 大模型应用

应用编

第7章 数字生活

第8章 数字学习

第9章 数字工作

安全编

第10章 网络安全基础

第11章 网络安全防护

基础编

第1章 数字素养的战略与政策

在当今这个日新月异的数字时代，提升全民数字素养与技能已跃升为国家发展战略的核心组成部分，各级政府及相关部门纷纷出台了一系列配套政策和措施，推动全民数字素养提升计划与行动如火如荼地在全国各地展开。这些战略的制定与政策的出台，不仅为我国全民数字素养教育绘制了宏伟蓝图，更明确了发展方向，铺设了切实可行的实施路径。

数字素养的战略布局与政策导向，紧密关联并深度融入"网络强国""数字中国"等重大国家战略之中，彰显出其在促进国家信息化建设、加速经济社会数字化转型中的关键作用。通过强化数字素养教育，我们能够培养一支具备高度数字化适应能力、创新能力和责任意识的国民队伍，使他们能够充分利用数字技术赋能个人发展，积极参与数字经济建设，共同推动社会全面进步。

此外，提升全民数字素养还是构建网络安全防线、维护国家网络主权的重要基石。在信息技术日新月异的今天，网络安全威胁日益复杂多变，提升公众的数字素养意味着增强他们的网络安全意识、风险防范能力和应急处理能力，为构建清朗、安全的网络空间提供坚实支撑。

因此，在新时代下提升全民数字素养与技能的重要性不言而喻，它是推动我国从网络大国迈向网络强国、从数字大国迈向数字强国的关键一步。我们必须深刻认识其战略意义，齐心协力，以更加饱满的热情和坚定的决心，推动全民数字素养教育不断迈上新台阶。

1.1 “网络强国”战略

“网络强国”战略的提出，源于信息化、网络化对国家及全球各领域的深刻影响，旨在通过加强网络技术建设与信息安全，提升国家的综合竞争力。这一战略不仅关乎经济社会的数字化转型，更承载着维护国家安全、推动社会进步的重要使命。通过实施“网络强国”战略，我们能够更好地应对全球化背景下的网络安全挑战，促进信息技术的发展与应用，进一步提升社会经济发展水平，从而为实现国家现代化提供坚实支撑。

1.1.1 从“网络大国”到“网络强国”

21 世纪以来，互联网的发展日新月异，信息化的浪潮波及全球，对中国来说既是机遇又是挑战。从全球范围来看，信息化、网络化对政治、经济、文化、社会等各领域的渗透趋势愈加明显，已然成为推动经济社会转型、实现可持续发展、提升国家综合竞争力的强大动力。从政治领域来看，一方面，信息与网络技术的发展使得政府治理更加高效、透明。例如，电子政务的推广使得政府服务更加便捷，提高了政府的公信力。另一方面，网络化也为政府治理带来了一系列挑战，如网络诈骗、网络暴力、个人隐私泄露等。从经济领域来看，信息化和网络化推动了全球化进程，使得各国的经济更加紧密地联系在一起，全球经济风险共担的现象越来越普遍。与此同时，信息技术的发展和应用，降低了交易成本，促进了产业结构的优化升级。从文化领域来看，各民族的文化传承、文化消费、文化教育等通过网络得以升级与创新，在一定程度上实现了文化资源共享，进一步增强了文化自信。从社会领域来看，网络彻底改变了人们的生活方式，例如，以微信、支付宝等为代表的移动支付取代了现金支付成为主流支付方式，各大电子商务平台也成为重要的购物阵地，各类社交媒体也深度嵌入人们生活的方方面面，对大众的生活影响越来越广泛。2010 年 12 月底，我国网民规模已经突破 4.5 亿关口，达到 4.57 亿人，较 2009 年底增加 7330 万人。[①]2011 年 12 月底，中国网民规模达到 5.13 亿，全年新增网民 5580 万人，互联网普及率 38.3%，[②] 相较于上一年底提升了 4 个百分点。2012 年 12 月底，互联网普及率 42.1%，相较于上一年底提升了 3.8%。[③]2013 年 12 月，中国网民规模达 6.18 亿，互联网普及率 45.8%。[④] 从这些数据来看，我国已经是名副其实的网络大国。2014 年 2 月 27 日，习近平总书记在中央网络安全和信息化领导小组第一次会议上发表重要讲话时指出："网络安全和信息化是事关国家安全和国家发展、事关广大人民群众工作生活的重大战略问题，要从国际国内大势出发，总体布局，统筹各方，创新发展，努力把我国建设成为网络强国。"该战略目标的提出为我国网信事业的发展指明了前进方向，我国首次提出建设"网络强国"。2015 年党的十八届五中全会明确提出要实施"网络强国"战略。[⑤] 从"网络大国"到"网络强国"的提法虽然只有一字之差，但是一字改变所带来的新理念、新实践却是惊人的。

网络大国并不等于网络强国，我国距离网络强国的目标仍有一定差距。因此，为全面推进"网络强国"建设，2016 年 7 月 27 日，中共中央办公厅、国务院办公厅印发《国家信息化发展战略纲要》（以下简称《战略纲要》）。《战略纲要》是未来 10 年国家信息化发展的指导性文件，主要提出了建设

---

① 中国互联网络信息中心. 第 27 次中国互联网络发展状况统计报告[EB/OL].(2011-01-18)[2024-06-24].https：//www.cnnic.net.cn/n4/2022/0401/c88-779.html.

② 中国互联网络信息中心. 第 29 次中国互联网络发展状况统计报告[EB/OL].(2012-01-16)[2024-06-24].https：//www.cnnic.net.cn/n4/2022/0401/c88-803.html.

③ 中国互联网络信息中心. 第 31 次中国互联网络发展状况统计报告[EB/OL].(2014-03-05)[2024-06-24].https：//www.cnnic.net.cn/n4/2022/0401/c88-1060.html.

④ 中国互联网络信息中心. 第 33 次中国互联网络发展状况统计报告[EB/OL].(2014-03-05)[2024-06-24].https：//www.cnnic.net.cn/n4/2022/0401/c88-1061.html.

⑤ 北京周报. 中共第十八届中央委员会第五次全体会议公报（全文）[EB/OL].(2015-10-30)[2024-06-06].http：//www.beijingreview.com.cn/wenjian/201510/t20151030_800041567.html.

网络强国的“三步走”战略。① 具体的“三步走”战略如下：第一步，到2020年，核心关键技术部分领域达到国际先进水平；第二步，到2025年，根本改变核心关键技术受制于人的局面；第三步，到本世纪中叶，信息化全面支撑富强民主文明和谐的社会主义现代化国家建设，网络强国地位日益巩固，在引领全球信息化发展方面有更大作为。②

“三步走”战略以其详尽的规划与具体指标的设定，彰显了我国对信息化发展及“网络强国”战略的深远考虑与高度重视。

2017年10月18日，习近平总书记在党的十九大报告中八次聚焦互联网议题，不仅规划了一系列关于互联网与信息化发展的重大举措，还重点强调了网络安全运营的重要性。他指出，要“加强互联网内容建设，建立网络综合治理体系，营造清朗的网络空间”③。从“网络大国”到“网络强国”的转变，正是我国在面对网络安全挑战时作出的战略应对。一个国家只有网络实力变强，才能在网络安全问题来袭时，轻松应对，化解危机。2023年7月，习近平总书记对网络安全和信息化工作作出重要指示，指出：“党的十八大以来，我国网络安全和信息化事业取得重大成就，党对网信工作的领导全面加强，网络空间主流思想舆论巩固壮大，网络综合治理体系基本建成，网络安全保障体系和能力持续提升，网信领域科技自立自强步伐加快，信息化驱动引领作用有效发挥，网络空间法治化程度不断提高，网络空间国际话语权和影响力明显增强，网络强国建设迈出新步伐。”习近平总书记的一系列重要论述为加快推进网络强国建设指明了前进方向。

---

① 人民政协网.中共中央办公厅、国务院办公厅印发《国家信息化发展战略纲要》[EB/OL].(2016-07-27)[2024-06-24].https：//www.rmzxb.com.cn/c/2016-07-27/942053_1.shtml.

② 新华网.中共中央办公厅、国务院办公厅印发《国家信息化发展战略纲要》[EB/OL].(2016-07-28)[2024-06-24].http：//www.xinhuanet.com/politics/2016-07/28/c_129185620.htm.

③ 中华人民共和国中央人民政府.习近平：决胜全面建成小康社会　夺取新时代中国特色社会主义伟大胜利——在中国共产党第十九次全国代表大会上的报告[EB/OL].(2023-03-29)[2024-06-06].https：//www.gov.cn/zhuanti/2017-10/27/content_5234876.htm.

第一，明确了网信工作在党和国家事业全局中的重要地位。党的十八大以来，我国网络安全和信息化事业取得重大成就，党对网信工作的领导全面加强，网信事业的重要地位作用日益凸显。随着网络信息化技术的飞速发展，网络安全问题也随之而来，成为国家安全不可或缺的一部分。面对这些新挑战，若处理不当或缺乏足够的应对能力，将直接对国家安全构成威胁。因此，以习近平同志为核心的党中央高度重视网络安全问题，并致力于构建坚实的网络安全防线。

第二，明确了网络强国建设的战略目标。我们要站在实现中华民族伟大复兴中国梦的高度，加快推进网络强国建设。要建设完善的网络基础设施，保障网络安全，推动数字经济发展，提升全方位各领域的信息化水平，致力于增强网络文化软实力，优化网络治理体系，建设网络监控与防护机制，培养优秀的网络拔尖人才，深化国际交流与合作，最终争取达到技术先进、产业发达、攻防兼备、制网权尽在掌握、网络安全坚不可摧的目标。[①] 通过前述目标的实现，力求建成一个繁荣、文明、民主、和谐的网络强国，为实现中华民族伟大复兴的中国梦提供有力支撑。

第三，明确了网络强国建设的原则要求。网络强国的建设涉及多方面、多领域。《习近平关于网络强国论述摘编》一书的第三部分，论述了网络强国建设的原则要求，指出要坚持创新发展、依法治理、保障安全、兴利除弊、造福人民的原则，坚持创新驱动发展，以信息化培育新动能，用新动能推动新发展等。[②] 随着全球科技水平的飞速提升，“战争”的形态已悄然发生转变，不再局限于传统的武力对抗，而是更多地体现在网络空间、信息领域乃至经济战场的较量上。这些非传统战争形态，虽不见硝烟，但其影响力与破坏力不容小觑。因此，中国加强网络强国建设无疑是顺应世界历史发展的重大战略抉择，而通过遵循这些原则要求，

---

① 王益民．数字中国 200 问［M］．北京：中共中央党校出版社，2022.

② 中共中央党史和文献研究院．习近平关于网络强国论述摘编［M］．北京：中央文献出版社，2021.

可以确保网络强国建设沿着正确的方向前进，实现国家网络空间的健康、有序、可持续发展。

第四，明确了互联网发展治理的国际主张。中国一贯秉持和平、合作、共赢的理念，高举合作共赢的伟大旗帜，强调国家间网络空间的问题与争端应当通过和平、对话的方式加以解决，倡导相互尊重各国的网络主权，支持并促进与睦邻友好国家在互联网空间治理上的共同参与和合作，积极鼓励国与国之间在互联网技术、政策及标准等领域的交流与合作。在自身能力范围内，中国致力于帮助和支持其他发展中国家在信息技术发展及能力建设方面的需求，通过技术援助、经验分享等方式，努力缩小全球数字鸿沟，促进全球互联网治理体系的均衡、包容和可持续发展。同时，中国呼吁国际社会加强合作，共同打击网络犯罪，如黑客攻击、网络诈骗、网络恐怖主义等。

第五，明确了做好网信工作的基本方法。鉴于网信工作的广泛性与复杂性，跨越多个领域，其有效推进亟须一套系统化、全面性的方法论。具体而言，就是要坚定不移地贯彻党的集中统一领导，优化顶层战略规划，深化法治理念在网信治理中的应用，携手多部门协同攻克关键技术难题，共同营造清朗健康的网络生态环境。同时，加大对人才培养的投入力度，持续引入新鲜血液，激发创新活力，并积极倡导社会各界广泛参与，形成合力。此外，政府相关部门应建立健全监督体系，强化监督职能，确保网信工作健康有序发展。

习近平总书记关于“网络强国”的重要思想是习近平新时代中国特色社会主义思想的重要组成部分。作为中华人民共和国公民，我们要紧密团结在以习近平同志为核心的党中央周围，坚持以习近平新时代中国特色社会主义思想为指导，全面贯彻党的二十大精神，以一往无前、时不我待的奋进姿态推进网信事业的高质量发展，为全面建设社会主义现代化国家、全面推进中华民族伟大复兴作出新贡献。

1.1.2 “网络强国”战略与“数字素养”的关系

网络，作为现代社会的基础性设施，其影响力已深远地触及国家安全与民众生活的每一个角落，不仅极大地便捷了人们的日常生活，更成为国家安全不可或缺的一环。然而，网络的普及与便利性也伴随着一系列严峻挑战，诸如网络攻击频发、个人隐私泄露加剧、虚假信息泛滥及网络诈骗猖獗等，这些问题对国家安全与公民生活构成了重大威胁，极端情况下甚至可能引发社会功能的紊乱，严重影响社会的稳定与发展。

鉴于网络这一“双刃剑”的特性，提升公众的网络素养显得尤为迫切且重要。网络素养，作为数字素养的关键构成部分，其重要性不言而喻。然而，值得注意的是，在我国政府文件及国际组织的报告中，关于两者关系的界定尚不明晰，不同语境下常出现概念混淆或混用现象，学者间亦存在争议。鲍登（Bawden）认为网络素养聚焦于网络形势下的数字素养。[①]也有学者认为网络素养隶属于数字素养。[②]

综上所述，网络的重要性不言而喻，而加强网络素养教育则是应对挑战、把握机遇的必由之路。建设网络强国，离不开全民网络素养的普遍提升，这实质上是对全民数字素养教育提出了更高要求。

作为世界人口大国，我国在推进“网络强国”战略的征程中，国民的数字素养成为至关重要的因素。“网络强国”战略与国民的数字素养两者紧密相连，相互促进，共同驱动着社会的进步与发展。具体而言，其重要性体现在以下几个方面。

第一，为网络强国建设打下坚实基础。数字素养作为数字经济蓬勃发展的基石，为网络强国建设奠定了坚实的支撑平台。随着电子商务、云计算、大数据等技术的快速发展，数字经济已成为经济增长的重要引擎，不仅优

---

① Bawden，David.Information and Digital Literacies：A Review of Concepts［J］.Journal of Documentation，2001，57（2）：218–259.

② 高欣峰，陈丽．信息素养、数字素养与网络素养使用语境分析——基于国内政府文件与国际组织报告的内容分析［J］．现代远距离教育，2021（2）：70–80.

化了经济结构，促进了产业升级，更为“网络强国”战略的实施提供了强有力的资金保障和资源积累。在这一过程中，公众及从业者数字素养的不断提升，确保了技术应用的高效与安全，进一步加速了网络强国目标的实现。

第二，构筑网络空间安全屏障。网络安全形势不容乐观，具备较高数字素养的国民能够更好地识别和应对网络风险，增强个人网络安全防护能力，为构建网络强国消除后顾之忧。

第三，增强国际网络竞争软实力。在全球化的背景下，国民数字素养的高低直接关系到一个国家在国际舞台上的话语权和影响力的强弱，直接影响我国在实现网络强国过程中的速度快慢。

1.2 “数字中国”战略

在信息技术的浪潮中，中国正以前所未有的决心与力度，推进“数字中国”战略的实施。这一战略旨在通过信息技术和互联网技术的深度融合，推动国家经济社会全面数字化转型，提高国家治理能力和公共服务水平。随着全球数字化浪潮的兴起，中国政府深刻认识到数字化对国家发展的重要性，将其视为推动经济转型升级、提升社会管理效率和改善人民生活质量的关键路径。“数字中国”战略不仅关乎国家竞争力，更是实现高质量发展的必然选择。在新时代的征程上，中国正加速迈向数字化未来，开启智慧生活的新篇章。

1.2.1 “数字中国”的思想源头

当今世界，数字技术日新月异，网络化、数字化、智能化深入发展，在推动经济社会发展、促进国家治理体系和治理能力现代化、满足人民日益增长的美好生活需要等方面的作用日益凸显。“数字中国”是习近平总书记在多年深耕地方与中央工作的实践中孕育，并于党的十八大后，在领导和推进国家网络安全和信息化发展的实践中逐步明晰并确立的。

早在2000年,时任福建省省长的习近平就提出了“数字福建”的规划，开启了福建省推进信息化建设的新进程，2002年，时任浙江省委书记的习近平又指出要加快发展“数字浙江”。[①] 这一系列前瞻性的战略部署绝非偶然之举，而是他在洞察国内外发展大势，综合中国地方经济发展，经过深思熟虑后作出的重大战略抉择。因此，“数字福建”“数字浙江”可以视作“数字中国”战略的思想源头和实践起点，它们为“数字中国”的建设奠定了基础。

1.2.2 “数字中国”战略的提出

2013 年，国务院印发《“宽带中国”战略及实施方案》，其目的在于保障我国网络信息安全。[②]2015 年，国务院办公厅发布《关于加快高速宽带网络建设推进网络提速降费的指导意见》，提出加快基础设施建设，大幅提高网络速率。由此可见，网络安全的“质”与网络建设的“速”是数字化社会背景下不可或缺的两项要素。2014 年 2 月 27 日，习近平总书记在中央网络安全和信息化领导小组第一次会议上指出：“没有网络安全就没有国家安全，没有信息化就没有现代化。”这充分表明网络化和信息化是关系国家发展的大事。2015 年 10 月 26 日至 29 日，中国共产党第十八届中央委员会第五次全体会议在北京举行，首次提出“国家大数据战略”[③]。同年，习近平总书记在第二届世界互联网大会开幕式上指出：“中国正在实施‘互联网 +’行动计划，推进‘数字中国’建设，发展分享经济，支持基于互联网的各类创新，提高发展质量和效益。”其后，习近平总书记不断为“数字中国”战略把舵定向，不仅明确了前进的道路，更勾勒了清晰的蓝图。2016 年 12 月，《“十三五”国家信息化规划》发布，明确提出将“‘数字中国’建设取得显著成效”作为我国信息化发展的目标。党的十九大报告提出，要建设网络强国、数字中国、智慧社会，推动互联网、

① 习近平 . 不断做强做优做大我国数字经济［J］. 求是，2022（2）：4-8.

② 中华人民共和国中央人民政府 . 国务院关于印发“宽带中国”战略及实施方案的通知［EB/OL］.（2013-08-17）［2024-07-01］.https：//www.gov.cn/zwgk/2013-08/17/content_2468348.htm.

③ 刘儒，拓巍峰 . 建设数字中国［M］. 北京：中国青年出版社，2022.

大数据、人工智能和实体经济深度融合，在共享经济等领域培育新增长点、形成新动能，建立网络综合治理体系，等等。2018 年，在致首届数字中国建设峰会的贺信中，习近平总书记再一次强调了“数字中国”战略的重要性。2020 年 10 月，党的十九届五中全会通过的《中共中央关于制定国民经济和社会发展第十四个五年规划和二〇三五年远景目标的建议》明确提出，要加快数字化发展。[①]2021 年 3 月 12 日，《中华人民共和国国民经济和社会发展第十四个五年规划和 2035 年远景目标纲要》提出了“加快数字化发展，建设数字中国”，其涉及内容较为广泛，主要包括打造数字经济新优势、加快数字社会建设步伐、提高数字政府建设水平、营造良好数字生态等。[②] 与此同时，2021 年《政府工作报告》提出，“十四五”时期的主要目标任务之一为“加快数字化发展，打造数字经济新优势，协同推进数字产业化和产业数字化转型，加快数字社会建设步伐，提高数字政府建设水平，营造良好数字生态，建设数字中国”。

在习近平总书记关于数字中国建设的系列重要讲话精神的指导下，2021 年 12 月，中央网络安全和信息化委员会印发《“十四五”国家信息化规划》，提出：“到 2025 年，数字中国建设取得决定性进展，信息化发展水平大幅跃升。”[③]2022 年 10 月，党的二十大报告指出，健全网络综合治理体系，[④] 这是为推进“数字中国”战略营造良好的网络环境。2023 年 2 月

---

① 王益民 . 数字中国 200 问［M］. 北京：中共中央党校出版社，2022.

② 中华人民共和国中央人民政府 . 中华人民共和国国民经济和社会发展第十四个五年规划和 2035 年远景目标纲要［EB/OL］.（2021-03-13）［2024-06-28］.https：//www.gov.cn/xinwen/2021-03/13/content_5592681.htm.

③ 中华人民共和国中央人民政府 .“十四五”国家信息化规划［EB/OL］.（2021-12-28）［2024-07-01］. https：//www.gov.cn/xinwen/2021-12/28/5664873/files/1760823a103e4d75ac681564fe481af4.pdf.

④ 中华人民共和国中央人民政府 . 习近平：高举中国特色社会主义伟大旗帜　为全面建设社会主义现代化国家而团结奋斗——在中国共产党第二十次全国代表大会上的报告［EB/OL］.（2022-10-25）［2024-07-01］.https：//www.gov.cn/gongbao/content/2022/content_5722378.htm.

28 日，中共中央、国务院颁布《数字中国建设整体布局规划》，强调要坚持习近平新时代中国特色社会主义思想特别是要以习近平总书记关于网络强国的重要思想为指导，全面提升数字中国的整体性、系统性、协同性，以数字化驱动生产生活和治理方式变革，并指出建设数字中国是数字时代推进中国式现代化的重要引擎，是构筑国家竞争新优势的有力支撑。[①] 不言而喻，“数字中国”战略的推进是关乎经济、政治、文化、社会、生态文明等各领域的大事，诸如经济转型与升级过程中的数字化产业结构优化与创新驱动发展、政治治理公开透明过程中的数字化智慧政务建设、文化传播与创新过程中的数字文化产业发展与传统文化保护传承、社会服务过程中的公共服务数字化、生态文明建设过程中的数字监管治理等。而这一过程不仅需要政府的强力推动和政策支持，还需要社会各界的广泛参与和协同合作。所以说，“数字中国”战略的推进是一个全方位、多层次的系统性工程，通过全面的数字化应用，中国将构建一个更为开放、繁荣、便捷的社会发展新模式。

随着上述各项政策的颁布实施，我们可知，随着数字化进程的不断深入，以习近平同志为核心的党中央谋定而后动，制定了一系列推进“数字中国”战略实现的关键举措，踔厉奋发，致力于构建一个更加开放、安全、共享、有序的数字化系统，为公民提供更加优质的服务，为经济社会发展注入新的活力，为实现社会主义现代化强国的目标奠定坚实基础，为实现中华民族伟大复兴提供强大动力。

1.2.3 “数字中国”战略与“数字素养”的关系

“数字中国”战略是以习近平同志为核心的党中央在洞察国际国内发展大势后作出的重要战略安排，涵盖经济、政治、文化、社会、生态文明等领域的信息化建设。在这一战略背景下，公民的数字素养水平成为衡量

---

① 中华人民共和国中央人民政府 . 中共中央 国务院印发《数字中国建设整体布局规划》[EB/OL]. (2023-02-27) [2024-07-01] .https：//www.gov.cn/zhengce/2023-02/27/content_5743484.htm.

一个国家数字化程度的关键指标。

根据国家网信办的定义，数字素养与技能是数字社会公民学习工作生活应具备的数字获取、制作、使用、评价、交互、分享、创新、安全保障、伦理道德等一系列素质与能力的集合。① 具体来看,数字素养包括数字意识、计算思维、数字化学习与创新、数字社会责任。第一，数字意识，是指个体对数字信息的敏感性、识别力和利用能力。第二，计算思维，是指运用计算机科学的基础概念进行问题求解、系统设计以及理解人类行为的思维活动。第三，数字化学习与创新，是指在数字技术的支持下，个体通过评估和选择常见的数字化资源和工具，有效地管理学习过程，进行创新性创造的能力。第四，数字社会责任，是指个体身处数字环境中应承担的社会责任，涉及维护国家数据安全、遵守网络准则、保护数据安全等。无论数字素养的内容、准则如何，其都是衡量是否实现“数字中国”目标需要着重考虑的指标之一。

基于上述内容可知,“数字中国”战略与数字素养之间存在密切的关系，具体内容如下：

第一，数字素养为“数字中国”战略的实施奠定了坚实的民众基础。数字素养首先体现在对数字技术重要性的认识上，具备数字素养的民众能够认识到数字技术在现代社会中的重要地位，从而在日常生活和工作中主动采用数字技术和方法去解决问题。民众对新的数字化技术的热情和兴趣是推动技术广泛应用的基础。一个对数字化充满热忱的社会环境，无疑为数字化领域的创新思维与技术革新提供了肥沃的土壤。在这样的社会氛围中，中国各个领域的数字化转型工作将事半功倍，从而极大地推动“数字中国”战略的加速推进。

第二，“数字中国”战略呼唤全民数字素养教育的普及与深化。这一战

---

① 中央网络安全和信息化委员会办公室 . 提升全民数字素养与技能行动纲要［EB/OL］.（2024-01-05）［2024-07-01］.https：//www.cac.gov.cn/2021-11/05/c_1637708867754305.htm.

略不仅标志着我国公民生产生活方式及所处环境的全面数字化转型，更意味着无论老年人、未成年人、城市居民还是农民等各个社会群体，均需达到数字时代对公民基本素养的新要求。要达成这一目标，拥有数字意识及掌握数字应用与创新能力至关重要，而这离不开数字素养教育的坚实支撑。数字素养教育的实施路径多元且广泛，从学校教育的系统培养，到在线课程的灵活学习，再到公共图书馆的资源开放，均为有效提升公众数字素养的实施路径。因此，要确保“数字中国”战略的顺利推进与成功实现，强化全民数字素养教育无疑是不可或缺的一环。推进这一过程，不仅有助于提升国民的整体数字能力，更为“数字中国”战略实施的每一步奠定坚实的基础。

第三，数字素养是推动“数字中国”战略实现的重要引擎。数字素养作为现代社会的一项基本技能，在推动“数字中国”战略实施过程中扮演着至关重要的角色。在新时代背景下，提升全民数字素养与技能，展现新作为、新担当，对于更好地服务数字中国建设等国家战略具有深远的意义。在“数字中国”战略的各个组成部分中，无论是数字基础设施建设、数字经济发展、数字政府建设，还是数字社会构建，都离不开公民数字素养的全面提升。首先，在数字基础设施建设方面，良好的数字素养有助于公民更好地理解并应用新一代信息技术，如云计算、大数据、人工智能等，从而推动这些技术在社会各领域的广泛应用和深度融合。其次，在数字经济发展方面，数字素养的提升能够激发公民的创新创业精神，推动数字经济新业态、新模式的不断涌现。同时，具备较高数字素养的公民也更容易适应数字经济的快速变化，把握数字经济带来的发展机遇。再次，在数字政府建设方面，具备良好数字素养的公民，能够更便捷地获取政府服务信息，享受电子政务带来的便利。最后，在数字社会构建方面，数字素养的提升将促进数字文化的普及和发展，推动数字技术在教育、医疗、文化等领域的广泛应用，助力构建一个更加开放、包容、共享的数字社会。因此，为了加速“数字中国”战略的实现，我们必须高度重视公民的数字素养水平。

1.3《提升全民数字素养与技能行动纲要》解读

截至 2021 年 6 月，中国网民规模突破 10 亿大关，高达 10.11 亿，互联网普及率升至 71.6%。[①]2021 年 10 月，习近平总书记在主持中央政治局第三十四次集体学习时强调："各级领导干部要提高数字经济思维能力和专业素质，增强发展数字经济本领，强化安全意识，推动数字经济更好服务和融入新发展格局。"[②]《中共中央关于制定国民经济和社会发展第十四个五年规划和二〇三五年远景目标的建议》提出，提升全民数字技能，实现信息服务全覆盖。《中华人民共和国国民经济和社会发展第十四个五年规划和 2035 年远景目标纲要》强调，加强全民数字技能教育与培训，普及提升公民数字素养。[③] 这些政策文件的出台，充分说明我国开启数字中国建设的互联网普及度条件已经成熟。然而，在全民数字素养与技能提升的过程中，我们仍面临诸多挑战。数字鸿沟较大、数字化队伍缺口大且分布不均、数字化时代个人信息和隐私保护有待加强等现实困境，都要求我们必须将提升全民数字素养与技能作为一项重要而紧迫的任务来抓。2021 年 11 月，中央网络安全和信息化委员会办公室印发《提升全民数字素养与技能行动纲要》(以下简称《纲要》)，指出要把提升全民数字素养与技能作为建设网络强国、数字中国的一项基础性、战略性、先导性工作，切实加强顶层设计、统筹协调和系统推进，促进全民共建共享数字化发展成果，

---

① 中国互联网络信息中心 . 第 48 次中国互联网络发展状况统计报告[EB/0L].(2021-09-15)[2024-06-25] .http ：//1202.116.81.74/cache/14/03www.cnnic.net.cn/1528ccb5177ac482bd1ad50d0fb3a113/P020210915523670981527.pdf.

② 中华人民共和国中央人民政府 . 习近平主持中央政治局第三十四次集体学习：把握数字经济发展趋势和规律　推动我国数字经济健康发展［ EB/0L ］.（ 2021-10-19 ）［ 2024-05-12 ］.https ：//www.gov.cn/xinwen/2021-10/19/content_5643653.htm.

③ 中华人民共和国中央人民政府 . 中华人民共和国国民经济和社会发展第十四个五年规划和 2035 年远景目标纲要［ EB/OL ］.（ 2021-03-13 ）［ 2024-06-28 ］.https ：//www.gov.cn/xinwen/2021-03/13/content_5592681.htm.

推动经济高质量发展、社会高效能治理、人民高品质生活、对外高水平开放。[①]2021 年 12 月，中央网络安全和信息化委员会印发《“十四五”国家信息化规划》，将“全民数字素养与技能提升行动”确定为十大优先行动之首。[②]《纲要》标志着中国开始从以文字读写能力为主的全民文明社会迈入文字读写能力和数字读写能力并重的全民文明社会的高级阶段——数字文明社会。[③] 此外，这是“数字素养教育”首次以专门文件发布，说明全民数字素养与技能提升得到党和国家前所未有的重视，上升为国家战略，成为建设网络强国、数字中国的一项基础性、战略性、先导性工作。[④]《纲要》主要集中在以下几个方面。

第一，发展目标。《纲要》提出的发展目标是：到 2025 年，全民数字化适应力、胜任力、创造力显著提升，全民数字素养与技能达到发达国家水平。展望 2035 年，基本建成数字人才强国，全民数字素养与技能等能力达到更高水平，高端数字人才引领作用凸显，数字创新创业繁荣活跃，为建成网络强国、数字中国、智慧社会提供有力支撑。

第二，提升全民数字素养与技能上升为国家战略。《纲要》指出：“提升全民数字素养与技能，是顺应数字时代要求，提升国民素质、促进人的全面发展的战略任务，是实现从网络大国迈向网络强国的必由之路，也是弥合数字鸿沟、促进共同富裕的关键举措。”“立足新时代世情国情民情，要把提升全民数字素养与技能作为建设网络强国、数字中国的一项基础性、

① 中央网络安全和信息化委员会办公室 . 中央网络安全和信息化委员会印发《提升全民数字素养与技能行动纲要》[EB/OL] .（2024-11-05）[2024-07-01] .https：//www.cac.gov.cn/2021-11/05/c_1637708867331677.htm.

② 吴应强，石乐怡 . 数字赋能全民共享——2023 年全民数字素养与技能提升高峰论坛会议综述［J］. 图书与情报，2023（3）：121-125.

③ 程焕文 . 中国迈向数字文明社会——《提升全民数字素养与技能行动纲要》的时代价值与图书馆的时代使命［J］. 图书馆论坛，2021，41（12）：2-5.

④ 黄如花 . 专题：“提升全民数字素养与技能：新时代图书馆的新担当”笔谈[J]. 图书馆论坛，2021，41（12）：1.

战略性、先导性工作，切实加强顶层设计、统筹协调和系统推进，注重构建知识更新、创新驱动的数字素养与技能培育体系，注重建设普惠共享、公平可及的数字基础设施体系，注重培养具有数字意识、计算思维、终身学习能力和社会责任感的数字公民，促进全民共建共享数字化发展成果，推动经济高质量发展、社会高效能治理、人民高品质生活、对外高水平开放，为我国开启全面建设社会主义现代化国家新征程和向第二个百年奋斗目标进军注入强大动力。”①

第三，实施内容涉及数字硬软件设施建设。关于硬件设施建设，《纲要》指出，加快千兆光网、5G网络、IPv6等新型基础设施建设部署，加大适老化智能终端供给，开发设立数字素养与技能培训网站、移动应用程序公众账号等。这表明国家正在构建实现数字化转型的基础，鼓励全民提升数字素养与技能，确保老年人也能享受到数字化带来的便利，提高生活的舒适度和效率，并且保证数字化水平提升的可持续性。关于软件设施建设，《纲要》指出，鼓励党政机关、企事业单位、团体组织等，依法规范有序开放公共数据资源，推动大中小学校、专业培训机构、出版社等积极开放教育培训资源，依托城乡社区综合服务设施开展宣传培训，建立社区数字技能公益团队和兴趣小组，依托老年大学、开放大学、养老服务机构、残疾人服务机构、社区教育机构等帮扶老年人与残疾人进行数字技能培训，推出一批面向妇女设计制作的数字素养公开课等。这表明我国对于数字软设施建设的重视，同时还强调了数字软设施建设在提高公民数字素养、促进教育和培训资源共享、加强社区服务功能以及保障弱势群体获取数字技能机会方面的重要性，旨在为全民提供更加公平、便捷的数字化公共服务。

第四，保障建成数字中国的措施。《纲要》指出，要加强组织领导、加大政策支持、开展试点示范、强化考核评估、加强宣传推广、深化国际合

① 中央网络安全和信息化委员会办公室．中央网络安全和信息化委员会印发《提升全民数字素养与技能行动纲要》[EB/OL].（2024-11-05）[2024-07-01].https：//www.cac.gov.cn/2021-11/05/c_1637708867331677.htm.

作。以上措施的全面性、完整性、可操作性充分体现了我国在推动数字中国建设、提高全民数字素养与技能方面的系统性规划。建立健全的组织领导机制，确保全民数字素养与技能提升工作落实到位。出台相关政策鼓励支持全民数字素养的提升。在部分区域试点先行，探索可复制、可推广的成功经验。建立完善的考核评估机制，对提升全民数字素养与技能工作执行不到位的区域或单位予以惩处。此外，宣传推广使得在全社会营造良好的宣传氛围。深化国际交流与合作，引进先进经验，推动国内数字素养与技能的提升，同时也可以将中国智慧传播出去，进而提升中国的国际影响力与知名度。

众多专家学者对《纲要》给予了积极评价。程焕文指出："《纲要》的颁布标志着我国开始迈入'数字文明社会'。"① 此外，它也是我国首项关于全民数字素养的专门国策，②数字素养领域有了一个基础性的纲要文本，③是完全符合中国发展需求、符合国际前沿视野的全民数字素养发展战略，不仅勾勒了相关机构的行动蓝图，而且对于推进中国理论界参与国际数字素养话语构建具有极为重要的指导性作用。④ 在2023年全民数字素养与技能提升高峰论坛会议上，专家学者对《纲要》的内容给出了自己的见解。针对《纲要》强调的"开发设立数字素养与技能培训网站、移动应用程序和公众账号等，为数字资源提供多样化获取渠道"⑤，与会专家一致认为："通

① 程焕文．中国迈向数字文明社会——《提升全民数字素养与技能行动纲要》的时代价值与图书馆的时代使命［J］．图书馆论坛，2021，41（12）：2-5.

② 潘燕桃，崔庆林，耿纪昌．提升全民数字素养　打赢反诈人民战争［J］．图书馆论坛，2021，41（12）：10-11.

③ 肖鹏，赵庆香．通往数字人才强国之路：《提升全民数字素养与技能行动纲要》与大学生数字素养教育战略［J］．农业图书情报学报，2021，33（12）：6-15.

④ 肖鹏，赵庆香．通往数字人才强国之路：《提升全民数字素养与技能行动纲要》与大学生数字素养教育战略［J］．农业图书情报学报，2021，33（12）：6-15.

⑤ 中央网络安全和信息化委员会办公室．中央网络安全和信息化委员会印发《提升全民数字素养与技能行动纲要》［EB/OL］．（2024-11-05）［2024-07-01］.https：//www.cac.gov.cn/2021-11/05/c_1637708867331677.htm.

过资源整合与开发，设立全国性的数字素养门户，优化数字资源获取渠道，提供一站式的数字素养和技能培训服务平台，方便社会大众快速检索和获取所需的数字资源。”冉从敬认为：“《纲要》提出的第一大任务和工程就是丰富优质数字资源供给，并且从优化完善数字资源获取渠道、丰富数字教育培训资源内容、推动数字资源开放共享、促进数字公共服务普适普惠等细分任务来落实资源的问题。没有资源，数字素养的提升就是无源之水、无本之木，巧妇难为无米之炊。”王挺认为：“《纲要》这份中国方案既吸纳了联合国框架体系所达成的基本共识，又充分考虑中国公民学习、工作、生活及创新等四大场景的数字应用，是符合中国国情又面向未来数字社会需求的行动指南，也是夯实数字化发展社会基础的关键文件。”夏学平指出：“《纲要》为我国提升全民数字素养与技能指明了目标方向，作出了安排部署。”蒋艳指出：“《纲要》对提升全民数字素养与技能作出了全面部署，明确提出提升全民数字素养与技能的发展目标、主要任务和重点工程，为未来一段时期我国提升全民数字素养与技能提供了有力指导。”张新红指出：“《纲要》为弥合数字鸿沟提供了一整套组合拳和系统性解决方案，是指导各级各类政府部门、企业、社会组织以及个人做好弥合数字鸿沟的操作指南。”2024年，中央网信办、教育部、工业和信息化部、人力资源和社会保障部联合发布《2024年提升全民数字素养与技能工作要点》，明确到2024年底，我国全民数字素养与技能发展水平迈上新台阶，数字素养与技能培育体系更健全，数字无障碍环境建设全面推进，群体间数字鸿沟进一步缩小，智慧便捷的数字生活更有质量，网络空间更加规范有序，进一步助力“网络强国”与“数字中国”宏伟战略目标的实现。①

---

① 中华人民共和国教育部.四部门联合印发2024年提升全民数字素养与技能工作要点[EB/OL].(2024-02-23)[2024-07-01].http://www.moe.gov.cn/jyb_xwfb/s5147/202402/t20240223_1116362.html.

第2章 数字素养的前世与今生

鉴于数字素养对于“数字中国”战略实施的不可或缺性，深入探讨其发展历程与演进趋势显得尤为重要。从最初作为信息时代基础能力的萌芽，到如今成为推动经济转型升级、社会治理现代化的关键要素，数字素养的每一次飞跃都与国家战略的演进紧密相连。本章将细致梳理数字素养从萌芽、成长到成熟的各个阶段，揭示其内涵的不断拓展与深化，旨在为读者描绘一幅数字素养与国家发展同频共振的壮丽画卷，进一步彰显其在“数字中国”建设中的核心地位与价值。

2.1 从“扫盲”到“素养”

回望过去，“扫盲”一词特指国家层面的文盲教育，数字素养的概念尚未被广泛提及。但随着信息技术的飞速发展，数字素养逐渐从边缘走向中心，从简单的计算机操作与互联网浏览的“数字扫盲”，进化为涵盖数据分析、信息安全、伦理道德等多维度的“数字素养”教育。这一转变不仅标志着个人能力的全面提升，更反映了现代社会对数字技能与素养的迫切需求。

2.1.1 传统扫盲教育的演进

1953年11月，中央扫除文盲工作委员会颁布的《关于扫盲标准、毕业考试等暂行办法的通知》规定：不识字或识字数在500字以下者为文盲，识 500 字以上而未达到扫盲标准者为半文盲。[①] 这是我国教育部第一次界定文盲、半文盲的概念。传统意义上的“文盲”，在知识获取手段上较为匮乏，而且在信息理解、文化传承等方面也存在严重缺失，缺乏读写能力的他们如同被隔绝在信息海洋之外的孤岛，无法主动获取新知。因此，“扫盲”工作的目的就是对不识字和识字少的人进行识字教育，使其具有初步的读、写、算能力。[②]

新中国成立以来，得益于党和政府的正确领导，提高国民文化素质、推动社会进步一直是我国的重要任务。经过坚持不懈的努力，我国的扫盲工作取得了显著的成效。

如图 2-1 所示，新中国成立初期全国 5.5 亿人口中有约 4.4 亿是文盲，文盲率高达 80%。如何扫除文盲，成为当时亟待解决的难题。与此同时，国家发展生产力，开展社会主义经济建设，又急需更多的高素质人才。面

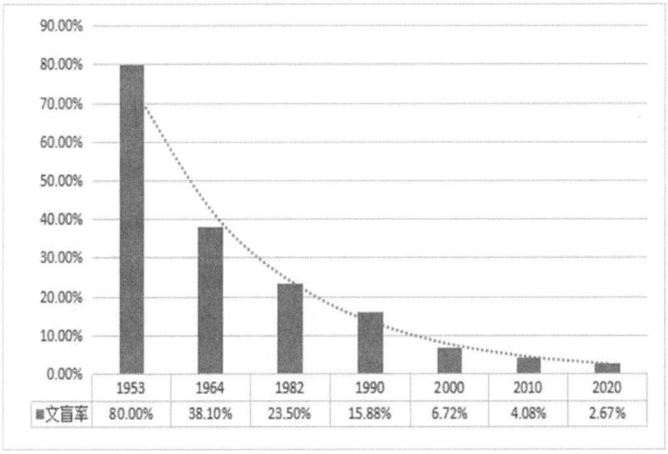

图 2-1　1953—2020 年全国 15 周岁及 15 周岁以上文盲人口和成人文盲率变化情况[③]

① 中国教育和科研计算机网 . 中国教育百年大事［EB/OL］.（2001-09-03）［2024-07-01］. https：//www.edu.cn/edu/jiao_yu_zi_xun/fa_zhan_shi/da_shi_ji/200603/t20060323_14548.shtml.

② 北大法宝网 . 中国共产党中央委员会、国务院关于扫除文盲的决定［EB/OL］.（1956-03-29）［2024-07-01］. https：//www.pkulaw.com/chl/b36f81547da00ec8bdfb.html.

③ 数据来源于国家统计局。

对如此严峻的形势，各级政府立即行动起来，制订了一系列扫盲计划和政策措施。

1949 年 9 月，中国人民政治协商会议第一届全体会议通过的《中国人民政治协商会议共同纲领》宣布在全国要“有计划有步骤地实行普及教育”。1950 年 9 月，全国工农教育会议确立工农教育的基本任务是开展识字运动，逐步减少文盲。组织师资力量、编写扫盲教材、开设扫盲班、建立冬学、夜校……在全国范围内掀起了轰轰烈烈的扫盲运动热潮。[①]2019 年 9 月，在北京展览馆举办的“伟大历程　辉煌成就——庆祝中华人民共和国成立 70 周年大型成就展”上，展出了一张 1953 年的“识字证书”，上面的内容显示 17 岁的姜桂云在沈阳日报社职工业余学校学完了规定课程，经考试达到“扫盲标准”，这张“识字证书”就是新中国成立之初全国扫盲运动的历史缩影与见证。[②]

1986 年 7 月，我国开始施行《中华人民共和国义务教育法》，其中第五条规定：凡年满六周岁的儿童，不分性别、民族、种族，应当入学接受规定年限的义务教育。条件不具备的地区，可以推迟到七周岁入学。《中华人民共和国义务教育法》的施行标志着我国确立了普及义务教育的制度。

20 世纪 90 年代以来是我国扫盲工作开展最有成效的时期。1993 年，中共中央、国务院印发了《中国教育改革和发展纲要》，确定：“到本世纪末，我国教育发展的总目标是：全民受教育水平有明显提高；城乡劳动者的职前、职后教育有较大发展；各类专门人才的拥用量基本满足现代化建设的需要；形成具有中国特色的、面向 21 世纪的社会主义教育体系的基本框架。再经过几十年的努力，建立起比较成熟和完善的社会主义教育体系，实现教育的现代化。”到 2000 年底，我国如期实现了《中华人民共和国义务教

① 改变一代人命运的扫盲运动［J］. 文史天地，2024（5）.

② 中国日报中文网天下专栏 . 从“70 年成就展”上的一张“识字证书”谈起［EB/OL］.（2019-09-29）［2024-07-01］. https：//column.chinadaily.com.cn/a/201909/29/WS5d904af0a31099ab995e312e.html.

育法》确定的基本普及九年制义务教育和基本扫除青壮年文盲的政策目标，验收达标省份达 11 个，县级行政单位达 2541 个。

第五次全国人口普查数据显示,2000年全国文盲人口已降至8507万人，文盲率降至 6.72%。①

第六次全国人口普查数据显示，我国文盲人口进一步下降，2010 年文盲人口 5465 万，文盲率仅 4.08%，我国也是当时世界上会读写人口最多的国家之一。

2021 年，第七次全国人口普查数据显示，中国的文盲率下降为 2.67%，与 2010 年相比，文盲率下降 1.41%。

扫盲工作在过去 70 年取得的重大成就，离不开党和国家的鼎力支持，也离不开全社会的广泛参与，彰显了我国人民的勤奋努力和创造力。

2.1.2 信息时代下的素养要求

从昔日的识字运动到扫除文盲的壮举，我们见证了基础知识普及对社会的深远影响。而今，数字素养作为信息时代的新基石，正日益凸显其基础性作用。这一素养的萌芽与成长，深深植根于计算机及信息技术的蓬勃发展之中。信息技术的井喷式发展，促使人类社会向信息时代前进。

1946 年 2 月 14 日，第一台通用计算机埃尼阿克（Electronic Numerical Integrator And Computer，ENIAC）在美国宾夕法尼亚大学诞生，由科学家约翰·冯·诺依曼和“莫尔小组”的工程师埃克特、莫希利、戈尔斯坦以及华人科学家朱传榘承担开发任务，标志着信息时代的开始。这一革新使得复杂的数学运算可以以前所未有的速度和准确性完成，从而彻底改变信息处理的方式。电子计算机不仅极大地提高了计算能力，还革新了信息的存储和管理方式，从纸质记录转向电子化存储和检索。美国在线的联合创始人史蒂夫·凯斯（Steve Case）在他的著作《互联网第三次浪潮》（*The*

---

① 国家统计局 . 第五次全国人口普查公报（第 1 号）[EB/OL].（2001-05-15）[2024-07-01]. https：//www.stats.gov.cn/sj/tjgb/rkpcgb/qgrkpcgb/202302/t20230206_1901984.html.

Third Wave）中认为，信息革命大约从20世纪50年代中期开始，其代表性成果为“计算机”的普及，现在我们仍处在第三次浪潮之中。从最早的埃尼阿克到后来的电脑，计算机的功能还在不断扩展，成为信息处理的核心工具。

20世纪90年代，互联网的广泛应用改变了信息获取和交流的方式，促进了全球化进程。家庭和企业开始接入互联网，一条条光纤像脉络般遍布全球，推动了全球信息的快速流动和共享。人们开始学习在互联网的世界中享受便捷的信息交流和服务。21世纪初，智能手机和移动通信技术的进步使得人们可以随时随地访问互联网和各种应用服务，推动了移动互联网时代的全面到来。智能手机相较于计算机以及固定电话有着天然的便携性优势，而且相较于传统手机，其不再仅仅具备通话、短信等基本功能，还拥有在线办公、智能导航、网络购物等越来越多的功能。自2007年苹果发布第一代苹果手机以来，智能手机日渐成为日常生活中不可或缺的一部分。人们开始越来越多地使用互联网进行娱乐、学习和工作，从在线购物到远程办公，从社交娱乐到在线学习，互联网逐渐渗透到社会的各个方面。2009年开始，华为率先进行5G技术研究。经过10年的不懈努力，我国已经建成世界上最大的光纤网络，全国各地级市城区、县城城区和96%的乡镇镇区已经实现了5G网络覆盖。① 截至2024年第一季度，仅第一季度中国手机甚至是5G手机出货量就达到了5643万部，占同期手机出货量的83.7%，此外，我国累计建成开通5G基站364.7万个。②

随着互联网使用量的增加以及大数据技术的兴起，收集、存储和分析大规模的数据，并从海量数据中提取出有价值的信息和趋势成为

① 澎湃新闻.微观数据看中国：一部手机里的十年之变［EB/OL］.（2022-10-20）［2024-07-01］.https：//www.thepaper.cn/newsDetail_forward_20377871.

② 中华人民共和国工业和信息化部.国新办举行2024年一季度工业和信息化发展情况新闻发布会［EB/OL］.（2024-04-18）［2024-07-01］.https：//www.miit.gov.cn/xwdt/gxdt/ldhd/art/2024/art_7c3695b480144be9821514c10133c7b5.html.

可能。2014 年，牛津大学教授维克托·迈尔－舍恩伯格（Viktor Mayer-Schönberger）和肯尼思·库克耶（Kenneth Cukier）在其畅销著作《大数据时代：生活、工作与思维的大变革》（*Big Data: A Revolution That Will Transform How We Live, Work, and Think*）中指出，数据分析模式将进入大数据时代"只看关联不问因果"的新模式，即大数据的核心是预测。[①] 微软公司纽约研究院研究员大卫·罗斯柴尔德（David Rothschild）通过收集和分析好莱坞证券交易所、社交媒体用户发布的帖子等大量公开数据，建立预测模型，对多届奥斯卡奖项的归属进行预测。2013 年成功预测 24 个奥斯卡奖项中的 19 个，2014 年准确预测了奥斯卡共 24 个奖项中的 21 个，准确率达 87.5%。[②]2014 年之后，大数据技术愈发普及，改变了商业决策的方式，并在各行各业都得到广泛应用。许多企业甚至政府部门也开始利用大数据进行决策分析和预测。例如，交通运输、住房和城乡建设等相关部门可以在道路与建筑建设之初通过分析交通数据优化交通规划和城市建设，企业则可以通过分析市场数据制定更合理的营销策略。

2005 年，联合国将新世纪文盲分为三类，一类是不能读书识字的人，一类是不能识别现代社会符号（地图、曲线图等）的人，还有一类是不能使用计算机进行学习、交流和管理的人。[③] 与传统读写时代的文盲类似，缺乏信息素养和信息能力的人在信息时代同样面临着巨大的挑战。

2.1.3 "数字素养"提升的重要性及应用

"数字素养"的培养是信息时代的"数字扫盲"，提升个人"数字素养"是解锁未来潜能的关键，对于每个人来说都刻不容缓。

---

① 维克托·迈尔－舍恩伯格，肯尼思·库克耶 . 大数据时代：生活、工作与思维的大变革［M］. 杭州：浙江人民出版社，2013.

② TechWeb. 第 86 届奥斯卡金像奖 24 奖项　微软大数据成功预测 21 个［EB/OL］.（2014-03-03）［2024-07-01］.https://www.techweb.com.cn/internet/2014-03-03/2012629.shtml.

③ 中华人民共和国中央人民政府 . 辉煌 60 年："扫盲"字眼的消失　一个落后时代的远去［EB/OL］.（2009-09-06）［2024-07-01］.https://www.gov.cn/jrzg/2009-09/06/content_1410369.htm.

2016 年 6 月，受世界教育创新峰会（World Innovation Summit for Education，WISE）的委托，北京师范大学中国教育创新研究院发布《面向未来：21 世纪核心素养教育的全球经验》研究报告。该报告从 29 个国际组织或经济体发布的权威教育文件中提取关键词，并对 21 世纪核心素养的不同挑战进行频次统计，发现 21 世纪核心素养共有 3 大类共 10 项最重要的挑战，分别为时代与科技变革类挑战，如全球化、知识时代、科技发展与信息时代；经济与社会发展类挑战，如经济成长、职业需求、人口结构变化、多元文化、环境与可持续发展；教育发展类挑战，如教育质量提升、教育公平。[①] 可见信息时代的到来已经成为全球核心素养教育创新发展的重要驱动力之一。在这些挑战之中，“科技发展与信息时代”作为一股强大的推动力，促使超过半数的国际组织或经济体提出了 21 世纪核心素养的概念，并成为该概念提出的核心驱动因素。

“信息素养”教育即培养信息意识、信息获取和处理能力以及信息道德。[②] 信息意识让人感知并筛选有用信息；信息获取和处理能力则要求熟练使用数字化工具进行收集、筛选、集成和分析。全球各行业，尤其是互联网企业，都要求员工具备一定的信息素养，从基础办公软件到计算机语言，从检索、搜集信息到对信息进行有效分析和利用等。基础教育也同样开始注重培养学生的信息素养，例如，在义务教育阶段开设“微机课”“电脑课”“信息技术课”等，让中小学生从小学习使用计算机、认识互联网、掌握基本信息技术；在高等教育阶段，许多大学也纷纷开设“文献检索”“信息检索”“信息素养”等通识课程，部分专业甚至开设专业信息检索课程，从而提升大学生的信息素养。此外，国家层面的考试也在引导和促进信息素养的普及。比如，1994 年由原国家教育委员会（现教育部）推出的“全

---

① 刘坚，魏锐，刘晟，等.《面向未来：21 世纪核心素养教育的全球经验》研究设计［J］. 华东师范大学学报（教育科学版），2016，34（3）：17-21+113.

② 陈泉，郭利伟，周妍 . 网络信息检索与实践教程（第 2 版）［M］. 北京：清华大学出版社，2023.

国计算机等级考试”，面向全社会以考促学，构建了考查计算机应用知识与技能的全国性计算机水平考试体系。信息道德则是以善恶为评价标准，通过社会舆论、传统习惯和内心信念来维持、调整信息社会中人与人、人与社会之间关系的行为规范的总和。信息道德的基本内容大致包括人们的信息信念、信息态度、信息行为义务、信息技能、信息纪律、信息良心和信息意识等。[①] 信息素养和信息能力是现代人在信息时代生存和生活必备的基本能力，具备这些基本能力的人能够高效地获取信息，准确地评估信息的价值，创造性地利用信息解决问题，更好地适应信息时代的生活和工作。

2.2 从“信息素养”到“数字素养”

在当今信息化高速发展的时代，信息素养已成为衡量个人能力的重要标尺，它涵盖了信息意识、信息获取和处理能力及信息道德等多个方面。然而，随着数字技术的不断革新，仅具备信息素养已难以满足社会发展的需要。因此，一个更加全面、深入的概念——“数字素养”应运而生。数字素养不仅要求人们能够高效地获取、分析和利用数字信息，还强调了在数字环境中的创新思维、问题解决能力和跨文化交流能力。

2.2.1 信息素养的历史发展

1974 年，美国信息产业协会（Information Industry Association，IIA）主席保罗・泽可斯基（Paul Zurkowski）首次提到“信息素养”概念，认为善于利用信息资源和信息工具解决问题的人是具有信息素养的人。1976 年，李・伯奇纳尔（Lee Burchinal）进一步提出：“成为具有信息素养的人需要一整套新的技能，包括在解决问题及作出决策时如何有效地确定并利用信息。”同年，塞斯·哈梅林克（Cees Hamelink）从传播学角度对“信息素养”进行定义，指出这是公众希望从制度化的大众传播媒介影响中解放出来的

① 刘春年，高家望. 论冲突中的信息道德与信息法［J］. 情报资料工作，2002（2）：16–17.

需求。

随着20世纪80年代信息技术的快速发展，信息素养的概念逐渐成熟，更加强调信息处理的实际技能和知识。1982年，弗里斯特·霍顿（Forest Horton）将对计算机的处理能力引入信息素养，提出："信息素养因此与计算机素养相对，其含义是提高个体及团体对知识爆炸的意识，以及计算机辅助处理系统在解决问题、进行决策时是如何帮助我们接近并获得数据、文件及文献的。"1986年，威廉·迪莫（William Demo）沿用了霍顿的思路，认为技术革新会影响信息素养的发展。1989年，美国图书馆协会（American Libraries Association，ALA）发布关于信息素养的报告，强调了信息素养的重要性，并指出只有通过以信息资源为基础的学习才能达到培养信息素养这一目标。同时，再次对信息素养进行定义：个人能意识到何时需要信息，并拥有确定、评估和有效使用所需信息的能力。20世纪90年代，随着网络技术的发展和通信设备的普及，信息素养的内涵得以拓展。1992年，道伊尔（Doug Engelbart）详尽描述了信息素养的概念，包括确定信息需求、检索信息、评价信息、组织信息以及在解决问题中使用信息等。

在我国，信息素养这一概念在20世纪时已经被相关学者关注，并且针对国外发展脉络进行梳理。[①]到21世纪初，信息素养研究蓬勃发展，领域内论文数量逐渐上升。2000年，通信工作从业者赵定垚以自身工作背景为基础，提出了信息工作者应该具备的信息素养，他认为，背景知识是信息素养的基本保证，其次需要以好奇作为培养信息素养的基础，重点培养信息搜集能力，最后才能合理利用信息进行行为。2002年，上海图书馆馆长吴建中等人以上海社区图书馆作为实践对象，通过提供上海地区公共图书馆电子服务提升市民的信息素养。教育领域也逐渐重视信息素养，2003年，学者高雪梅提出应当对高校教师进行系统化的信息素养培训。2005年，北京高教学会图书馆工作研究会发布《北京地区高校信息素质能力指标体

① 金国庆.信息素养一词的概念分析及历史概述［J］.国外情报科学，1996（1）：26-33.

系》，该指标体系根据 7 个维度、19 项标准和 61 条具体指标阐释信息素养的重要性及如何提升学生信息素养。2010 年，学者李智晔以城镇居民的角度探讨了多媒体信息素养的构成，并提出按照城镇居民特点，因材施教，分层分类培养。[①]2022 年，教育部发布了《教师数字素养》教育行业标准，成为我国首个关于数字素养和信息素养的行业标准和框架，旨在推进国家教育数字化战略行动，完善教育信息化标准体系，提升教师利用数字技术优化、创新和变革教育教学活动的意识、能力和责任。该标准的发布，不仅是对“建设数字中国”“推进教育数字化”等重大国策的具体贯彻落实，也是对中央网信办于 2021 年发布的《提升全民数字素养与技能行动纲要》和 2022 年发布的《2022 年提升全民数字素养与技能工作要点》的积极响应,并与同年在全国范围内开展的“全民数字素养与技能提升月”紧密衔接。这一举措，也同样体现了教育学、图书馆学等相关学界和业界长期坚持不懈开展全民信息素养和数字素养普及教育的重要成果。[②]

2.2.2 信息素养的基本概念

在国内外信息素养及其教育理论成果的基础上，我们对信息素养的概念进行如下界定：信息素养就是在信息社会中，人们所需要具备的信息意识、信息知识、信息能力、信息伦理等多方面的素质总和。

2.2.2.1 信息意识

处于信息爆炸的时代，我们每天被海量信息包围，从新闻推送到广告弹窗，从办公软件到编程语言，从英语学习到课程知识补充……信息无处不在。当面对这些纷繁复杂的信息时，良好的信息意识显得尤为重要。

什么是信息意识？它是个人或组织对于信息及其价值的认识和理解能力，具体表现为对信息的敏感度、观察力、分辨力和主动性等。面对未知

---

① 李智晔．城镇居民多媒体信息素养的构成与培养策略［J］．情报科学，2011，29（3）：374–377+390.

② 潘燕桃，班丽娜．中外教师数字素养标准比较与思考［J］．大学图书馆学报，2023，41（4）：65–72+97.

信息时，有信息意识的人不应该盲目相信，而应该积极主动地去寻找答案，观察信息的特征，进行信息检索与收集，再对收集到的信息进行评估分析，最后将信息进行整合利用与创新，转化为知识。例如，一名中学生在读课本时，发现了一处地理奇观，他通过查阅学校图书馆的百科全书和上网搜索，对比不同的信息来源，掌握相关知识，满足自己的好奇心与求知欲。这样的人我们就可以称其为具备较强信息意识的人。相反，电信网络诈骗案件频发，部分原因正是受骗人信息意识薄弱。

案例 2–1：刷单诈骗案——大学生刷单赚钱被骗

晗晗（化名）在某大学读大二，刚开学就有一个陌生人加了晗晗微信好友，他自称专门帮大学生介绍兼职工作，并且将晗晗拉进高校兼职群内。兼职群内经常发布任务，关注、点赞微信公众号就可以赚取相应报酬。晗晗十分心动，并加入其中。任务完成当天，她就收获了 20 多元的返利，后面陆续几天，总共收到 200 多元的酬劳。晗晗做了近十单任务后，群里发布公告，要求接下来的任务只能在限定 APP 内才能完成，晗晗下载后又被拉入新群，群里发布了代付商品的任务，但这单任务需要垫付 2000 元去代拍商品，事后商家返还本金和报酬近 3000 元。晗晗思考了片刻，还是将两个月的生活费都转入客服提供的银行卡账号，但对方却说晗晗由于联单做任务，遭遇平台监测，必须再转 3000 元才能解冻账户。正当晗晗继续转账时，学校反诈中心监测到晗晗正在给骗子转账，进行了及时拦截，才避免了更大的损失。

在案例 2–1 中，受害人缺乏足够敏锐的信息意识，盲目相信网络信息，致使其被骗。因此，提升信息意识，增强对信息的理解力和分辨力，是维护自身利益的关键。

2.2.2.2 信息知识

信息知识是指有关信息的基本知识，包括信息相关概念、理论和方法论。了解信息的特点、类型、储存方式，掌握信息产生、组织、存储的过程，熟悉信息检索、分析、利用的方法，是信息素养的基础。信息知识为我们提供了理解和利用信息的工具和框架，它如同航行中的舵盘，为信息素养的培养提供了明确的方向和目标。掌握信息知识，有助于我们更有效地利用信息解决实际问题。

2.2.2.3 信息能力

信息能力是顺利完成信息相关活动所必需的技能与素质，包括信息理解能力、信息发现能力、信息检索能力、信息获取能力、信息组织能力、信息分析能力、信息评价能力、信息创作能力、信息利用能力、信息交流能力等。它是一个综合性的概念，包含的范畴十分宽泛，并且会随着时代发展而不断变化。其中，比较重要的是信息理解能力、信息获取能力与信息利用能力，本节也会重点讨论这三项能力。

首先是信息理解能力。明确信息需求是信息活动的基础。只有清楚自己的需求，才能更有效地进行信息检索。例如，计划旅游行程时，需明确旅游目的地、时间、预算等需求，才能找到合适的旅游信息。我们要通过训练思维方法，明确自己的信息需求，从而更好地进行信息检索。

其次是信息获取能力。其是指通过各种途径和方法搜集、查找信息，并获得所需信息的能力。在计算机普及之前，我们主要是通过纸质报纸、书籍等实物信息源去获取信息从而满足自己的信息需求，那时更多的是要求读写能力。但随着计算机的普及，网络时代来临，我们需要锻炼自己的信息检索与查找能力。一方面，当我们有了信息需求之后可以根据需求进行分析，知道能够利用哪些途径、哪些工具或者哪些信息源去检索与查找自己所需的信息。例如，通过“百度”这类搜索引擎在互联网搜索所需内容信息，或者通过国家政务服务平台查阅相关政策。另一方面，需要合理合法地获得信息，对于部分需要通过下载等方式才能获得的信息可以通过数据库、学术搜索引擎、图书馆文献传递、论坛求助等多元渠道、多种方式设法获得，获得的途径应当遵守国家法律法规，恪守学术道德。比如：在利用数据库时，不使用外挂、第三方软件等批量下载；不购买盗版信息资源，尊重和保护知识产权；不通过一些非法网站获取信息，不浏览不正规信息。

最后是信息利用能力。其主要是指有目的地将信息运用于解决实际问题或用于学习研究之中，通过已知信息挖掘信息的潜在价值和意义并综合运用，以创造新知识的能力。一方面，信息利用能力能帮助我们更好地享受科技带来的便捷。例如，电子支付的应用，需要我们理解其基本原理、运作方式及安全机制，从而帮助我们选择安全的支付平台，完成支付服务。另一方面，信息利用能力还要求个人将搜集和获取的信息进行组织，成为自己的知识。例如，将从知网下载的文献运用 NoteExpress、EndNote 进行整理组织，方便后续阅读和引用。在高速运转的信息时代，技术的变更非常迅速，信息利用能力需要随时提升。因此，我们需要保持谦逊的态度，不断学习完善自身。

2.2.2.4 信息伦理

在当今这个数字化快速发展的时代，信息已经渗透在我们的日常生活中。然而，随着信息的爆炸式增长，我们面临着一个严峻的挑战：如何在享受信息便利的同时，确保信息合法合规地使用。这就引出了信息伦理这一重要议题。信息伦理不仅关乎个人的隐私保护和数据安全，还涉及信息环境的健康发展和社会的结构稳定。因此,大到中央和各地政府,小到集体、个人都应当履行各自的职责，提高信息伦理的水平，共同维护良好的社会风气。

信息伦理一方面强调个人隐私的保护，包括个人信息的收集、存储、使用和共享等环节。在现代信息社会中，个人隐私泄露事件屡见不鲜。如一些母婴类社交平台未经用户同意将用户信息转卖给第三方；考研机构等通过从一些社交媒体公司购买应届生的信息数据，进行电话推销等。因此，尊重和保护个人隐私是信息时代我们必须坚守的底线之一。信息伦理另一方面强调诚信，在现代社会中，虚假的信息充斥着网络，我们正处于“后真相”时代。各类自媒体只追求新闻的快速发布和流量关注，当突发的公共事件暴发时，更多是追求快速报道和舆论导向。在这种情况下，信息的真实性和准确性往往被边缘化，人们更多地沉浸在即时的情绪宣泄与既得利益之中。然而，这种现象绝不能等闲视之，即使在紧急情况下，确保信息的真实性仍然是媒体应该追求的目标，并且也应当承担起相应的责任。而对于公众来说，更应保持理智与冷静，审慎对待来自不同渠道的新闻，不轻易相信与传播未经证实的信息；在表达自己的观点和情绪的同时，尊重事实，不盲目跟风，避免煽动他人负面情绪，共同营造清朗的信息空间。

2.2.3 信息素养为什么要发展为数字素养

信息素养向数字素养的转型，是信息技术日新月异与社会需求深刻变革相互交织下的必然产物。以往，我们侧重于提升个体的信息素养，强调深化理解、精准获取、高效利用信息的能力。然而，随着数字化环境的日益复杂，传统的信息素养正面临前所未有的挑战。在此背景下，以人工智能为代表的数字技术的迭代更新呼唤着数字时代与社会急需的新素养——数字素养。数字素养，作为数字时代信息素养的升级和延伸，更加注重对数字信息的创新创造、灵活应用及高效管理，彰显了新时代的鲜明特征。让我们以一个生动的故事，去探究从信息素养迈向数字素养的必要性。

案例 2-2：数字素养的磨砺之旅——小张的成长故事

小张（化名）是一名对大学生活满怀憧憬的新生，课堂上他求知若渴，课后作业也是精益求精。随着课程内容的逐步深入，他愈发感受到信息处理与应用在日常学习中的重要性。起初，小张在课后作业的完成上游刃有余，能够迅速检索到所需文献，并将其条理清晰地整理为知识框架，作业完成得颇为出色。然而，随着时间的推移，信息处理的难度逐渐加大，小组作业开始让他感到力不从心。特别是当课程要求发放调查问卷、处理并分析数据时，小张感到了前所未有的压力与焦虑。为此，他向专业课老师求助，老师建议他学习数据分析的相关知识，掌握相关工具，以提升自身的数字素养。

经过刻苦钻研，小张深刻领悟到，数字素养不仅涵盖信息检索与利用的能力，更包括运用 R 语言、Python、SPSS 等软件对数据进行深度分析的能力，对信息进行批判性思考的素养，以及保护个人隐私安全的意识，等等。经过不懈努力，小张的数字素养得到了显著提升，他能够迅速收集信息、高效处理数据，并顺利解决学习与研究中的难题。

在一次关于社会问题的小组作业中，小张利用学校图书馆的数据库，快速且精准地检索到大量相关文献资料，为小组成员提供了宝贵的参考。他的高效检索为后续调查奠定了坚实的基础，赢得了同学们的一致好评。随后，小张运用 SPSS 数据分析工具，对大量调查问卷数据进行了深入研究，并提出了建设性意见。这些成果和建议最终被同学们采纳，并获得了高分与好评。自此以后，每当同学们遇到学习上的困难，都会主动寻求小张的帮助，他也因此成了班级的“小老师”，赢得了师生们的广泛赞誉。

案例 2-2 深刻地揭示了数字素养在现代社会中的重要作用。它不仅能够助力我们更好地处理信息，提升学习与工作的效率，还能帮助我们解决诸多实际问题。因此，在全球数字化的浪潮中，我们不仅要持续强化自身的信息素养，更要不断学习新知，与时俱进，积极培育自身的数字素养，以适应瞬息万变的数字时代，把握未来的无限可能。

2.3 数字素养的提出与发展

“数字素养”这一概念起源于 20 世纪 90 年代，最初由美国学者理查德·拉纳姆（Richard Lanham）提出，他认为“数字素养”是一种“多媒体素养”。[①]1998 年，保罗·吉尔斯特（Paul Gilster）进一步将其定义为“检索获取网络资源，并加以应用的能力”[②]，并强调对信息的批判性思考。随着网络时代的发展，技术的飞速进步，数字素养逐渐受到国内外学者的广泛

① Lanham R.. Digital Literacy［J］. Scientific American，1995，273（3）：160–161.

② Gilster P. Digital Literacy［M］. New York：Wiley，1997：25–48.

关注。2017 年，国际图书馆协会和机构联合会（International Federation of Library Associations and Institutions，IFLAI）提出了一个以结果为导向的数字素养定义：拥有数字素养意味着可以高效、有效且合乎道德地利用数字技术，满足个人生活、公民活动和专业工作中的信息需求。[①] 这一说法在国际上得到了广泛认可。

相比之下，我国对数字素养的研究起步较晚，但是发展较快。2006 年，学者王晓辉首次提出数字素养概念，并强调了其在教育信息化中的重要性。同年，学者肖俊洪指出："数字素养不应仅限于纯技术能力，还涉及认识技能、情感技能等。"[②]2010 年，国家图书馆开始建设数字化学习平台，培养公众的数字素养。2017 年，许欢等学者提出："数字素养被看作一个跨学科的概念，它既与自然科学的数字技术相关，又被广泛地应用于社会科学、人文科学的各个领域。"因此，他们提出："我国应该构建一个多主体共同参与的体系，形成由各级组织、机构共同推动的机制，建立一个能充分交互的数字媒介空间。"[③]

在数字素养的基础上，随着研究的深入和技术的发展，又不断涌现出新的研究概念，如大数据素养和人工智能素养等。大数据素养强调大众了解数据的意义和价值，具备利用数据的意识和基本能力及大数据思维。人工智能素养则侧重于对人工智能相关知识的理解，以及在现实生活中有效运用人工智能技术的能力，同时涵盖了对人工智能所面临的道德挑战和安全问题的认知，是一种综合性的素质体现。随着人工智能技术的快速发展和广泛应用，社会大众对于如何理解、使用并与人工智能技术互动的需求日益增长。人工智能素养不仅要求人们具备基本的人工智能技术知识和应用技能，更要求人们能够预见和评估人工智能技术可能给未来的社会、经

---

① 任友群，随晓筱，刘新阳．欧盟数字素养框架研究［J］．现代远程教育研究，2014（5）：3–12.

② 肖俊洪．数字素养［J］．中国远程教育，2006（5）：32–33.

③ 许欢，尚闻一．美国、欧洲、日本、中国数字素养培养模式发展述评［J］．图书情报工作，2017，61（16）：98–106.

济和文化带来的影响，所以如何根据自身需求去培养自己的人工智能素养就尤为重要。[①]

这些新的素养概念虽各有侧重，但都属于数字素养的范畴，对提升个体的数字素养水平具有重要意义。数字素养的提出与发展，是信息时代飞速发展的必然产物，也是社会进步的体现。从信息素养到数字素养的转变，提醒着我们应积极适应新时代的变化，不断提升自身学习能力，为社会的繁荣和发展贡献力量。

① 蔡迎春，张静蓓，虞晨琳，等.数智时代的人工智能素养：内涵、框架与实施路径［J］.中国图书馆学报，2024，50（4）：71-84.

第3章 数字素养的标准与概念

随着互联网的普及和数字技术的发展，人们的生产生活方式都有所改变，对数字素养的要求日益提高。为厘清数字素养的定义、标准、评估等方面内容，我国及欧盟、美国、英国等相继出台了一系列数字素养标准和框架。

3.1 国际组织的数字素养标准和框架

21 世纪以来,互联网的普及和数字技术的发展正逐渐改变人们的生产、工作及生活方式，也在一定程度上加剧了“数字鸿沟”。为提升公民的数字素养，弥合“数字鸿沟”，各个国家以及国际组织制定了一系列有关数字素养的标准和框架。

3.1.1 联合国教科文组织的数字素养标准和框架

2013 年 12 月，联合国教科文组织（United Nations Educational，Scientific and Cultural Organization,UNESCO）发布了《全球媒介与信息素养评估框架》（*Global Media and Information Literacy Assessment Framework*）。该框架由国际媒体与各领域专家共同制定，提出了“媒体与信息素养”的概念与理论依据、评估框架细则和评估的实施方法等内容，为各个国家、企业、教育机构等提供了针对媒体和信息素养评估的方法指导和框架工具。它将“媒体与信息素养”定义为：“公民使用一系列工具，以批判的、道德的和有效的方式获取、检索、理解、评估和创造、分享所有格式的信息和媒体内容，以参与和从事个性化、专业化和社会化活动的能力。”①

2015 年 9 月，联合国大会通过了新的全球发展议程《变革我们的世界：2030 年可持续发展议程》（*Transforming Our World：The 2030 Agenda for Sustainable Development*，下文简称《发展议程》）。《发展议程》旨在进一步消除一切形式的贫穷，规定了 17 个可持续发展目标，其中之一就是到 2030 年为止，具有相关技能（包括技术和职业技能）的青年和成年人数大幅度增加，使他们能够就业、谋求体面工作和创业。

2018 年 6 月，为测量《发展议程》中“数字素养技能方面已经达到最低熟练水平的青年或成人比例”这一指标，联合国教科文组织进一步发布了《数字素养全球框架》（*Digital Literacy Global Framework*）②，具体内容如表 3–1 所示。

表 3–1 《数字素养全球框架》的具体内容

素养领域和素养	描述
0. 设备和软件操作	识别和使用硬件工具和技术。能够识别操作软件工具和技术所需要的数据、信息和数字内容
0.1 数字设备的物理操作	识别并使用硬件工具和技术的各组功能和特征等
0.2 数字设备的软件操作	知道并理解操作软件工具和技术所需的数据、信息或数字内容
1. 信息和数据素养	阐明信息需求，定位和检索数据、信息和数字内容。判断来源及其内容的相关性。存储、管理和组织数据、信息和数字内容
1.1 浏览、检索和过滤数据、信息和数字内容	能够阐明信息需求，在数字环境中检索数据、信息和数字内容，并能够顺利地找到它们，创造和更新个人搜索策略

① 程萌萌，夏文菁，王嘉舟，等 .《全球媒体和信息素养评估框架》（UNESCO）解读及其启示［J］. 远程教育杂志，2015，33（1）：21–29.

② UNESCO UIS. A Global Framework to Measure Digital Literacy［EB/OL］.（2018–06–26）［2024–06–29］. https：//uis.unesco.org/sites/default/files/documents/ip51–global–framework–reference–digital–literacy–skills–2018–en.pdf.

续表

素养领域和素养	描述
1.2 评估数据、信息和数字内容	能够分析、比较和批判性地评估数据、信息和数字内容来源的可信度和可靠性，分析、解释和批判性地评估数据、信息和数字内容
1.3 管理数据、信息和数字内容	能够在数字环境中组织、存储和检索数据、信息和数字内容，并加工所得到的数据、信息和数字内容等
2. 沟通与协作	在意识到文化和代际多样性的同时，通过数字技术进行互动、交流和合作。通过公共和个人数字身份参与社交并管理个人的数字身份和声誉
2.1 通过数据技术交互	能够通过各种数字技术进行交互，并了解特定环境下适当的数字交流方式
2.2 通过数据技术分享	能够通过适当的数字技术与他人共享数据、信息和数字内容，并且了解在使用上述资料时应遵循的引用和权属惯例
2.3 通过数据技术以公民身份参与	能够通过使用公共和个人数字身份参与社交，通过适当的数字技术寻求自我赋权和公民参与的机会
2.4 通过数据技术合作	使用数字工具和技术进行协作过程，共同构建和共同创造资源和知识
2.5 网络礼仪	能够使用数字工具和技术促进合作进程并进行资源和知识的共同建构和创造，在使用数字技术以及在数字环境中互动时能够注意行为规范并知道该如何做，在数字环境中能够采用特定的沟通策略面对特定的对象，并能够意识到文化和代际的多样性
2.6 管理数字身份	能够创造并管理一个或多个数字身份，能够保护自己的声誉，能够处理通过数字工具、环境和服务产生的数据
3. 创造数字内容	创建和编辑数字内容。在了解如何应用版权和许可的同时，将信息和内容进行完善并整合到已有知识体系中。懂得如何给计算机系统提供可理解的指令
3.1 开发数字内容	能够创造和编辑不同格式的数字内容，通过数字手段表达自己
3.2 整合并重新阐述数字内容	能够修改、提炼、改进信息和内容，并将其整合到现有的知识体系中，以创造新的、原创的和相关的内容和知识
3.3 版权和许可证	能够了解版权和许可如何适用于数据、信息和数字内容

续表

素养领域和素养	描述
3.4 编程	能够为计算机系统规划和发展一系列可理解的指令，以解决给定的问题或执行特定的任务
4. 安全	保护数字环境中的设备、内容、个人数据和隐私。保护身心健康，了解促进社会福祉和社会包容的数字技术。意识到数字技术及其应用对环境的影响
4.1 设备保护	能够保护设备和数字内容，了解数字环境中的风险和威胁，了解安全和防护措施，并充分考虑可靠性和隐私
4.2 个人数据和隐私保护	能够保护数字环境下的个人资料及隐私。了解如何使用和分享个人身份信息，同时能够保护自己和他人免受损害。要了解数字服务，使用“隐私政策”来告知如何使用个人数据
4.3 保护健康和福利	能够在使用数字技术时避免健康风险和对身心健康的威胁。能够在数字环境中保护自己和他人免受可能的危险（例如网络暴力）。了解数字技术对社会福祉和社会包容的影响
4.4 环境保护	能够意识到数字技术及其使用对环境的影响
5. 解决问题	识别需求和问题，并解决数字环境中的概念性问题和了解问题情况。使用数字化工具创新流程和产品，跟上数字化发展的步伐
5.1 解决技术问题	能够识别操作设备和使用数字环境时的技术问题，并解决这些问题（从故障排除到解决更复杂的问题）
5.2 发现需求和技术响应	能够识别、评估、选择和使用数字工具或可能的技术来解决需求。根据个人需要调整和定制数字环境（例如无障碍环境）
5.3 创造性地使用数字技术	能够使用数字工具和技术来创造知识、创新流程和产品。能够独立地以及合作地参与认知加工过程，以便能够在数字环境中理解并解决观念问题和问题情境
5.4 发现数字素养鸿沟	能够了解自己的数字能力需要改进或更新的地方。能够支持别人数字能力的发展，能够寻找机会进行自我发展并且与数字发展保持同步
5.5 计算思维	能够把可以计算的问题加工成序列的和逻辑的步骤，作为可供人和计算机系统采用的方案
6. 职业相关能力	运用专业数字技术理解、分析和评估专业数据、特定领域的信息和数字内容

续表

素养领域和素养	描述
6.1 操作某一特定领域的专业化的数字技术	能够识别并运用特定领域中的专业化工具和技术
6.2 解释和利用某一特定领域的数据、信息和数字内容	能够在数据环境中理解、分析和评估特定领域中的专业化数据、信息和数字内容

由表 3-1 可知,《数字素养全球框架》包括了设备和软件操作、信息和数据素养、沟通与协作、创造数字内容、安全、解决问题、职业相关能力等 7 大数字素养维度以及 26 项具体素养指标。与此同时，为了使《数字素养全球框架》在不同的情境中更具有明确的指导性和可操作性，研究者对每个素养维度的能力进行了明确的解释说明。

3.1.2 欧盟的数字素养标准和框架

欧盟各国在数字素养的研究方面一直处于较为领先的地位。早在 2006 年,欧盟就出台了《终身学习核心素养:欧洲参考框架》,提出了包括数字素养、母语沟通交流、外语沟通交流、学会学习等 8 项核心素养。最新的《欧盟终身学习核心素养建议框架 2018》更新了包括读写素养、多语素养、公民素养等 6 种核心素养，但“数字素养”这一核心素养仍然被沿用。

为进一步促进公民数字素养的发展，欧盟于 2013 年制定了适用于全体欧洲公民的数字素养框架 DigComp 1.0。之后在充分考察信息技术变革对公民数字素养新要求的基础上，欧盟对数字素养框架 DigComp 1.0 进行了多次修订，相继推出了 DigComp 2.0 版（2016 年）、DigComp 2.1 版（2017 年）和 DigComp 2.2 版（2022 年）的数字素养框架。其中，DigComp 2.2 于 2022 年 3 月发布，并沿用至今，具体内容如表 3-2 所示[①]。

① European Commission.DigComp 2.2 : The Digital Competence Framework for Citizens [EB/OL] .(2022-03-17) [2024-06-29] . https : //pact-for-skills.ec.europa.eu/community-resources/publications-and-documents/digcomp-22-digital-competence-framework-citizens_en.

表 3–2 《欧洲公民数字素养框架（DigComp 2.2）》的具体内容

能力领域	具体能力
1. 信息和数据	1.1 浏览、搜索和过滤数据、信息和数字化内容
	1.2 评价数据、信息和数字化内容
	1.3 管理数据、信息和数字化内容
2. 沟通和合作	2.1 使用数字技术进行互动
	2.2 使用数字技术分享信息和内容
	2.3 使用数字技术实现公民责任和权利
	2.4 使用数字技术开展合作
	2.5 数字礼仪
	2.6 管理数字身份
3. 数字内容创作	3.1 发布数字内容
	3.2 整合与重制数字内容
	3.3 版权和执照
	3.4 编程
4. 安全	4.1 爱护设备
	4.2 保护个人信息和隐私
	4.3 保护身心健康
	4.4 保护环境
5. 问题解决	5.1 解决技术问题
	5.2 识别需求和技术响应
	5.3 创造性地使用数字技术
	5.4 识别有待发展的技术素养

由表 3–2 可知，该框架包含信息和数据、沟通和合作、数字内容创作、安全、问题解决 5 个能力领域，描述了数字化时代公民需要具备的评价数据、信息和数字化内容，管理数字身份，解决技术问题等 21 项具体能力。与此同时，对比先前版本，该框架对数字素养三大组成要素（知识、技能和态度）的实例进行了全面升级，并围绕由人工智能、远程办公等新兴技术主题衍生出的新技能需求，共设计了 250 多个知识、技能和态度的新例

子，并为每个能力大约分配了 10 到 15 个例子，最终完成了框架修订工作。[①]此外，该框架明确了到 2030 年，至少让 80% 的欧盟公民拥有基本的数字技能和至少拥有 2000 万信息通信技术专家的目标。[②]

3.1.3 国际图联的数字素养标准和框架

数字素养作为当代公民的一项重要素养，其水平和态度的差异往往会导致整个社会的差异，因此引起了各国、各教育机构的广泛重视。图书馆作为公民获取知识、技能的重要场所，是开展社会教育和学校教育的重要阵地，理应承担起培养公民数字素养的责任。2017 年 8 月，国际图书馆协会和机构联合会发布了《国际图书馆协会和机构联合会数字素养宣言》（*IFLA Statement on Digital Literacy*，以下简称《宣言》），强调了数字素养的定义，举例说明了图书馆应如何承担责任并向政府和其他利益相关者提出建议。[③]

首先，在定义数字素养概念时，《宣言》认为："具备数字素养意味着可以在高效、有效、合理的情况下最大限度地利用数字技术，以满足个人、社会和专业领域的信息需求"；其次，《宣言》强调了图书馆承担了培养数字素养的责任，即帮助公民实现平等的文化权利，利用数字技术弥合"数字鸿沟"，促进个人和社会的进步[④]；最后，《宣言》为国家政府、学校、高等教育机构、经济领域组织等利益相关者提出行动建议，如国家与政府应使数字素养成为一项权利，学校应加强与图书馆建立合作，高等教育机构应提高学生和研究人员的数字素养，经济领域组织应在工作场所和社区推广数字素养，等等。

---

① 高春玲，曲悠扬．从实用性思维到包容性理念变革——《欧洲公民数字能力框架（DigComp2.2）》解读［J］．晋图学刊，2024（5）：71-79.

② 汪庆怡．从欧盟数字素养框架（DigComp2.2）论全民数字素养的提升［J］．图书馆杂志，2023，42（3）：97-106.

③ International Federation of Library Association and Institutions.IFLA Statement on Digital Literacy［EB/OL］．（2017-08-18）［2024-06-03］.https：//www.ifla.org/files/assets/faife/statements/ifla_digital_literacy_statement.pdf.

④ 何蕾．《国际图联数字素养宣言》分析与启示［J］．图书馆建设，2018（6）：44-48.

《宣言》由国际图书馆协会和机构联合会的多个专业委员会联合起草，是国际图书馆界首次发布的关于数字素养的系统性宣言，体现了图书馆工作的前瞻性和数字素养工作的重要性。它顺应了时代发展潮流和社会发展现状，也响应了图书馆转型需求，为各国图书馆面向全体公民开展数字素养普及与教育工作指明了方向。

3.2 部分国家的数字素养标准和框架

除一些国际组织颁布了一系列数字素养标准和框架之外，美国、英国、澳大利亚等国家也早已出台了一些本国的数字素养标准和框架，以提升公民数字素养。

3.2.1 美国的数字素养标准和框架

早在 2000 年 1 月，美国大学与研究图书馆协会（Association of College and Research Libraries，ACRL）在得克萨斯州召开美国图书馆协会仲冬会议，会上审议通过了《高等教育信息素养能力标准》（*Information Literacy Competency Standards for Higher Education*）。该标准具体由 5 项标准、22 项执行指标及若干子项组成，其中 5 项标准包括：（1）具有信息素养能力的学生能决定所需要的信息种类；（2）具有信息素养能力的学生能有效而又高效地获取所需要的信息；（3）具有信息素养能力的学生能评判性地评价信息及其来源，并能把所遴选出的信息与原有的知识背景和评价系统结合起来；（4）具有信息素养能力的学生，无论是个体还是团体的一员，能有效地利用信息达到某一特定的目的；（5）具有信息素养能力的学生懂得有关信息技术的使用所产生的经济、法律和社会问题，并能在获取和使用信息中遵守公德和法律。[①]2015 年 2 月，ACRL 对上述标准进行修订后出台了《高等教育信息素养框架》（*Framework for Information Literacy for Higher*

---

① American Library Association Reposition.Information Literacy Competency Standards for Higher Education [EB/OL].（2000-01-18）[2024-06-03]. https://alair.ala.org/server/api/core/bitstreams/ce62c38e-971a-4a98-a424-7c0d1fe94d34/content.

Education）。该框架按 6 个方面编排，即信息权威性的构建与情境相关、信息创建是一个过程、信息拥有价值、研究即探究过程、学术研究即对话、检索即策略式探索，每一个方面包括一个信息素养的核心概念、一组知识技能以及一组行为方式。①

2013 年 1 月，美国图书馆协会发布《数字素养、图书馆和公共政策：信息技术政策办公室数字素养工作组的报告》（*Digital Literacy, Libraries, and Public Policy：Report of the Office for Information Technology Policy's Digital Literacy Task Force*），其中将数字素养定义为“利用信息和通信技术发现、理解、评估、创造和交流数字信息的能力，此种能力既需要认知能力又需要技术能力”。与此同时，其还对信息素养与数字素养两个概念的关系进行了探讨，认为二者密切相关：信息素养需要数字素养访问适当的在线研究资源，而信息素养则为数字素养培养的评估技能提供了基础。②

3.2.2 英国的数字素养标准和框架

英国开展信息素养研究的时间较早，也制定了相关标准和框架。2011 年 4 月，英国国立图书馆与大学图书馆学会发布《英国国立图书馆与大学图书馆学会信息素养七大支柱：高等教育核心模型》（*The SCONUL Seven Pillars of Information Literacy：Core Model for Higher Education*），该模型是世界上最有影响力的信息素养标准与框架之一。③其“信息素养七大支柱”包括：（1）识别，即能意识到信息需求并将其识别出来，具体包括信息的定

---

① American Library Association.Framework for Information Literacy for Higher Education | Association of College and Research Libraries［EB/OL］.（2015-02-02）［2024-06-03］. https：//www.ala.org/acrl/standards/ilframework.

② American Library Association Institutional Repository. Digital Literacy, Libraries, and Public Policy：Report of the Office for Information Technology Policy's Digital Literacy Task Force［EB/OL］.［2024-07-01］. https：//alair.ala.org/server/api/core/bitstreams/db72e923-1e14-45b8-ab0e-b113241c0e4c/content.

③ 杨鹤林．英国高校信息素养标准的改进与启示——信息素养七要素新标准解读［J］．图书情报工作，2013，57（2）：143-148.

位、深度、广度等；(2) 审视，即能明确自身现有信息及差距；(3) 规划，即能制定查找信息和数据的策略；(4) 搜集，即能找到并使用所需的信息和数据；(5) 评估，即能反思研究过程，对信息和数据进行对比和评估；(6) 管理，即能合情合法地娴熟运用信息；(7) 发布，即能通过确定、选择、对比和分析实现对信息的综合和创新，提出新观点或创建新知识，发布自己的科研成果并通过多种途径传播出去。

2019 年 4 月，为深化成人数字技能教育改革，构建与时代发展相适应的成人数字技能教育体系，英国出台了《基础数字技能国家标准》(*UK Department for Education*)。该标准将成人数字技能划分为使用设备和处理信息、创建与编辑、交流、交易、安全且负责地上网 5 个技能领域，细分为使用设备、创建和编辑文档、交流和分享、安全地在线购物、保护隐私等有机关联的 16 项技能要素。与此同时，考虑到成人数字技能基础不同，该标准将成人数字技能表现划分为“入门级”和“一级”两个水平。[①]

3.2.3 澳大利亚的数字素养标准和框架

2001 年，澳大利亚高校图书馆员协会 (Council of Australian University Librarians) 颁布了《信息素质标准（第 1 版）》(*Information Literacy Standards, First Edition*)，其中制定了包括认知信息需求并确定信息性质范围等 7 项信息素养标准。2004 年，澳大利亚和新西兰信息素养研究所 (Australian and New Zealand Institute for Information Literacy，ANZIIL) 发布《澳大利亚和新西兰的信息素养标准框架：原则，标准及实践（第 2 版）》(*Australian and New Zealand Information Literacy Framework: Principles, Standards and Practice, Second Edition*)。该框架包括 6 项标准、19 个学习结果，每个学习结果下又有 1—4 个举例，共 67 个例子。[②] 其中，6 项标准分别为：(1) 认识到对信息的需求，

---

① 谢仕兴，张钰，于颖 . 数字时代成人数字技能教育何以可能——英国《基础数字技能国家标准》要点与启示 [J] . 开放学习研究，2023，28 (1)：26-33+53.

② 回雁雁 . 澳大利亚和新西兰信息素质标准框架修订理念及其启示[J]. 农业图书情报学刊，2010，22 (2)：23-26.

并确定所需信息的性质和范围；（2）有效、高效地查找所需信息；（3）批判性地评估信息和信息查找过程；（4）管理收集或生成的信息；（5）运用原有的和新的信息来构建新的概念或创造新的理解；（6）理解信息的使用，并承认围绕信息使用的文化、伦理、经济、法律和社会问题。①

2022 年，澳大利亚在新一轮国家课程改革中将数字素养作为通用能力维度的 7 大子能力之一，并制定了全新的《数字素养框架》（*Australian Digital Literacy Framework*）。该框架包括 4 项能力要素，即数字安全与数字健康实践、调查研究、创作与交流、管理与操作，内含 12 项子要素，即网络安全管理、数字隐私和数字身份管理、数字健康管理、查找信息、获取并整理数据、解释数据、规划、创造交流与写作、尊重知识产权、管理内容、保护内容、选择并操作工具。②

3.3 我国的数字素养标准和框架

《提升全民数字素养与技能行动纲要》是我国第一个与数字素养相关的中央政府文件，包含发展形势与重要意义、总体要求、主要任务与重点工程、保障措施等四方面内容。它提出丰富优质数字资源供给、提升高品质数字生活水平、提升高效率数字工作能力、构建终身数字学习体系、激发数字创新活力、提高数字安全保护能力、强化数字社会法治道德规范等 7 项主要任务与重点工程及 23 项具体措施③，指明了我国全民数字素养提升与教育工作的基本方向与路径。

全民数字素养教育与提升工作的关键在于教师。党的二十大报告明

---

① READKONG.Australian and New Zealand Information Literacy Framework：Principles, Standards and Practice［EB/OL］.［2024-06-03］. https：//www.readkong.com/page/australian-and-new-zealand-information-literacy-framework-8651273?p=2.

② 牛金鹏 . 从 ICT 能力到数字素养：澳大利亚中小学数字教育课程的最新发展研究［J］. 教育进展，2023（9）：6561-6570.

③ 中央网络安全和信息化委员会办公室 . 提升全民数字素养与技能行动纲要［EB/OL］.（2021-11-05）［2024-06-03］. https：//www.cac.gov.cn/2021-11/05/c_1637708867754305.htm.

确提出要“推进教育数字化”，教师是提升数字素养教育水平的主力，要不断提升教师的数字素养。因此，2022 年 11 月，教育部发布《教师数字素养》教育行业标准，完善教育信息化标准体系，提升教师利用数字技术优化、创新和变革教育教学活动的意识、能力和责任，成为我国首个关于数字素养的行业标准和框架。[①]《教师数字素养》的具体内容如表 3–3 所示。

表 3–3 《教师数字素养》框架

一级维度	二级维度	三级维度	描述
数字化意识	数字化认识	理解数字技术在经济社会及教育发展中的价值	了解数字技术引发国际数字经济竞争发展；理解数字技术对推动教育数字化转型的重要意义
		认识数字技术发展对教育教学带来的机遇与挑战	认识到数字技术正在推动教育创新发展；意识到数字技术资源应用于教育教学过程会产生教学理论、教学模式、教学方法方面的创新要求，以及可能出现伦理道德方面的问题
	数字化意愿	主动学习和使用数字技术资源的意愿	主动了解数字技术资源的功能作用，有在教育教学中使用的愿望；理解合理使用数字技术资源能够推动教育高质量发展
		开展教育数字化实践、探索、创新的能动性	具有实施数字技术与教育教学融合的主动性，愿意开展教育教学创新实践
	数字化意志	战胜教育数字化实践中遇到的困难和挑战的信心与决心	能够战胜教育数字化实践中面临的数字技术资源使用、教学方法创新方面的困难与挑战，坚信并持续开展数字化教育教学实践探索
数字技术知识与技能	数字技术知识	常见数字技术的概念、基本原理	了解常见数字技术的内涵特征及其解决问题的程序和方法。例如：了解多媒体、互联网、大数据、虚拟现实、人工智能的内涵特征及其解决问题的程序和方法
	数字技术技能	数字技术资源的选择策略	掌握在教育教学中选择数字化设备、软件、平台的原则与方法
		数字技术资源的使用方法	熟练操作使用数字化设备、软件、平台，解决常见问题

① 中华人民共和国教育部 . 教育部关于发布《教师数字素养》教育行业标准的通知［EB/OL］.（2022–12–02）［2024–06–03］.http ：//www.moe.gov.cn/srcsite/A16/s3342/202302/t20230214_1044634.html.

续表

一级维度	二级维度	三级维度	描述
数字化应用	数字化教学设计	开展学习情况分析	能够运用数字评价工具对学生的学习情况进行分析。例如应用智能阅卷系统、题库系统、测评系统对学生知识准备、学习能力、学习风格进行分析
		获取、管理与制作数字教育资源	能够多渠道收集，并依据教学需要选择、管理、制作数字教育资源
		设计数字化教学活动	能够依据教学目标，设计融合数字技术资源的教学活动
		创设混合学习环境	能够利用数字技术资源突破时空限制，创设网络学习空间与物理学习空间融合的学习环境
	数字化教学实施	利用数字技术资源支持教学活动组织与管理	能够利用数字技术资源有序组织教学活动，提升学生参与度和交流主动性
		利用数字技术资源优化教学流程	能够使用数字工具实时收集学生反馈，改进教学行为，优化教学环节，调控教学进程
		利用数字技术资源开展个别化指导	能够利用数字技术资源发现学生学习差异，开展针对性指导
	数字化学业评价	选择和运用评价数据采集工具	能够合理选择并运用数字工具采集多模态学业评价数据
		应用数据分析模型进行学业数据分析	能够选择与应用合适的数据分析模型开展学业数据分析
		实现学业数据可视化与解释	能够借助数字工具可视化呈现学业数据分析结果并进行合理解释
	数字化协同育人	学生数字素养培养	能够指导学生恰当地选择和使用数字技术资源支持学习，注重培养学生的计算思维和数字社会责任感
		利用数字技术资源开展德育	能够利用数字技术资源拓宽德育途径，创新德育模式
		利用数字技术资源开展心理健康教育	能够利用数字技术资源辅助开展多种形式的心理健康教育活动。例如利用数字技术资源辅助开展心理健康诊断、团体辅导、心理训练、情境设计、角色扮演、游戏辅导
		利用数字技术资源开展家校协同共育	能够利用数字技术资源实现学校与家庭协同育人，主动争取社会资源，拓宽育人途径

续表

一级维度	二级维度	三级维度	描述
数字社会责任	法治道德规范	依法规范上网	遵守互联网法律法规，自觉规范各项上网行为
		合理使用数字产品和服务	遵循正当必要、知情同意、目的明确、安全保障的原则使用数字产品和服务，尊重知识产权，注重学生身心健康
		维护积极健康的网络环境	遵守网络传播秩序，利用网络传播正能量
	数字安全保护	保护个人信息和隐私	做好个人信息和隐私数据的管理与保护
		维护工作数据安全	在工作中对学生、家长及其他人的数据进行收集、存储、使用、传播时注重数据安全维护
		注重网络安全防护	辨别、防范、处置网络风险行为。例如辨别、防范、处置网络谣言、网络暴力、电信诈骗、信息窃取行为
专业发展	数字化学习与研修	利用数字技术资源持续学习	根据个人发展需要，利用数字技术资源开展学习。例如利用数字教育资源进行学科知识、教学法知识、技术知识、教育教学管理知识的学习
		利用数字技术资源支持反思与改进	利用数字技术资源对个人教学实践进行分析，支持教学反思与改进
		参与或主持网络研修	参与或主持网络研修共同体，共同学习、分享经验、寻求帮助、解决问题
	数字化教学研究与创新	开展数字化教学研究	针对数字化教学问题，利用数字技术资源支持教学研究活动
		创新教学模式与学习方式	利用数字技术资源不断创新教学模式、改进教学活动、转变学生学习方式

由表 3–3 可知，《教师数字素养》规定了数字化意识、数字技术知识与技能、数字化应用、数字社会责任、专业发展 5 个一级维度，数字化认识、数字技术知识、数字化教学设计等 13 个二级维度以及理解数字技术在经济社会及教育发展中的价值、数字技术资源的选择策略、选择和运用评价数据采集工具等 33 个三级维度。具体而言，该框架包括 :（1）数字化意识，即客观存在的数字化相关活动在教师头脑中的能动反映，包括数字化认识、数字化意愿，以及数字化意志 ;（2）数字技术知识与技能，即教师在日常教育教学活动中应了解的数字技术知识与需要掌握的数字技术

技能，包括数字技术知识，以及数字技术技能；（3）数字化应用，即教师应用数字技术资源开展教育教学活动的能力，包括数字化教学设计、数字化教学实施、数字化学业评价，以及数字化协同育人；（4）数字社会责任，即教师在数字化活动中的道德修养和行为规范方面的责任，包括法治道德规范，以及数字安全保护；（5）专业发展，即教师利用数字技术资源促进自身及共同体专业发展的能力，包括数字化学习与研修，以及数字化教学研究与创新。《教师数字素养》的制定与实施不仅是贯彻落实网络强国与“数字中国”战略的重要举措，也为教育界开展全民数字素养提升与教育工作指明了方向。

3.4 数字素养的基础概念与内容

《提升全民数字素养与技能行动纲要》将“数字素养与技能”定义为“数字社会公民学习工作生活应具备的数字获取、制作、使用、评价、交互、分享、创新、安全保障、伦理道德等一系列素质与能力的集合”。结合各国际组织、国外各国及我国已出台的有关数字素养标准和框架，下文将从数字获取、数字制作、数字交互、数字创新、数字安全伦理等维度进一步阐释数字素养的主要内涵。

3.4.1 数字获取

联合国教科文组织、欧盟等国际组织以及各国现有的数字素养标准和框架都将数字信息的获取列为一项重要指标。数字获取维度主要包含：（1）识别数字需求，即能够意识到数字需求并识别出数字内容的具体范围和深度。（2）浏览检索数字信息，即能够根据检索需求制定检索策略、思考信息来源并通过适当的方式查找信息。（3）评估过滤数字信息，即能够根据信息来源的可信性和需求相关性，分析、评估、筛选检索到的信息内容。（4）管理储存数字信息，即能够在数字环境中合理妥善管理存储信息，便于加工使用。

例如，一名考生想要了解当年的考研相关信息，首先，他需要识别需求，根据自身专业背景、兴趣爱好、职业规划等因素考虑考研专业及院校的大致范围。其次，浏览检索信息。根据需要在中国研究生招生信息网、目标学校研究生院官网、考研机构公众号等平台检索、浏览相关信息。再次，评估过滤信息。根据实际需要重点搜集关注院校的招考信息和备考策略，并过滤各机构广告等相关性较小的内容信息。最后，管理储存信息。将收集到的信息按照招生信息、课程信息、报名信息等不同类别管理存储，以便随时使用。

3.4.2 数字制作

中国互联网络信息中心（CNNIC）在 2024 年第 53 次公布的《中国互联网络发展状况统计报告》中显示，2023 年 12 月，我国的网民数量已经达到了 10.92 亿，互联网的普及程度达到了 77.5%。随着互联网的普及，围绕数字内容的创作逐渐丰富。数字制作维度主要包括：（1）发布数字内容，即能够在数字环境下编辑并发布数字内容。例如，人们可以利用各种办公软件或记事工具创造和编辑不同格式的数字内容，并通过适当的平台通过数字形式发布。（2）整合数字内容，即能够修改、提炼、改进其他数字信息和内容，并将其整合到知识体系中，以创造新的内容和知识。例如，在论文写作过程中需要对现有研究成果进行全面梳理、整合，并从中发现问题形成自己创新性的内容。（3）版权许可问题，即能够了解版权和许可如何适用于数据、信息和数字内容。

近年来，数字内容的版权问题得到更多重视，正确了解、分辨和使用数字环境下的信息数据显得尤为重要。2021 年 12 月，国家版权局印发《版权工作“十四五”规划》，提出“将网络领域作为版权保护主阵地，不断提升版权管网治网能力”[①]。在网络上未经授权或非法发布、复制、传播受版权保护的电影、音乐、图片等行为，均侵犯了版权所有者的权益。

---

① 中华人民共和国中央人民政府.国家版权局关于印发《版权工作“十四五”规划》的通知［EB/OL］.（2021-12-24）［2024-06-03］. https：//www.gov.cn/zhengce/zhengceku/2021-12/29/content_5665256.htm.

3.4.3 数字交互

强化交流共享是互联网的重要特征，也是数字时代的显著标志，构成了数字素养不可或缺的一环。数字交互维度主要包括:(1)数字互动与分享，即要求个体能在多样化的数字平台上，采用适宜的技术手段进行有效沟通、资源共享及协同作业。举例来说，现代人广泛利用微信、微博、抖音等社交媒介即时发布个人见解与生活点滴，同时，借助在线协作文档和实时网络会议等数字工具，实现跨越地域的团队合作，如共同编辑项目文件或举行远程策略讨论。(2)数字公民角色的扮演，即在数字领域内，个体需掌握利用技术参与社会事务、行使权利及履行责任的能力。一个生动的例子是，用户通过建立与医疗系统互联的健康管理应用，如设置共享健康日历，定期录入生理数据，不仅促进了个人健康管理的自动化，还体现了在数字空间内积极参与健康管理和社会服务的公民责任感。(3)数字身份的管理与维护，即能够创建、维护一个或多个数字形象，以及妥善管理由数字活动产生的信息和个人数据。以众多自媒体创作者为例，他们在小红书、抖音等平台创建个人频道，分享学习心得、美食制作、旅行见闻、美妆教程等内容，不仅成功构建了独特的数字身份，还通过高质量的内容创作吸引粉丝，有效管理并扩大了个人在网络空间的影响力，同时还要时刻注意保护个人隐私与维护网络声誉。

3.4.4 数字创新

利用数字技术创造性地解决学习、工作和生活中所遇到的问题，是全球数字素养教育共同关注的重要内容。数字创新维度主要包括：(1)解决技术问题，即能够识别、评估、选择和使用数字设备，并可排除故障或调整定制数字环境。例如，很多网站、客户端为视障人士提供放大字号的阅读排版以及语音播报功能,方便其无障碍阅读获取信息。(2)发现创新鸿沟，即能够了解个人或企业的数字能力、技术需要改进或更新的地方，能够支持他人数字能力的发展，能够寻找机会进行自我发展并且与数字发展保持同步。例如，在国家乡村振兴战略背景下，京东基于零售营销、物流网络、数字科技等能力，助力乡村振兴和社会发展。(3) 编定电脑程序，即能够为计算机系统规划和发展一系列可理解的指令，以解决给定的问题或创新性开发电脑程序。例如，人们可以使用 Python、Java、R、SQL 等计算机编程语言，对计算机发布指令进而实现特定的任务或功能。

3.4.5 数字安全伦理

数字时代的发展除了给人们的衣、食、住、行带来了极大的便利，同样也带来众多安全伦理挑战与问题。因此，数字素养需要涵盖数字安全伦理维度，以保证人们合情、合理、合法地在数字世界中遨游。数字安全伦理维度主要包括：(1) 数字设备保护，即能够保护数字设备和数字内容，了解数字环境中的风险和威胁并采取防护措施。例如，采取备份计算机数据、安装防病毒软件、及时更新系统软件等方法防止计算机数据丢失。(2) 个人隐私保护，即能够保护数字环境下的个人资料及隐私，了解如何使用和分享个人身份信息，同时能够保护自己和他人免受损害。例如，不轻易点击未知网络链接、不轻易扫描未知二维码、不轻易连接未知 Wi-Fi，谨防信息被非法盗取，保护数字设备和隐私安全。(3) 身心健康保护，即能够在使用数字技术时规避健康风险和对身心健康的威胁。例如，网络发言的匿名机制使得很多网民在网络空间大胆表达自己的真实想法，然而当观点相悖时又会时常引发各方观点的冲突甚至上升至网络暴力。网民需要理性看待不同的网络观点，保护自身和他人身心健康。(4) 生态环境保护，即能够意识到数字技术及其使用对环境的影响。习近平总书记在全国生态环境保护大会上指出："深化人工智能等数字技术应用，构建美丽中国数字化治理体系，建设绿色智慧的数字生态文明。"① 例如，数字生态文明建设通过将大数据、5G、人工智能等数字技术有机嵌入生态文明建设，提升了生态文明建设的科学化、精细化、智能化水平。

---

① 人民网 . 人民日报整版探讨：数字化、智能化为生态文明建设提供新路径［EB/OL］.（2023-12-01）［2024-06-03］. http：//opinion.people.com.cn/n1/2023/1201/c1003-40129377.html.

技能编

第4章 数据利用

数据利用在推动高校信息化进程中扮演着至关重要的角色，其正面效应不仅体现在教学、科研方面,还深入渗透到学生管理、校园服务等多个方面。

在教学方面，数据利用使得高校能够精准地分析学生的学习习惯、兴趣点和知识掌握情况。通过大数据分析，教师可以定制个性化的教学方案，满足学生的多样化需求，提高教学效果。同时，数据还能帮助教师发现教学中的问题和不足，及时调整教学策略，促进教学质量的持续提升。

在科研方面，数据利用为高校科研人员提供了丰富的数据资源和分析工具。科研人员可以基于大量数据开展深入的研究，发现新的科学规律，推动学科的发展。此外，数据还能帮助科研人员评估研究项目的进展和成果，为科研决策提供有力支持。

在学生管理方面，数据利用使得高校能够更加全面地了解学生的行为特点和需求。通过对学生数据的分析，学校可以优化学生管理策略，提高管理效率。例如，通过分析学生的出勤数据、成绩数据等，学校可以及时发现学生的学习问题，提供及时的帮助和支持。

在校园服务方面，数据利用也发挥了重要作用。学校可以利用数据分析结果优化校园设施和服务，如改进图书馆借阅系统、优化食堂菜单等，提高师生的满意度和幸福感。此外，数据还能帮助学校预测校园安全隐患，制定针对性的防范措施，确保校园的安全稳定。

数据利用为高校信息化发展带来了诸多有利影响，不仅提高了教学和科研水平，还优化了学生管理和校园服务。随着技术的不断进步和数据的不断积累，数据利用将在高校信息化发展中发挥更加重要的作用。

4.1 数据基本常识

要了解数据，首先需要关注到数据的几类基本信息，其中包含数据类型、数据标准以及数据软件。类型是数据的基本属性，标准则代表了数据使用的规则，而数据软件则是用户与数据沟通的桥梁。

4.1.1 数据类型

在数字世界中，无论是处理日常办公文件、进行复杂的科学计算，还是开发一个全新的应用程序，我们都需要依赖各种各样的数据。而这些数据之所以能够被计算机准确地识别、存储和处理，背后离不开一个重要的概念——数据类型（Data Type）。

4.1.1.1 什么是数据类型?

数据类型，简而言之，就是数据的种类或属性。它定义了数据在计算机中的存储方式、取值范围以及能够进行的操作。通过识别数据类型，我们可以确保数据的准确性和一致性，同时优化存储和计算效率。

4.1.1.2 常用的数据类型

在计算机中，数据都是由二进制代码储存在硬盘中，但是这种抽象的代码对于人们的日常使用非常不方便且可读性非常差 。因此，由专家制定了一系列更加具体的数据类型供大家使用。在编程中，数据一般会被分为各种类型来使用。以 Java 为例，数据被分为整型、浮点型、字符型、布尔型。此外，还能自定义结构作为对象用来实现各种各样的功能。

4.1.1.3 数据类型的重要性

数据类型是编程语言中的基本要素之一，它决定了数据在计算机中的存储方式和操作方式。合理地选择和使用数据类型可以确保程序的正确性和效率性，同时降低错误率和维护成本。此外，数据类型还是数据交换和通信的基础，不同系统之间通过约定数据类型可以实现数据的共享和互操作。

总之，数据类型是数字世界的基石，它为我们构建了一个丰富多彩、高效准确的数据世界。在未来的数字化时代中，数据类型将继续发挥着重要作用，推动科技的发展和社会的进步。

4.1.2 数据标准

数据标准是对数据进行规范化描述的准则和规则，它定义了数据的结构、格式、质量、安全等方面的要求，以确保数据的一致性和可用性。在高校中，数据标准可以涵盖教学、科研、管理等多个领域，如学生信息、课程数据、科研成果等。

4.1.2.1 数据标准的作用

数据标准对于数据的使用和管理是极其重要的，它能给我们带来多方面的提升。

（1）提高数据质量：通过制定数据标准，可以规范数据的采集、存储、处理和交换过程，减少数据错误和冗余，提高数据质量。

（2）促进数据共享：统一的数据标准有助于不同系统之间的数据交换和共享，打破信息孤岛，提升数据利用效率。

（3）降低维护成本：标准化的数据结构可以减少系统升级和维护的工作量，降低人力和物力成本。

（4）支持决策分析：高质量的数据是决策分析的基础，数据标准可以确保数据的准确性和可靠性，为决策提供支持。

4.1.2.2 数据标准的制定

首先，明确数据标准的应用场景和具体需求是制定标准的前提，为整个标准化流程提供方向性指导。随后，需要对现有的数据资源、系统及技术进行调研与分析，了解数据的来源、结构、质量等情况。

其次，基于上述需求分析与调研结果，制定具体的数据标准，包括数据定义、命名规范、格式要求、质量指标等。初步标准草案完成后，需广泛征集相关利益方的意见与建议，通过收集反馈并进行细致评估，对数据标准进行必要的调整与优化。

最后，经过修订完善形成定稿，正式发布数据标准，并组织相关人员进行培训和推广，促进数据标准在实际工作中的有效应用。

4.1.2.3 数据标准的实施

数据标准是高校数字化建设的重要基础之一，它对于提高数据质量、促进数据共享、降低维护成本和支持决策分析等方面都具有重要意义。因此，高校师生及相关部门应该严格按照标准完善数据的使用，主要需要遵循以下几个基本准则。

（1）遵循标准：在数据采集、存储、处理和交换过程中，严格按照数据标准进行操作，确保数据的准确性和一致性。

（2）检查验证：定期对数据进行检查验证，确保数据符合标准要求，对于不符合标准的数据进行修正或剔除。

（3）宣传推广：加强数据标准的宣传推广力度，提高师生对数据标准的认识和重视程度。

（4）持续改进：根据实际应用情况，对数据标准进行持续改进和优化，以适应新的需求和变化。

4.1.3 数据软件

在当前的数字化时代，数据软件作为处理、分析和可视化数据的关键工具，在各行各业中发挥着至关重要的作用。以下是目前常用的几类数据处理软件，极大地提升了人们的工作效率。

4.1.3.1 办公软件

作为广泛使用的电子办公软件，“Office 三件套”自然是常见的数据软件。Word 是文字数据处理的工具，能让大家方便快捷地汇总编撰文字。Excel 不仅提供了强大的数据处理功能，还通过扩展工具支持复杂的数据处理和自动化任务。Power Point 作为图形化的展示软件，是对图文数据的汇总，利于大家工作使用。

4.1.3.2 数据商业分析软件

商业智能（Business Intelligence，BI）软件如 Tableau、Power BI 等，

侧重于数据可视化和交互式报表制作。这些软件通过直观的图表和仪表板展示数据，帮助用户更好地理解数据背后的故事。BI 软件的侧重点在于其友好的用户界面和丰富的可视化选项，使得数据分析结果更加直观易懂。

4.1.3.3 数据库软件

数据库软件（如 MySQL、Oracle 等）是数据存储和管理的基石。这些软件提供了高效的数据存储和检索功能，支持复杂的查询和数据操作。数据库软件的侧重点在于其强大的数据处理能力和稳定性，适用于需要处理大量数据或进行复杂数据操作的应用场景。

4.1.3.4 其他软件

除了上述介绍的几类常用软件，还有一些较为专业的特殊数据软件供专项需求使用。例如，编程软件（如 Python、Java 等）提供了灵活的编程环境和丰富的数据分析库，适用于自定义数据处理和分析任务。数理统计软件（如 SPSS、SAS 等）则侧重于高级统计分析和数据挖掘。这些软件提供了丰富的统计方法和模型，用于从复杂的数据集中提取有用信息。

4.2 数据使用技能

在数据的使用方面，从获取数据，到对数据进行分级分类处理，最终进行数据展示，是大家日常需要了解的数据使用技能。

4.2.1 数据获取

在当今数字化快速发展的时代，数据已成为企业决策和运营的核心驱动力。目前主流数据使用技能，特别是在数据获取方面，呈现出多元化与专业化的趋势。以下将大体介绍这些技能，以及它们在现代社会中的应用。

首先，数据抓取与爬取是数据获取的基础技能之一。通过编写网络爬虫程序，我们可以自动化地从互联网上抓取各种类型的数据，如网页文本、图片、视频等。这一技能在市场调研、舆情分析等领域发挥着重要作用。

其次，应用程序编程接口（Application Programming Interface，API）是现代软件开发中不可或缺的一部分。通过接入开放的 API 接口，用户可以方便地获取包括股票行情、天气预报、地图服务等在内的多样化的数据。

再次，数据库作为存储和管理数据的重要工具，掌握数据库查询与操作技能是高效检索数据的关键，这些技能在数据分析、数据挖掘等领域发挥着不可替代的作用。

最后，随着数据量的持续膨胀，大数据处理技术逐渐崭露头角，成为数据获取的重要技能之一。大数据技术包括数据收集、存储、处理和分析等多个方面。大数据技术可以高效地进行大量数据获取，并对其分析挖掘，找到暗藏的规律和深层价值，作为辅佐决策的有力支撑。

4.2.2 数据分级分类

随着数据成为信息化进程重要的一环，数据量的激增也带来了数据管理和保护的新挑战。为了有效管理和保护数据，数据分级分类成为关键的技术手段。

4.2.2.1 数据分级分类概念

数据分级分类是指根据数据的重要程度、价值、敏感性和其他相关属性，将数据划分为不同的级别和类别。数据分级侧重于按照数据属性的高低不同进行不同级别的划分，而数据分类则强调按照数据的种类或性质进行归类。两者相辅相成，共同构成了数据管理的基础。

4.2.2.2 数据分级方式

数据分级主要按照特性及司法影响范围两种标准进行。

（1）按特性分级：基于数据的价值、重要性、敏感程度等特性进行分级。例如，可以将数据分为公开、内部、重要、核心等不同级别。

（2）按司法影响范围分级：考虑数据泄露或滥用可能对国家安全、社会秩序、公共利益等造成的影响范围进行分级。例如，将数据分为境内、跨区、跨境等不同级别。

4.2.2.3 数据分类方式

数据分类主要按照关系、业务、名义、有序的不同进行。

（1）关系分类：基于数据之间的逻辑关系进行分类，如基于业务（来源）、基于内容等。

（2）业务分类:根据数据的业务属性和应用场景进行分类,如重要数据、个人及企业信息、业务数据等。

（3）名义分类:根据数据的特征进行分类,但没有任何顺序或层次关系,如性别、民族等。

（4）有序分类：根据数据的特征进行分类，并且有一定的顺序或层次关系，如学历、职位等。

4.2.2.4 数据分级分类的重要性

通过对数据进行分级分类，可以针对不同级别的数据采取不同的安全保护措施，降低数据泄露和滥用的风险。对于高校来说，数据分级分类有助于更好地理解和分析数据，为学校后续的数据处理和领导决策提供依据，提高数据管理的效率和质量。在保障数据安全的前提下，数据分级分类有助于促进数据的流通和利用，实现数据价值的最大化。

4.2.3 数据展示

数据展示工具或技能对于企业和个人而言都至关重要，这些工具或技能不仅能帮助我们更直观地理解数据，还能通过图形化展示促进数据驱动的决策制定。

目前常见的办公软件 Excel 就是一个经典例子。作为广泛使用的电子表格软件，Excel 不仅便于大家汇总统计数据，同时很直观，能作为数据报表进行展示。此外，数据库软件 MySQL 和 Oracle 也是大家常用的数据展示工具，通过简单的查询语句，即可展示出存放在数据库中的各项数据，也可以此为基础，结合其他数据展示工具进行可视化展示。

除了上述几种数据展示工具，在制作系统或者数据平台时，也可以基于数据打造适合自己单位的数据展示网页,以“领导驾驶舱”“数据画像”“词云”等多种形式多维度、多角度地进行数据展示。总之，选择适合的数据展示工具或技能对于提高数据分析和决策制定的效率至关重要。

4.3 数据拓展技能

除了前面介绍的数据基本信息之外，数据还存在一些拓展性的使用技巧，其中就包含了数据分析、数据集成以及数据价值发掘方面的内容。

4.3.1 数据分析

随着数据量不断提升，数据分析工作逐渐成为数据处理的重点。数据分析技术和软件的应用日益广泛，它们为高校提供了强大的决策支持工具，推动了业务的发展和创新。以下介绍几种目前常见的数据分析技术。

（1）人工智能与机器学习：随着人工智能技术的快速发展，越来越多的企业开始将 AI 技术应用于数据分析中。通过机器学习算法，系统能够自动从大量数据中学习并发现潜在的模式和趋势，为企业提供更为精准的数据洞察。

（2）大数据分析：大数据技术能够处理海量的、多样化的数据，包括结构化数据和非结构化数据。通过对这些数据的分析和挖掘，企业可以发现新的商业机会，优化运营流程，提高决策效率。

（3）数据可视化：数据可视化技术能够将复杂的数据以图形、图像等形式展现出来，使得数据更加直观易懂。这有助于企业更好地理解和分析数据，发现数据中的规律和趋势。

4.3.2 数据集成

数据集成是指将多个异构的、运行在不同软硬件平台上的信息系统中的数据进行整合，解决数据分布性和异构性的问题。

4.3.2.1 数据集成的主要方法

目前数据集成方法主要以三种结构为主：

第一种是联邦式，由半自治数据库系统构成，实现数据之间的共享和访问，这也是集成工作量最小的一种方式。

第二种基于中间件模型，利用中间件作为数据交换的桥梁，实现不同系统之间的数据集成。这种结构实现也比较便利，但是数据交互仍然处于各个数据库之间，集中性一般。

第三种是现在各单位和高校主要使用的数据中台（数据仓库）模型，将不同数据源中的数据加载到数据仓库中，通过 ETL 工具进行数据的抽取、转换和加载，实现数据的集成。

此外，还有手工集成、应用程序集成、数据同步集成和数据虚拟化集成等方法，它们在不同场景下发挥着重要作用。

4.3.2.2 数据集成的作用

数据集成的主要作用包括提供全面的数据共享，减少资料收集和数据采集的重复劳动，降低费用，并为企业决策提供有力支持，等等。然而，在实施数据集成的过程中，也面临着诸多挑战，如数据格式的不统一、数据质量的参差不齐、数据转换过程中的信息丢失等问题。

数据集成技术广泛应用于单位数据集成、社交媒体数据集成、医疗数据集成和物联网数据集成等领域。它能有效帮助单位更好地了解数据需求，提高工作效率，降低成本，提高数据的质量和价值。

4.3.3 数据价值发掘

数据的价值体现在其对于我们工作与生活的效率提升，辅助支撑工作的决策，以及整体的发展方向上。

4.3.3.1 数据的重要性

在高校管理中，数据驱动的决策方式已成为趋势。通过对海量数据的收集、整理和分析，高校管理者能够更准确地把握学校运行状况，制订科学的战略规划。同时，数据还能帮助高校优化资源配置，如根据学科发展趋势和学生需求调整招生计划、优化课程设置等。此外，数据在提高教学质量方面也发挥着关键作用，如通过在线学习平台收集学生学习数据，为教师提供教学反馈，促进学生个性化学习。

4.3.3.2 数据的应用

以高校为例，通过构建数据中台，实现对招生、教学、科研等各个环节的全面数据化管理。在招生方面，高校根据历年招生数据和市场需求，制订科学的招生计划并且对于报到流程作出数字化的转型优化；在教学方面，高校利用在线学习平台收集学生学习数据，为教师提供教学反馈，提高教学质量；在科研方面，高校通过科研管理平台对历史科研数据进行分析，发现新的研究方向和选题，推动科研创新。

数据价值的持续挖掘对高校发展具有不可替代的重要性。为了更好地发挥数据在高校管理、决策、服务中的作用，高校应继续加强数据中台建设，完善数据采集、整理和分析机制。同时，加强数据人才培养和团队建设，提高数据处理和分析能力。此外，还应持续加强数据安全和隐私保护工作，确保数据安全合规使用。

第5章 低代码开发

在深入探讨数据已成为决策的核心驱动力，并广泛渗透于各行各业，有效挖掘和利用数据价值成为企业竞争力的关键之后，我们自然而然地转向了如何利用更高效的手段来释放数据潜能的新篇章。此时，低代码开发平台以其独特的魅力脱颖而出，它不仅简化了应用开发流程，降低了技术门槛，还极大地加速了数字化转型的步伐。接下来，让我们一同走进低代码的世界，探索其基本知识、广阔的应用前景及实际使用案例，共同见证技术革新如何再次重塑数据利用的新格局。

5.1 低代码基本常识

在数字化转型的浪潮中，低代码开发平台以其高效、灵活的特性，正逐步成为企业创新与技术升级的新宠。接下来，让我们一起揭开低代码开发的神秘面纱，了解其基本概念、核心优势及如何助力企业快速响应市场需求，实现业务增长。

5.1.1 低代码的概念和起源

低代码的概念可以追溯到 20 世纪 90 年代，当时出现的第四代编程语言（4GL）和可视化开发环境就是低代码思想的早期体现。随着 Web 应用、移动应用和云计算等技术的崛起，企业对快速开发和灵活应变的需求不断增加，这推进了低代码平台的发展。2014 年，研究机构 Forrester 正式提出低代码定义，经过若干年的发展，低代码应用已经取得了显著进步。研究机构 Gartner 预测，到 2025 年，70% 的应用程序将使用低代码或无代码编写。

在我国数字经济迅猛发展的当下，数字化转型正掀起一股热潮。低代码开发平台以其高效的开发能力、灵活的开发模式以及可靠的应用部署特性，迅速成为支撑大中小企业数字化转型的重要工具。

5.1.1.1 低代码的定义

低代码技术是一种软件开发技术，衍生于软件开发的高级语言，让使用者通过可视化的方式，以更少的编码，更快速地构建和交付应用软件，全方位降低软件的开发、配置、部署和培训的成本。广义的低代码概念于 2014 年由 Forrester 正式提出，定义为“能够以最少的手写代码”和设置快速开发应用、配置和部署业务应用程序。[①] 中国电子技术标准化研究院牵头制定的《低代码开发平台能力要求》（T/CESA 1239—2022）提出：“低代码开发平台是面向开发者，采用模型驱动和数据驱动等方法，基于组件、模块和模板等方式，通过使用可视化界面进行拖拽、配置，并结合少量代码可以使开发者快速开发应用的一类软件系统。”

低代码是一组数字技术工具平台——低代码开发平台（Low-Code Development Platforms，LCDP），通常包含表单、流程、图表等组件，基于图形化、参数化配置等更为高效的方式，实现快速构建、数据编排、连接生态、中台服务，通过少量代码或不用代码实现数字化转型中的场景应用创新，通过拖拽和配置的方式让用户完成应用开发。[②]

5.1.1.2 低代码的背景

随着数字化转型的推进，企业对定制化应用的需求不断增加，传统软件开发方式已经无法满足快速迭代的需求。同时，传统软件开发需要具备扎实的编程技能和专业知识，而这些人才在市场上供不应求，导致开发人

① 王丹 .DD 公司基于敏捷方法的研发项目流程优化研究［J］. 中国管理信息化，2018，21（2）：55-56.

② 冯喆，张强 . 低代码开发平台在企业数字化转型中的应用研究［J］. 互联网周刊，2022（10）：13-15.

员的短缺。加之，传统软件开发过程中，需要花费大量时间和精力来编写和测试代码，开发周期长，效率低下。因此，低代码在这样的背景下应运而生，通过简化开发过程，提高开发效率，满足快速迭代和定制化需求，同时，也为非专业开发者提供了参与应用开发的机会。低代码的出现解决了传统软件开发中烦琐的编码过程和复杂的技术要求，让更多的人能够参与到应用程序的开发过程中，加快应用的开发速度，降低开发成本，从而加快了数字化转型的步伐。

5.1.1.3 低代码与其他开发模式的区别

代码开发根据代码量的多少可以分为传统代码开发、低代码开发和无代码开发，这三种开发方式各具特点。

（1）传统代码开发

计算机诞生于 1946 年，其核心部件是中央处理器（CPU）。计算机之所以能够工作，是因为给 CPU 输送工作指令。这里的工作指令就是机器语言，即由 0 和 1 组成的二进制串。机器语言可以被机器直接识别，但对人很不友好，非常烦琐也容易出错。①

在计算机诞生后不久，人们就发明了汇编语言。汇编语言参考了人类语言的符号，用助记符号代替二进制串。程序在执行前需要通过编译程序将汇编语言还原成机器语言，再传送给 CPU 执行。汇编语言比机器语言更容易理解和编写，但仍高度依赖于机器语言，与 CPU 体系架构一一对应，不同的 CPU 都需要不同的汇编语言和指令集（CPU 能够识别的操作）。

随后，语言发展迈入了一个崭新的阶段——高级语言时代。1957 年，Fortran 语言作为首个高级编程语言横空出世，此后，BASIC、C、C++、Java 等编程语言相继问世。高级语言是一种用户导向的语言，其语法结构更加贴近人类的自然语言，例如 C 语言中的 if...then...else... 结构，以及

① 马宇栋．大型软件项目管理的流程设计及分析［J］．电子技术与软件工程，2015（22）：64.

BASIC 语言中的 while...do 循环，这些语法几乎与人类日常的表达方式无异。开发人员借助编辑器或集成开发环境（IDE）进行代码的撰写与编辑，这一过程要求他们掌握必要的编程技能与知识，并深入了解所使用的高级编程语言。

传统代码开发的优点是灵活性高，能够完全控制软件的实现方式和功能实现，但也存在一些缺点，如开发周期较长、容易出现错误、维护成本高等问题，因此适合具有完整 IT 能力的企业。随着技术的发展，越来越多的开发者和企业开始使用低代码或无代码平台来加速开发过程。

（2）无代码开发

“无代码”概念定义为：在可视化界面中，通过拖拉拽代码模块，“无需手写代码”直接搭建应用系统。[①] 如果将纯代码开发的代码量设定为 100%，那么在无代码开发模式下，代码量则为 0%。

无代码开发平台通过提供预先构建的组件、模块和功能，实现了 100% 的代码自动化生成，从而消除了烦琐和重复的样板代码。由于开发者不需要编写代码，因此开发者也不需要理解编码的逻辑，对开发者的专业化程度要求不高。由于所有代码由平台自动生成，因此，编码的标准化程度非常高，错误率极低。同时，即使是不同的应用，由于无代码开发平台会提供标准的界面开发功能，用户操作的体验感也比较一致。开发者通过应用平台即服务（APaaS），可以直接在云端完成整个应用的 BizDevOps 一体化过程，不需要专业技术人员的参与，整个过程直观易懂，对开发者基本没有技术要求。这种开发方式使得非专业的开发者也能够快速构建应用程序，从而提高了开发效率和降低了开发门槛。

然而，开发者对源代码的编辑权限被严格限制，这导致他们对平台提供的可复用“数字化资产”产生了极大的依赖。通常情况下，无代码平台并不支持编程扩展接口，因此无法对源代码进行定制化编辑，编码的灵活

---

① 杨丹. 低代码平台在金融行业的创新研究及实践［J］. 金融电子化，2022（3）：18-20.

性与定制程度完全受限于平台内数字化资产的数量与质量。由于源代码并不掌握在开发者手中，他们无法自由地将应用迁移至其他平台，应用的可移植性几乎完全依赖于 APaaS 平台的部署能力，这无疑对可移植性构成了极大的限制。

尽管无代码开发平台在加速应用程序开发过程方面具有显著优势，特别是在开发等场景中能够大幅提升效率，但对于一些复杂且高度定制化的功能需求，可能无法做到完全满足。因此，无代码开发平台主要面向的是大型企业中的非核心产品业务以及中小型企业，这些场景往往对定制化需求的要求相对较低。

（3）低代码开发

低代码开发介于传统代码开发和无代码开发之间，它提供了可视化编程界面和预定义的组件，使得非专业开发者能够快速构建应用程序。低代码开发具有较高的灵活性，能够实现各种复杂功能，同时也具备较高的开发效率和较低的学习门槛。

低代码的开发方法结合了模型驱动和表单驱动的特点，其核心在于以“最少的手写代码”的方式搭建应用系统。超过 80% 的代码由平台自动生成，可以消灭绝大部分烦琐和重复的样板代码，因此，对开发平台的可复用“数字化资产”依赖程度也比较高，但其优势在于平台会提供编程扩展接口，方便开发者导出、导入源代码，编码的灵活性和定制性较高。由于开发者可以根据自己的偏好改写部分代码，平台的可编程能力较强，因此也要求开发者对编码的基本逻辑有比较深入的理解。开发者只能改动部分代码，因此，80% 以上的编码的标准化程度较高，20% 以内的编码客户化程度较高，编码错误率也控制在较小的范围内。低代码开发平台也会提供标准的界面开发功能，用户操作体验感较为一致。与无代码类似，应用的可移植性依赖于 APaaS 平台的部署功能。然而，不同厂商的低代码平台在可移植性方面存在较大差异，可移植性存在一定的制约。另外，开发者也可以通过 APaaS 平台，直接在云端完成整个应用的 BizDevOps 一体化过程，无需专业技术人员的参与，对开发者的技术要求不高。

综上所述，低代码开发是一种新的开发模式，它为企业数字化转型提供了新的解决方案，有望成为未来软件开发的主流模式。

5.1.2 低代码的分类

低代码开发平台根据其核心功能和应用场景可以分为以下几类：表单驱动的低代码、配置驱动的低代码、以 BPM（Business Process Management）为基础的低代码、前端驱动的低代码、原生驱动的低代码。

5.1.2.1 表单驱动的低代码

表单驱动是传统 BPM 的典型标志，也是使用 Excel 进行数据管理的常见做法，即为了达成特定的目标，利用计算机按某种预定规则在多个参与者之间自动传递文档、信息或者任务。一些从 BPM 或者 Excel 服务器类产品转型而来的低代码开发平台，大多延续了这种表单驱动的模式。

表单驱动的低代码以表单为核心，用户可以通过拖拽表单字段和布局来创建数据收集和录入的表单。表单驱动开发主要关注于用户界面层，它使得开发者能够通过直接操作界面元素来创建应用程序。其工作原理与传统 BPM 软件类似，依赖于用户通过填写预设的表格或界面元素来创建业务流程或应用。用户根据需求选择和配置已有的组件，过程更直观，与用户界面紧密集成，强调数据输入和输出，适合快速原型设计以及快速构建数据录入和信息收集的应用。

5.1.2.2 配置驱动的低代码

配置驱动使用可视化建模技术来定义数据关系、流程逻辑和构建用户界面，使开发人员和业务用户能够快速交付应用程序，而不需要代码。系统运行时配置驱动对于降低系统开发和维护门槛、支撑快速开发和运维具有重要价值，通常不需要专业的代码工程师。业务专家、业务工程师也不用关注技术细节就可以快速实现系统的定制开发和运维。

配置驱动的低代码以 APaaS 平台为基础，用户可以通过配置和自定义来构建应用。配置驱动的低代码平台提供更为灵活的配置选项，支持更复杂的业务逻辑和系统集成，允许用户调整背后的逻辑、数据连接等细节，适合对技术有一定理解但不希望深入编码的开发者，通常有更强的功能定制能力，但学习曲线相对较高。

5.1.2.3 以 BPM 为基础的低代码

BPM 即业务流程管理。由于嵌入常规的程序中的流程往往难以适应即时变更的需求，为解决这一问题就需要让管理人员具备设计业务流程的能力，需要把流程的逻辑从底层的代码中抽取出来，并且能够直接改变它们，因此出现了业务流程管理。

以 BPM 为基础的低代码以业务流程管理为核心，通过流程可视化和自动化来实现业务流程优化。它具有强大的流程管理和自动化能力，适合构建复杂的业务流程应用。同时，它强调业务流程的优化和自动化，用户界面相对简单，基于流程图和规则引擎来设计业务流程，更加注重流程控制和优化。

5.1.2.4 前端驱动的低代码

前端驱动是指在整个 Web 应用开发过程中，前端技术（如 HTML、CSS、JavaScript 及其相关框架和库）在用户体验、功能实现和页面呈现等方面起到的主导作用。

前端驱动的低代码以用户界面为核心，用户可以通过拖拽组件来快速构建 Web 应用的前端界面，强调的是用户体验，不强调数据模型和业务逻辑，视觉效果和用户体验是其设计核心。

5.1.2.5 原生驱动的低代码

原生驱动的低代码则是基于某种编程语言（如 JavaScript、Python 等）的轻量级框架，提供 API 和工具，让用户编写部分代码来扩展功能，保留了更高的灵活性和性能，适合有一定编程基础的用户。

原生驱动的低代码以数据模型为核心，支持复杂的业务逻辑和系统扩展，其具备高度模块化和可扩展性，支持复杂业务场景的应用开发，强调数据模型和业务逻辑的构建，所以学习门槛较高，需要具有一定的技术背景和开发经验。

综上所述，每种低代码开发平台都有其独特的特点和适用场景。表单驱动的低代码适合简单的数据收集和录入；配置驱动的低代码适合需要一定定制能力的应用；以 BPM 为基础的低代码适合需要流程管理和自动化的场景；前端驱动的低代码适合需要高度个性化界面的应用；原生驱动的低代码适合需要复杂业务逻辑和系统扩展的应用。用户可以根据自己的需求选择合适的低代码开发平台。

5.1.3 低代码的特点

低代码作为一种可视化的应用开发方法，具有显著的技术特点和优势。低代码平台的主要特点包括零编程，模块化、快速迭代，可视化设计，低门槛，代码可定制，等等。

（1）零编程：低代码平台采用了一种全新的模式，即允许用户通过直观的可视化界面和图形化操作来构建应用程序，而无需深入编写复杂的代码。这一转变极大地降低了技术门槛，为众多非技术人员提供了参与应用开发的机会，使得应用开发变得更加简单、高效和普及化。

（2）模块化与快速迭代：由于低代码平台提供了大量的现成模块和模板，开发者可以快速搭建出应用的原型，并进行迭代优化。这极大地缩短了开发周期，提高了开发效率。同时，低代码平台还支持多人协作，开发团队成员可以在同一平台上进行分工合作，进一步加快应用的开发进度。

（3）可视化设计：在表单设计上，低代码平台提供了丰富的表单控件和布局选项，开发人员只需简单拖拽和设置属性，即可生成满足需求的表单页面。这种直观的操作方式，不仅提高了表单设计的效率，还能确保表单界面的美观性和用户体验。此外，低代码支持表单设计、页面设计、流程设计和报表设计的可视化，提高了开发效率和用户理解度。

（4）低门槛：传统的软件开发需要丰富的编程知识和项目经验，而低代码平台将复杂的编程逻辑封装在预构建的模块和组件中，用户只需通过简单的配置和组合，就能实现所需的功能。这大大降低了技术难度，使得更多用户能够参与到应用开发中。

（5）代码可定制：尽管低代码平台主打的是“低代码”甚至“零代码”的开发体验，但它们也充分考虑到了开发者在特定场景下的个性化需求。因此，除了提供一系列预设的模板和组件外，这些平台还赋予了用户定制化开发的能力。用户可以在必要情况下，编写少量代码，以实现一些特定功能或者优化已有功能的实现方式。这对于那些有着深厚编程基础或特定技术需求的开发者来说，无疑是一大福音。通过编写自定义代码，他们可以更好地掌控应用的内部逻辑，实现更为复杂和精细的功能。

综上所述，低代码平台采用了一种全新的模式，通过直观的可视化界面、图形化操作以及预构建组件，允许用户无需深入编写复杂代码即可构建应用程序，这一转变大幅降低了应用开发的门槛，提高了开发效率，为众多非技术人员提供了参与应用开发的机会，使得应用开发变得更加简单、高效且普及化，为企业带来了显著的价值。

5.2 低代码应用前景

低代码平台适合快速开发和部署的场景，尤其在需求频繁变化时表现出色。在实际应用中应根据项目需求选择合适的方案，并灵活应对挑战，以充分发挥低代码平台的优势，同时确保安全性和合规性。

5.2.1 低代码的基本能力

《低代码开发平台能力要求》（T/CESA 1239—2022）界定了低代码开发平台通用能力框架，该框架涵盖了 3 项基本能力和 6 项提升能力。基本能力是指低代码开发平台必须具备的能力，确保其能够满足基本的应用开发和管理需求，是构建和运行一个低代码应用所必需的核心功能，包括应用开发能力、应用管理能力、应用配置能力。提升能力则是进一步优化和完善低代码开发平台的功能和性能，使其能够更好地满足用户的高级需求和特定场景，提高平台的灵活性、扩展性和用户体验的能力，包括开发流程优化能力、资源调用能力、可视化支撑能力、生态扩容能力、一体化开发能力、代码二次开发能力。[①]

本部分主要从快速应用开发、敏捷迭代、模块化设计、业务流程自动化以及数据集成和分析几个方面进行介绍。

5.2.1.1 快速应用开发

（1）拖拽式操作：通过直观的界面，开发者可以直接从预定义的组件库中选择所需的界面元素（如按钮、文本框、下拉列表等），并通过拖拽的方式放置到设计界面上。这种方式不仅减少了编码量，还使得非技术背景的用户也能参与到应用的设计中来。

（2）图形化编程：图形化编程使用图形、图标和连线来表示编程逻辑和数据流。它允许开发者通过图形界面创建应用程序，而无需直接编写传统的文本代码。这种方法使得复杂的逻辑关系和数据流程更加直观易懂，降低了编程的门槛。

（3）丰富的组件库：快速应用开发平台往往配备了丰富的预构建组件与模块，这些组件涵盖了诸如表单处理、列表展示、图表绘制等一系列常见的业务功能与界面元素。通过简单直观的拖拽操作，开发者即可快速将这些预构建组件组合起来，实现应用的快速搭建。这种开发方式不仅显著提升了开发效率，同时也确保了应用的稳定性和可维护性，为企业的数字化转型提供了有力支持。

5.2.1.2 敏捷迭代

（1）版本控制：版本控制是敏捷迭代过程中的核心组成部分。通过使用版本控制系统（如 Git、SVN 等），开发团队可以跟踪代码的每一次更改，并保留每个阶段的版本记录。这不仅方便了团队成员之间的协作，还能在出现问题时迅速回滚到之前的稳定版本。此外，版本控制还提供了分支合并和冲突解决机制，确保不同团队或个体之间的工作能够无缝集成。

---

① 苏伟，国建勋，冯宽．低代码开发平台发展现状及标准化研究［J］．信息技术与标准化，2024（Z1）：17–21.

（2）实时预览：实时预览是提升开发效率和用户体验的关键。通过实时预览功能，开发人员可以立即看到代码更改对应用界面和功能的影响，而无需等待完整的编译或部署过程。这大大缩短了反馈循环，使开发人员能够更快地调整和优化产品。同时，实时预览也允许产品经理、设计师和最终用户实时查看和测试应用，确保产品在迭代过程中始终满足预期需求。

（3）快速部署：快速部署是敏捷迭代成功的关键因素之一。传统的软件开发流程往往涉及复杂的部署和测试环节，这导致了开发周期的延长和成本的增加。而敏捷迭代则通过自动化和容器化技术（如 Docker、Kubernetes 等）实现快速部署。这些技术能够确保应用在开发完成后立即被部署到云端或本地环境，并通过自动化测试确保应用的质量和稳定性。此外，快速部署还允许团队更快地响应市场变化和用户需求，持续优化和迭代产品。

（4）动态配置：动态配置是支持敏捷迭代的重要能力之一。通过动态配置，开发团队可以在不更改代码的情况下调整应用的行为和外观。这使得团队能够根据不同场景快速调整产品，以适应不断变化的市场需求和用户需求。例如，开发团队可以轻松地更改应用的配色方案、字体大小、功能开关等，以满足不同用户群体的偏好和需求。同时，动态配置还可以降低维护和升级的成本，提高产品的可扩展性和可维护性。

5.2.1.3 模块化设计

（1）模块化开发：在模块化设计中，一个应用被分解为多个独立的、功能完整的模块。每个模块都负责实现特定的功能或业务逻辑，并且与其他模块保持相对独立。这种分解使得开发过程更加清晰，每个团队成员可以专注于自己负责的模块，减少了代码之间的耦合和依赖。同时，由于每个模块都可以独立地进行开发和测试，这极大地提高了开发效率。

（2）模块复用：模块化设计的另一个重要优势是支持模块复用。当一个模块经过开发和测试验证后，它可以被轻易地应用到其他项目中。这种复用不仅减少了重复劳动，还确保了代码的一致性和质量。通过复用已有的模块，开发团队可以更快地构建新的应用，同时降低开发成本和风险。

（3）模块接口：为了实现模块之间的无缝集成和交互，模块化设计强调提供清晰的模块接口。这些接口定义了模块之间的通信方式和数据交换格式，使得不同的模块可以相互协作，共同完成应用的功能。良好的接口设计能够降低模块之间的耦合度，提高系统的可维护性和可扩展性。同时，接口还可以作为文档，帮助开发人员理解模块的功能和使用方法。

（4）模块管理：在模块化设计中，模块管理是一个至关重要的环节。它涉及模块的导入、导出、版本控制以及依赖管理等方面。通过模块管理，开发团队可以轻松地管理项目的依赖关系，确保项目所需的所有模块都被正确地集成到项目中。此外，版本控制也是模块管理的重要部分。它允许开发团队跟踪每个模块的版本变更历史，并在需要时回滚到之前的稳定版本。这种灵活性确保了项目的稳定性和可维护性。

5.2.1.4 业务流程自动化

（1）流程设计：在业务流程自动化的过程中，流程设计是第一步。现代的业务流程管理工具通常提供直观易用的图形化界面，允许用户通过拖拽方式快速设计业务流程。用户可以将不同的流程节点（如任务、审批、通知等）添加到画布上，并通过线条表示流程的流向。此外，这些工具还支持条件判断，使得流程可以根据不同的条件执行不同的路径，从而满足复杂的业务需求。

（2）流程自动化：设计好的业务流程可以通过自动化工具自动触发和执行。这意味着当满足某个条件或事件发生时，系统会自动执行相应的流程节点。例如，一个销售订单处理流程可以在订单提交后自动触发，系统自动分配订单给销售人员，并通知他们进行处理。自动化不仅可以提高处理速度，还可以减少人为错误，确保流程的一致性和准确性。

（3）流程监控：为了确保业务流程的顺利执行，企业需要对流程的执行情况进行实时监控。业务流程自动化工具通常提供丰富的监控功能，如实时查看流程状态、统计流程执行时间、分析流程瓶颈等。通过这些信息，企业可以及时发现并解决流程中的问题，确保流程的高效运行。

（4）流程优化：随着企业业务的发展和变化，业务流程也需要不断地进行优化和调整。业务流程自动化工具支持根据流程执行情况对流程进行优化。企业可以通过分析流程数据，找出流程中的瓶颈和浪费，然后重新设计或调整流程以提高效率和降低成本。此外，业务流程自动化工具还支持版本控制功能，使得企业可以轻松地回滚到之前的流程版本，确保流程的稳定性和可靠性。

5.2.1.5 数据集成和分析

（1）数据源连接：数据源连接是数据集成与分析的基础。一个强大的数据集成系统应支持多种数据源连接，确保能够获取并整合来自不同渠道的数据。这些数据源包括但不限于数据库、API、Excel、云存储服务、文件传输协议等。系统还应提供数据连接的管理功能，如添加、编辑、删除数据源，以及测试连接以确保数据可正常访问。

（2）数据模型设计：数据模型是数据存储和展示的基础结构。系统应支持数据模型的设计和导入，确保数据能够被有效组织并满足用户的分析需求。数据模型设计通常包括概念模型、逻辑模型、物理模型。系统应提供图形化工具，帮助用户直观地设计和修改数据模型。同时，系统也应支持数据模型的导入和导出，方便用户在不同系统之间迁移数据模型。

（3）数据查询和报表：数据查询和报表是数据分析的核心功能。系统应提供强大的查询功能，支持各种查询语句和条件，帮助用户快速找到所需的数据。同时，系统还应支持报表的生成和自定义，以便用户以不同的方式展示和分析数据。报表可以包括列表报表、汇总报表、交叉报表，用户可以通过拖拽、筛选、排序等操作，自定义报表的布局和内容。并且，系统也应支持报表的导出和共享,方便用户将数据和分析结果分享给其他人。

（4）数据可视化：数据可视化是将数据以图形或图像的形式展示给用户的一种有效方式。数据集成系统应支持丰富的数据可视化功能，帮助用户更好地理解和分析数据。常见的可视化形式包括图表、仪表盘、地图、热力图。系统应提供易于使用的可视化编辑器，允许用户通过简单的拖拽和配置生成自定义的可视化图表。同时，系统也应支持多种交互方式，如缩放、拖拽、点击等，帮助用户更深入地探索和分析数据。

这些基本能力使得低代码平台能够帮助企业快速构建、迭代、优化和扩展应用程序，提高业务流程的自动化水平，以及进行数据集成和分析，为企业数字化转型提供支持。

5.2.2 低代码的适用场景

低代码平台以其强大的功能和灵活性，成为推动企业数字化转型的重要工具，广泛适用于核心业务系统、非核心业务、敏捷开发、业务流程管理以及跨部门协作等多种场景。

（1）核心业务系统革新：在快速变化的商业环境中，企业的核心业务系统是运营的基石和发展的驱动力。随着技术和业务的复杂化，企业对核心业务系统的需求提升，特别是高度定制化和快速升级。低代码平台以其优势，为企业的核心业务系统带来革命性变化。

（2）定制化需求响应：企业的核心业务系统需高度定制化，传统开发方式成本高。低代码平台提供可视化界面和组件库，非专业开发者也能快速构建符合企业需求的业务系统，满足个性化需求。

（3）快速迭代升级：随着市场与客户需求变化，企业的核心业务系统需迭代升级以适应新需求，传统开发方式需要耗费大量时间资源，而低代码平台提供模型驱动开发，可以快速生成新代码，支持部署和测试，提高迭代效率。同时，提供版本管理，可以追溯代码历史，确保系统稳定可靠。

（4）整合现有系统：大多数企业的核心业务系统与其他系统存在数据交互和业务流程的关联。若系统间无法有效整合，将导致数据孤岛和业务流程断裂，影响运营效率和管理水平。低代码平台提供 API 接口和数据连接选项，通过整合企业系统，实现数据实时同步和业务流程无缝对接。同时支持自定义开发接口和数据映射，满足企业的灵活整合和扩展需求。

（5）非核心业务敏捷开发：非核心业务需求多变，传统开发模式难以应对。低代码平台通过抽象化设计和灵活配置，使开发人员能够轻松修改和调整功能和界面，降低了持续改进的成本。预置的模块、组件和可视化开发工具，让开发人员能够迅速构建出满足需求的应用，同时支持多人协作开发，进一步提升了开发效率。

（6）敏捷开发的高效融合：在快速变化的软件开发环境中，敏捷开发方法与低代码平台的结合为开发者带来了前所未有的效率和灵活性。低代码平台助力开发者快速将想法转化为原型，减少重复编程，缩短开发周期。通过快速迭代和团队协作，产品能够更快地上市，更好地满足用户需求，增强市场竞争力。同时，低代码平台的高度灵活性和可扩展性，能够轻松应对开发中的需求变化，确保项目的顺利进行。

（7）业务流程管理的智能化升级：在现代企业中，业务流程管理是确保高效运作的关键。低代码平台为业务流程管理带来了革命性的变化。通过可视化的开发界面和预构建的模块，企业可以快速地定义、构建和部署自动化流程，减少人工干预，提高工作效率。实时流程监控功能帮助企业及时发现潜在问题和瓶颈，并采取相应的措施进行解决。同时，低代码平台还支持灵活的流程配置和定制，以及丰富的数据分析和统计功能，为流程优化提供了有力支持。

（8）跨部门协作的无缝对接：在当今复杂多变的企业环境中，跨部门协作至关重要。低代码平台为跨部门协作提供了新的解决方案。通过直观易用的界面和强大的功能，低代码平台支持不同部门的成员在同一个平台上进行工作，实现实时同步和共享。同时，强大的数据管理能力实现了数据的共享和统一管理，帮助企业作出更明智的决策。此外，低代码平台还作为一个统一的开发和协作平台，为各部门之间的沟通和协作提供了便利，降低了维护成本。

总的来说，无论是核心业务系统、非核心业务、敏捷开发、业务流程管理还是跨部门协作，低代码平台都能够提供有力的支持，为企业带来更大的竞争优势。

5.2.3 低代码的优势和面临的挑战

5.2.3.1 低代码平台的优势

（1）快速迭代：低代码平台凭借图形化界面和模块化设计，能够轻松调整应用功能和设计，迅速响应业务需求变化。同时，支持多人协作开发，通过实时沟通工具提升团队整体工作效率。

（2）降低成本:低代码平台简化了应用开发流程,显著缩短了开发周期，降低了时间成本。利用预构建模块和组件，开发者可以快速搭建应用，减少自定义开发工作量，进而降低开发和维护成本。此外，平台降低了对专业编程人员的需求，使具备基本业务知识和技能的员工也能参与应用开发。

（3）提高效率：低代码平台提供直观的界面设计和操作，非技术人员也能进行简单应用开发，提升整体开发效率。丰富的组件库和模板库避免了重复开发，进一步加速应用开发进程。部分平台还具备自动化测试和部署功能，确保应用质量并加快上线速度。

5.2.3.2 低代码平台面临的挑战

（1）定制化需求：首先，功能限制是一个显著的问题。尽管低代码平台提供了丰富的组件和工具，但面对某些高度专业化的复杂功能时，平台可能无法直接提供现成的解决方案。这意味着为了满足这些需求，企业可能需要寻求外部的技术支持，甚至直接编写代码来填补这一空白。其次，定制开发成为一个不可或缺的环节。对于那些无法通过平台直接实现的需求，企业需要进行额外的定制开发。这不仅需要投入更多的时间和资源，还可能对项目的整体进度和成本造成影响。因此，如何在保持灵活性的同时，有效地进行定制开发，成为企业需要解决的重要问题。

（2）复杂业务逻辑：平台流程设计局限性强的特点使其难以应对涉及多条件判断、循环执行等复杂流程的场景。此外，算法支持也是短板，基本计算功能虽提供，但高级算法如机器学习、大数据分析等涉及的任务，平台可能无法提供足够的计算能力或算法库支持。这意味着为了完成这些任务，企业可能需要引入外部的计算资源或算法库，这无疑增加了项目的复杂性和成本。

（3）技术支持：首要挑战是学习成本问题。尽管低代码平台简化了开发流程，但实际运用中，开发者仍需花费一定时间熟悉平台特有的操作方式和语法规则，尤其是对于复杂功能或定制化需求较高的项目，可能需要花费更多精力去理解和实现。其次，技术培训需确保团队熟练使用平台，可能需提供专门培训和支持，投入更多资源并对项目时间表产生影响。此外，平台可能出现技术问题如崩溃或性能下降，解决这些问题需要技术人员具备扎实的专业知识及快速响应和解决问题的能力。

（4）安全性和合规性：随着数据保护法规的日益严格，数据安全性和合规性也是企业需要高度关注的问题。在使用低代码平台时，企业需要确保用户数据的安全性和隐私保护，以防止数据泄露和滥用，这要求平台具备强大的安全防护机制，如数据加密、访问控制等。此外，企业还需要遵守相关的数据保护法规。这些法规要求企业在处理用户数据时必须遵循一系列的规定和流程，以确保数据的合法性和合规性。因此，在选择和使用低代码平台时，企业需要充分考虑这些因素，并选择那些能够提供完善的数据保护和合规性支持的平台。

5.3 低代码使用实例

近些年国内外低代码开发平台迅速崛起，涌现出一大批相关产品，本部分主要介绍几个国内常用的低代码开发平台，及其核心功能、使用场景与操作示例。

5.3.1 简道云

简道云是一款零代码应用搭建平台，旨在帮助业务人员快速开发出符合自身需求的各类管理应用，于 2015 年正式上线，隶属于帆软软件有限公司。简道云提供丰富的功能模块，如表单引擎、流程引擎、仪表盘、数据工厂等，支持用户无需编程基础，通过拖拽式操作即可快速搭建出个性化管理应用。

5.3.1.1 核心功能介绍

（1）表单引擎：简道云的表单引擎强大而灵活，提供了丰富的表单字段类型，包括文本、数字、日期、图片等，以及强大的扩展性，可以满足各种复杂的数据收集需求。支持子表单功能，允许在一个表单中嵌套多个子表单，从而构建出结构化的数据模型。通过数据联动，用户可以根据前一个字段的选择动态加载后续字段的选项，提高了表单填写的效率和准确性。简道云还支持扫码填写表单，方便移动设备上的快速数据采集。

（2）流程引擎：简道云的流程引擎支持在线可视化设计审批流程，用户可以自定义流程节点、流程负责人、字段权限等，满足不同业务场景下的流程需求。通过流程引擎，企业可以将传统的线下审批流程线上化，减少纸质单据的使用，提高审批效率。流程引擎还支持智能提醒功能，可以在审批流程中的关键节点向相关人员发送提醒通知，确保审批流程的及时推进。

（3）仪表盘：简道云的仪表盘功能提供了丰富的数据图表和可视化分析手段，用户可以通过拖拽、配置等方式快速构建出符合自己需求的数据可视化大屏。仪表盘支持数据联动功能，可以根据用户的选择动态展示相关数据，帮助用户更好地理解数据之间的关系。仪表盘还支持智能提醒功能，可以根据预设的规则自动展示异常数据或重要数据，方便用户及时发现和处理问题。

（4）数据工厂：数据工厂是简道云的一个核心功能，它支持多源数据输入，包括数据库、API、Excel 等，方便用户将不同来源的数据整合到一起。数据工厂提供了自定义计算功能，用户可以根据自己的需求编写计算逻辑，对数据进行加工和处理。数据工厂还支持数据权限管理，可以确保不同用户只能访问到其有权限查看的数据，保障了数据的安全性。

（5）企业互联：简道云支持跨组织协作，通过对接人管理和权限分配，不同组织之间可以实现无缝的在线流程协作。企业互联功能使得企业可以更加方便地与合作伙伴、供应商等外部实体进行沟通和协作，提高了工作效率。

（6）知识库：简道云的知识库功能支持文档的在线编辑和权限管理，

用户可以将公司的各种文档、资料、经验等沉淀到知识库中。通过知识库，员工可以更加方便地查找和分享知识，提高了知识的利用率和传承性。

（7）开放平台：简道云提供了强大的开放平台能力，包括 API 接口、Webhook、前端事件等，支持与其他系统的集成。通过开放平台，企业可以将简道云与其他系统进行深度整合，实现数据的互通和业务流程的对接。

（8）独享版：简道云提供了独享版服务，为企业提供了独立的计算和存储资源，确保了数据的独立性和安全性。独享版服务适合对数据安全有较高要求的企业，可以确保企业的核心数据不会被其他企业所访问或泄露。

5.3.1.2 简道云使用场景

简道云作为一款强大的低代码应用开发平台，其应用场景广泛，可以覆盖各种规模企业的不同需求。以下是对其几个核心使用场景的深入解析。

（1）核心业务系统：在大型企业或组织中，核心业务往往涉及复杂的流程和数据管理。简道云通过其灵活的定制功能，可以快速为企业定制核心业务管理系统，如 ERP、CRM 等。这些系统不仅满足了企业的个性化需求，而且通过优化流程和数据管理，大幅提升了工作效率和准确性。

（2）非核心业务：对于许多企业而言，非核心业务同样重要，如办公审批、项目管理等。使用简道云，企业可以迅速搭建这些非核心业务应用，实现快速响应和高效执行。这不仅降低了企业的 IT 成本，还提高了整体运营效率。

（3）敏捷开发：在快速变化的市场环境中，企业需要能够快速迭代开发以满足业务需求。简道云的低代码特性使得开发人员可以快速开发、测试和部署应用，从而实现快速响应和灵活调整。这大大提高了企业的市场竞争力。

（4）业务流程管理：简道云提供了强大的流程设计和管理功能，可以帮助企业实现业务流程的自动化和标准化。通过简道云，企业可以轻松地设计、优化和监控业务流程，降低人为错误率，提高流程执行效率。

（5）跨部门协作：在大型企业中，不同部门之间的协同办公尤为重要。

简道云提供了统一的数据管理平台，支持各部门之间的数据共享和统一管理。这有助于打破信息孤岛，实现部门间的无缝协作和高效沟通。

5.3.1.3 操作示例

在工作台我们可以查询自己的账户信息，如图 5–1 所示，点击新建应用，我们可以新建应用，一个应用代表一个系统，点击新建后，可以选择自己所需要的模板，当然也可以自己创建模板。

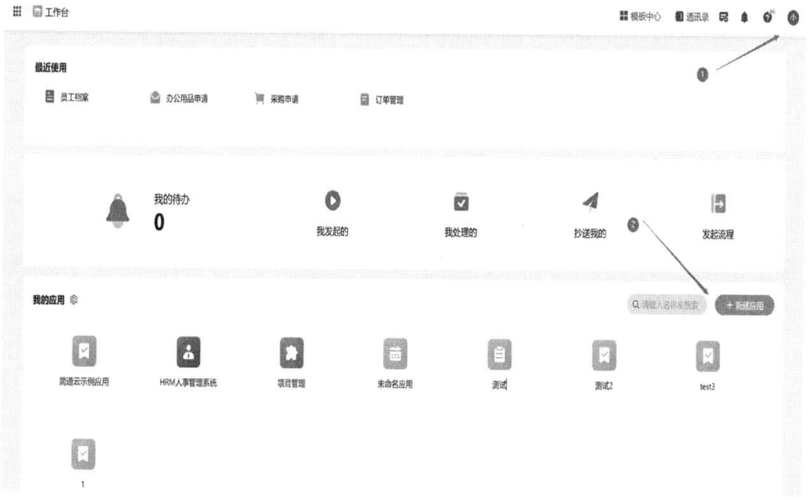

图 5–1　工作台

目前提供了以下三种创建对象：新建表单、新建流程表单、新建仪表盘，如图 5–2 所示。

图 5–2　新建应用

（1）新建表单

步骤一：如图 5-3 所示，在简道云低代码控制台中选择新建应用→新建表单。

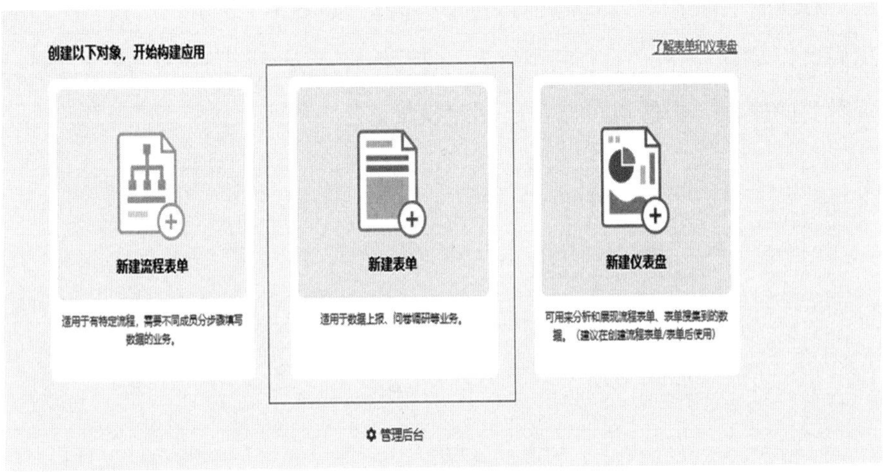

图 5-3　点击新建表单

步骤二：如图 5-4 所示，进入编辑器界面，左侧有许多组件可拖至中间使用，右侧可以对组件的属性进行修改。

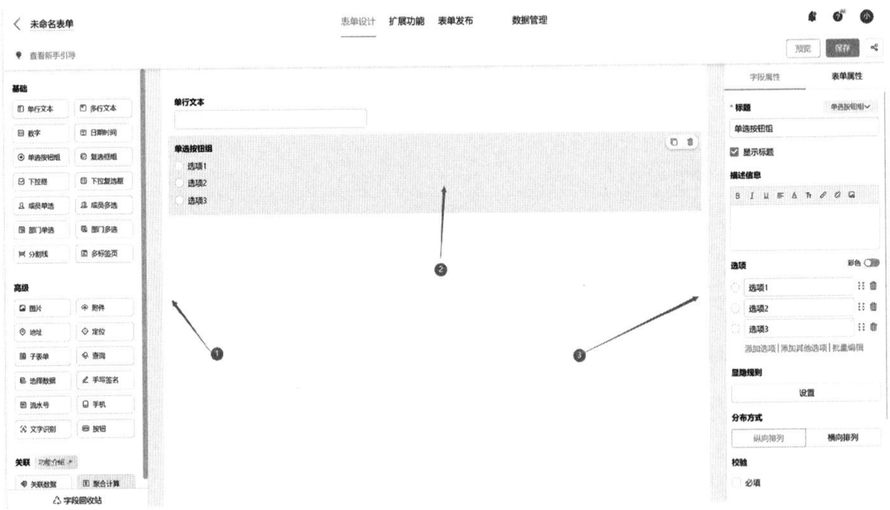

图 5-4　表单设计

（2）新建流程表单

步骤一：如图 5–5 所示，在简道云低代码控制台中选择新建应用→新建流程表单。

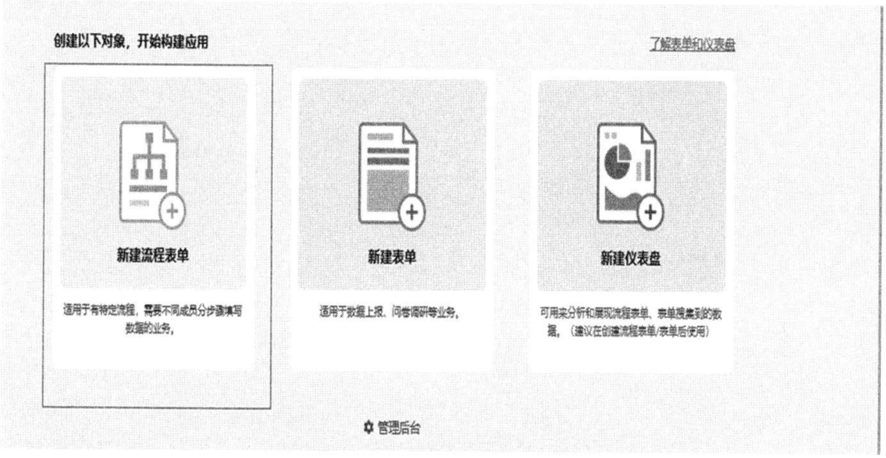

图 5–5　点击新建流程表单

步骤二：如图 5–6 所示，进入编辑器界面，流程节点和流转线是流程设计的基础。拖拽可添加流程节点到设计面板，从节点上拖拽可添加流程流转线，点击添加的节点，可以在右侧设置节点操作权限，也可以设置负责人，设计的流程保存、启用后，数据会按照设计的规则流转。

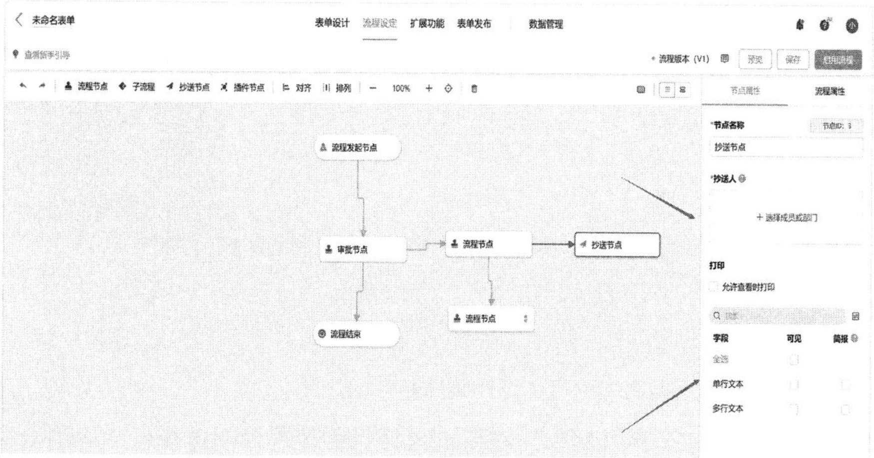

图 5–6　流程设定

步骤三：如图 5–7 和图 5–8 所示，流程启用后需要增删节点或连接线时，需要添加新的流程版本。

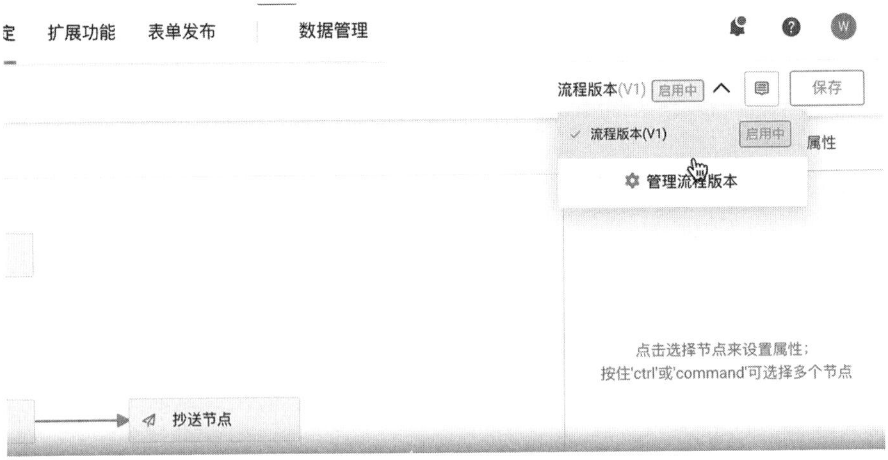

图 5–7　管理流程版本

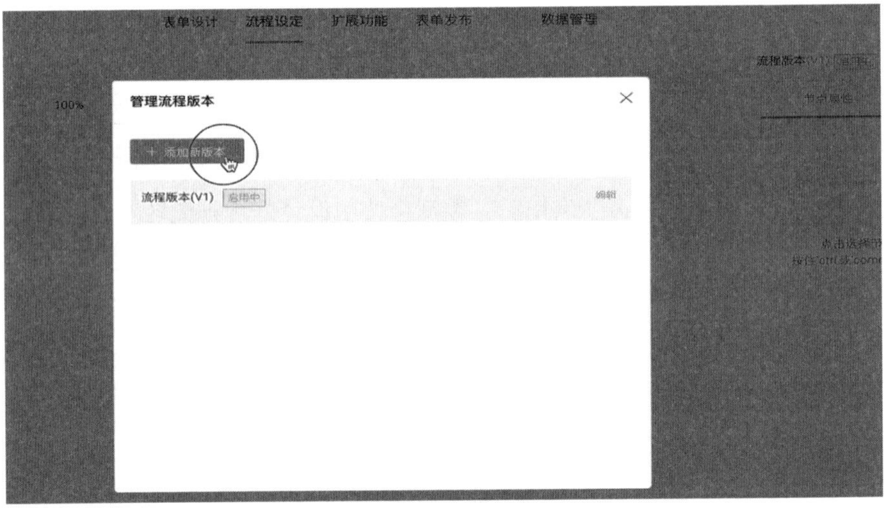

图 5–8　添加新版本

（3）新建仪表盘

步骤一：如图 5–9 所示，在简道云低代码控制台中选择新建应用→新建仪表盘。

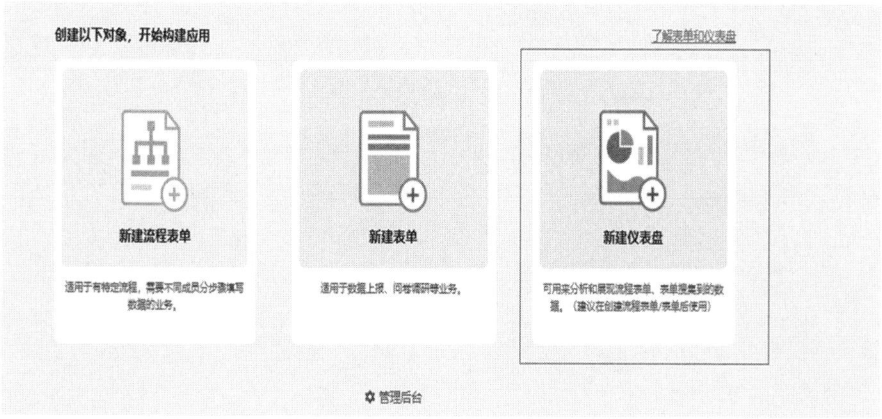

图 5-9　点击新建仪表盘

步骤二：如图 5-10 所示，进入编辑器界面，从左上角可以添加组件，数据组件里的各种图表是展示、分析数据的重要工具，是仪表盘常用的组件。

图 5-10　数据组件

步骤三：如图 5-11 所示，设计的仪表盘发布后可以指定成员查看数据。

图 5–11　发布仪表盘

5.3.2 微搭

微搭是腾讯云推出的一款低代码开发平台，旨在帮助企业快速构建应用程序，实现数字化转型。微搭通过提供可视化的操作界面和丰富的预构建组件，降低了开发门槛，使得非技术人员也能快速上手开发应用。

5.3.2.1 核心功能介绍

（1）模块化开发：微搭强调的模块化开发，让应用开发变得更为灵活和高效。通过模块化的方式，应用被拆分成多个独立且相互关联的部分，每个模块都具有特定的功能。这种开发模式不仅使得应用的结构更为清晰，也便于开发者针对某个特定模块进行单独的维护和更新，极大地提高了开发的效率和应用的可维护性。同时，模块化开发还支持第三方模块的引入，开发者可以充分利用社区或者专业供应商提供的成熟模块，快速搭建起功能丰富的应用，缩短了项目的开发周期。

（2）可视化设计：在微搭中，可视化设计不仅仅是一个简单的概念，更是贯穿整个应用开发过程的核心理念。用户无需编写复杂的代码，只需通过简单的拖拽和配置，就可以快速创建出美观且功能强大的应用界面。这种设计方式极大地降低了开发的门槛，使得即使是普通的业务用户也能够参与到应用的开发过程中来，从而实现了业务与技术的深度融合。

（3）流程自动化：微搭的流程自动化功能，让企业的业务流程管理变得更加高效和智能。通过拖拽方式设计业务流程，用户可以轻松地定义流程的各个节点、流向和条件判断，实现业务流程的自动化执行。这不仅减少了人工操作的错误率，还大大提高了流程的执行效率，让企业的业务运行更加顺畅。

（4）数据集成：在企业信息化建设中，数据集成是一个不可忽视的重要环节。微搭的数据集成功能可以将应用中的数据与其他系统中的数据进行无缝对接和交换，打破了信息孤岛，实现了数据的共享和协同。通过数据集成，企业可以更加全面地了解自身的业务状况，为决策提供更为准确的数据支持。

（5）可视化报表：在大数据时代，数据的价值越来越被企业所重视。微搭提供的可视化报表功能，可以将复杂的数据以直观、易懂的方式呈现出来，帮助企业更好地理解和分析数据。通过可视化报表，企业可以快速地发现数据中的规律和趋势，为业务决策提供有力支持。

（6）开放平台：微搭的开放平台功能，使得应用可以轻松地与外部系统进行集成。通过调用外部接口和数据，应用可以获取到更为丰富的功能和资源，进一步拓展了应用的使用场景和价值。同时，开放平台还支持第三方应用的接入，形成了一个庞大的应用生态圈，为企业的信息化建设提供了更多的选择和可能性。

（7）云原生部署：随着云计算技术的不断发展，云原生已经成为企业应用部署的主流趋势。微搭的云原生部署功能让应用可以轻松地部署在云端，享受云计算的弹性伸缩和分布式特点带来的优势。通过云原生部署，企业可以更加灵活地管理自己的应用资源，实现应用的快速部署和升级，降低运维的复杂度和成本。

5.3.2.2 操作示例

微搭目前提供了从空白创建、从 Excel 创建、从模板创建、从数据库创建 4 种创建应用的方式。

（1）从空白创建

从空白创建基于空白画布从零开始搭建。

步骤一：如图 5-12 所示，在微搭低代码控制台中访问新建应用→从空白创建。

图 5-12　点击从空白创建

步骤二：如图 5-13 所示，进入编辑器界面，可以使用右边工具栏对空白画布进行排版布局。点击或拖拽选择需要的组件，可以使用大纲树管理组件顺序，代码区支持连接外部数据库，创建变量及自定义代码，编辑应用后可快速预览效果，确认无误后一键发布部署应用，用户可以扫描生成的二维码进入小程序。

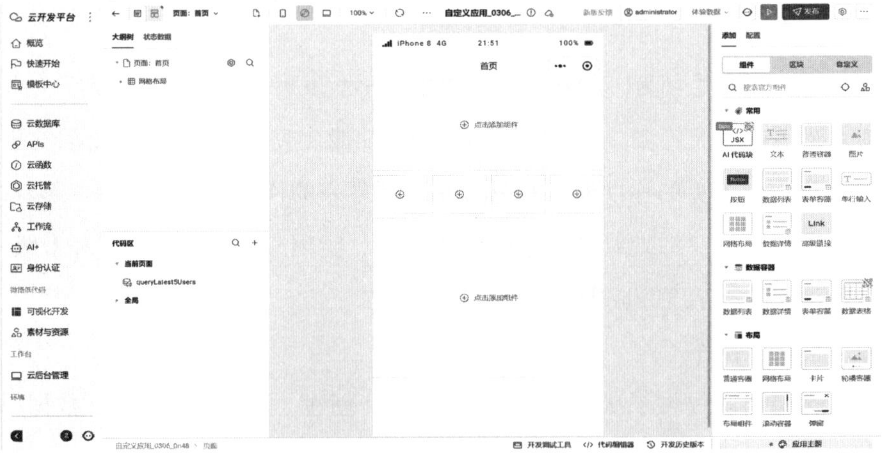

图 5-13　自定义应用

（2）从 Excel 创建

从 Excel 创建基于 Excel 数据自动生成应用。

步骤一：如图 5–14 所示，在微搭低代码控制台中访问新建应用→从 Excel 创建。

图 5–14　点击从 Excel 创建

步骤二：如图 5–15 所示，在新建弹窗中，可使用从模板中选择示例文档、本地上传 Excel 或导入外部文档的方式创建应用。

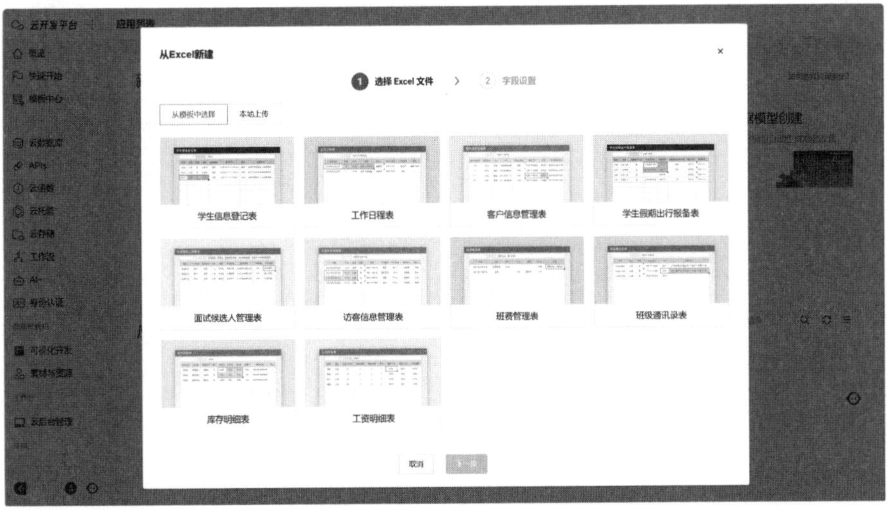

图 5–15　选择 Excel 文件

步骤三：如图 5-16 所示，以学生信息登记表应用创建为例，选择学生信息登记表，单击下一步，设置需要展示的字段，系统中的表格及表单界面将展示选择的字段。

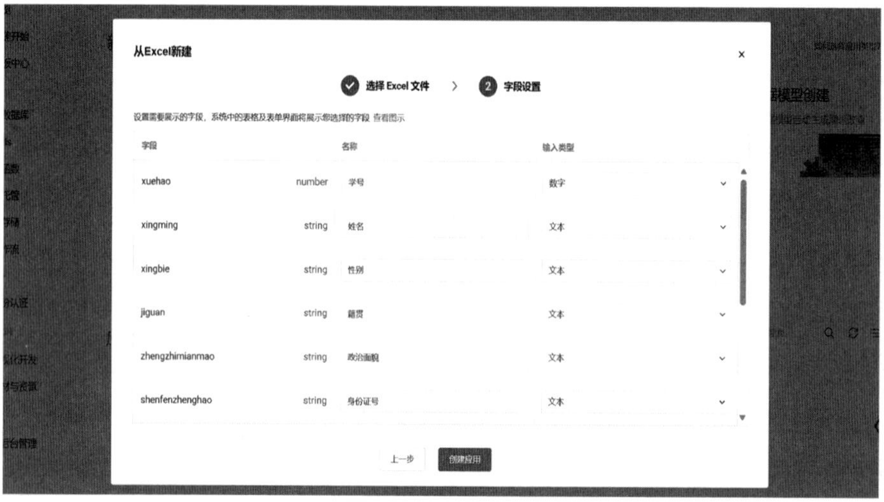

图 5-16 字段设置

步骤四：如图 5-17 所示，生成应用示例。

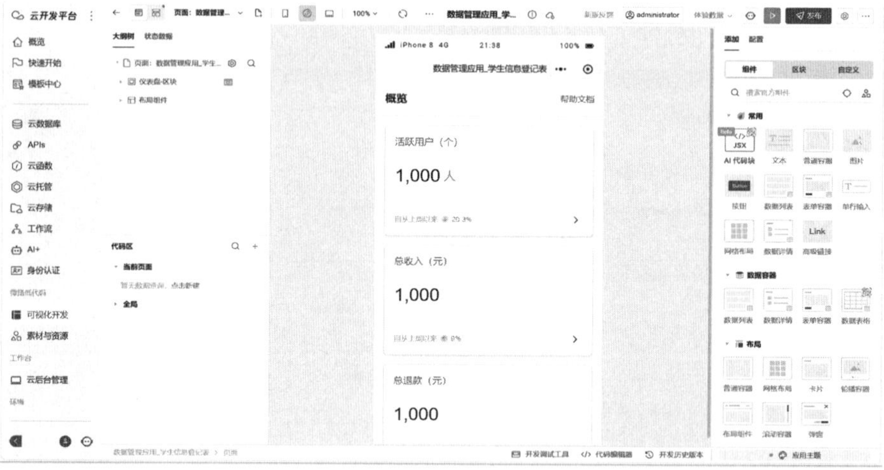

图 5-17 应用示例

（3）从模板创建

从模板创建通过选择已有板块快速完成应用搭建。

步骤一：如图 5–18 所示，在微搭低代码控制台中访问新建应用→从模板创建。

图 5–18　点击从模板创建

步骤二：如图 5–19 所示，可以选择各类模板，快速创建可以使用的应用，同时可根据自身业务需求对已有内容进行编辑。

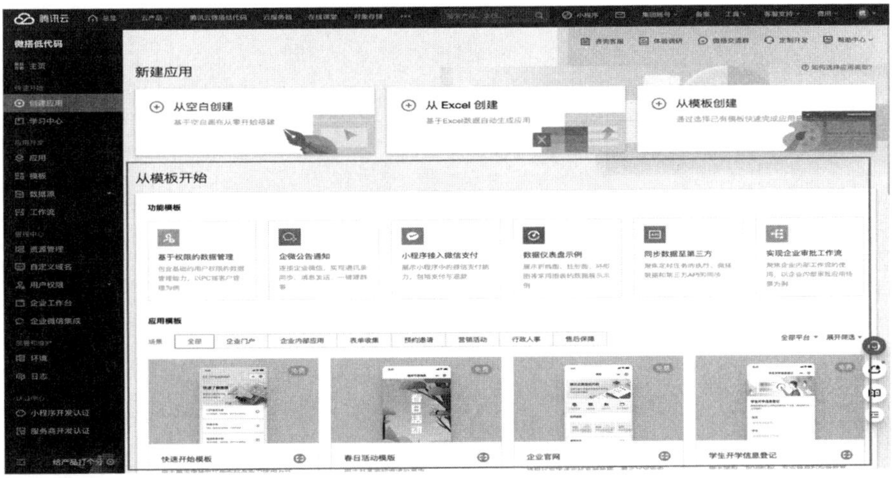

图 5–19　从模板开始

步骤三：如图 5–20 所示，以信息收集应用创建为例，选择信息收集模板。

图 5-20　信息收集

步骤四：如图 5-21 所示，选择创建应用→生成应用。

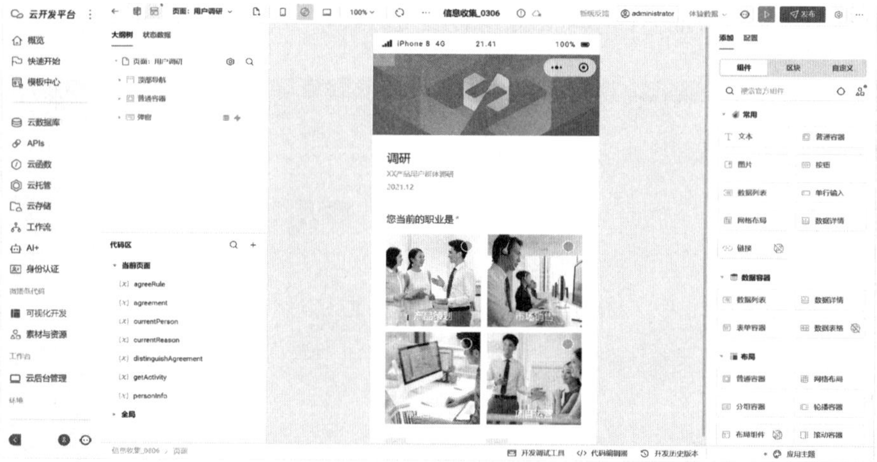

图 5-21　生成应用

（4）从数据库创建

从数据库创建通过选择已有数据库完成搭建。

步骤一：如图 5-22 所示，在微搭低代码控制台中访问新建应用→从数据库创建。

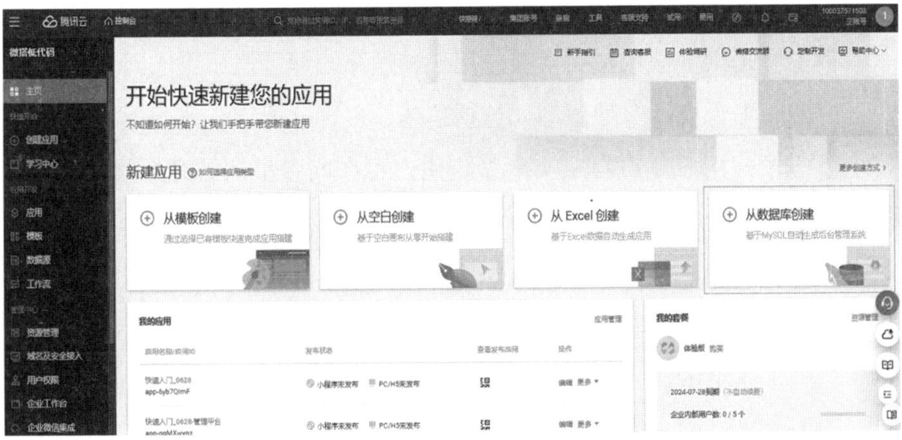

图 5-22　点击从数据库创建

步骤二：如图 5-23 所示，连接对应数据库后就可以使用。

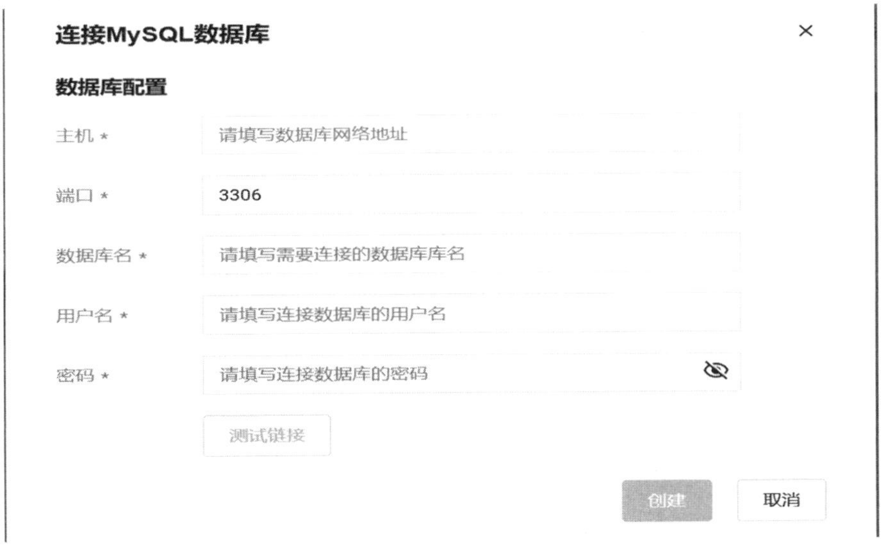

图 5-23　连接数据库

5.3.3 问卷星

问卷星作为一款卓越的在线问卷调查平台，致力于为企业和个人用户提供高效、便捷的问卷设计和数据收集服务。凭借其强大的功能和出色的用户体验，问卷星已成为众多企业不可或缺的调研工具。

5.3.3.1 核心功能介绍

问卷星提供多领域精美模板，用户稍做修改即可快速生成问卷，节省设计时间。平台支持多种题型，包括单选、多选、填空、评分等，满足不同场景需求，用户还可自定义题型。用户可在问卷星从零开始设计问卷，通过拖拽和配置，轻松创建符合需求的问卷界面和逻辑，而且用户可实时查看和挖掘数据，获取调研信息。平台支持在线、邮件、微信等多种调查方式，用户可根据场景选择，确保调研顺利。

5.3.3.2 应用场景

企业在进行产品推广或市场策略调整时，可以使用问卷星进行市场调研，了解目标用户的需求和偏好。同时，企业可以通过问卷星收集用户对产品的反馈意见，以优化产品设计和提升用户体验。企业还可以利用问卷星进行客户满意度调查，了解客户对企业服务和产品质量的评价，以便及时调整服务策略和提升客户满意度。

5.3.3.3 操作示例

步骤一：如图 5–24 和图 5–25 所示，点击创建问卷→问卷调查→创建。

图 5–24 创建问卷

图 5-25　选择调查并点击创建

步骤二：如图 5-26 和图 5-27 所示，三种创建方式，以“文本导入”为例，将文本复制粘贴到文本框进行编辑。

图 5-26　点击文本导入

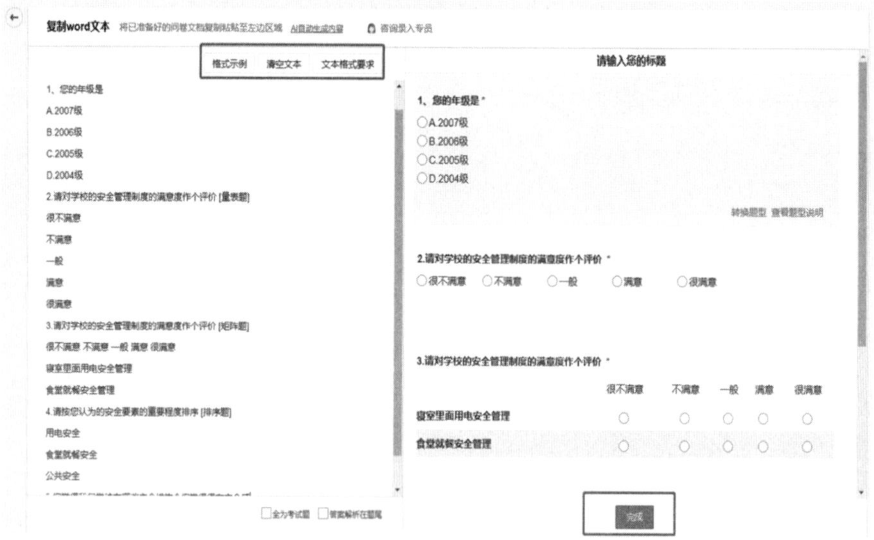

图 5-27 复制 word 文本

步骤三：如图 5-28 所示，进入问卷编辑页面进行编辑，完成编辑之后发布问卷。

图 5-28 完成编辑

步骤四：如图 5-29 所示，发布之后生成问卷链接，将链接复制给填写者作答。

图 5–29　生成问卷链接

步骤五：如图 5–30 所示，回收答卷之后到“分析下载”中查看原始答卷数据，点击“查看下载答卷”即可下载原始数据。

图 5–30　下载数据

5.3.4 其他低代码平台

此外还有钉钉宜搭、百度爱速搭等低代码开发平台。

5.3.4.1 钉钉宜搭

钉钉宜搭是钉钉生态系统的关键组件，以强大的低代码功能简化应用开发，省去复杂编码环节，助力企业高效构建灵活应用，加速业务数字化转型。

（1）核心功能介绍

钉钉宜搭提供海量组件和模板，可通过简单拖拽、配置，快速搭建符合业务场景的应用界面。拖拽式开发模式，让应用构建简单直观，零基础用户也能轻松上手。实现各类业务流程的自动化处理，提高工作效率，减少人为错误。多端无缝适配，确保用户获得流畅的应用体验。支持丰富的开放接口，庞大的生态资源为企业提供更多可能性。

（2）应用场景

钉钉宜搭快速构建符合需求的 OA 系统，实现人事、考勤、薪资等数字化管理。平台实现审批流程自动化处理，提高审批效率，降低运营成本。利用宜搭可快速搭建项目管理工具，助力项目团队协作、沟通、执行。与钉钉无缝集成，方便实现内部数字化办公需求，提高工作效率。

5.3.4.2 百度爱速搭

百度爱速搭作为一款领先的低代码平台，致力于为企业提供高效、便捷的应用开发解决方案，助力企业实现数字化转型的宏伟目标。

（1）核心功能介绍

用户无需编程背景，通过直观易用的图形化操作界面，即可完成应用设计的每一步骤。平台内置了海量的组件库，涵盖数据模型、业务流程、表单设计等多元化组件，满足用户各种开发场景。支持跨平台、跨设备的应用开发，确保应用在不同终端上都能提供最佳的用户体验。提供开放、灵活的 API 接口，便于用户与百度其他产品或其他第三方系统实现无缝集成。

（2）应用场景

企业内部各类业务流程，如财务审批、人事管理等，均可通过爱速搭实现自动化，提高工作效率。自定义办公审批流程，实现流程电子化、标准化，降低人为错误，提升审批效率。为项目管理团队提供强大的工具支持，实现项目计划、进度跟踪、团队协作等全方位管理。与百度其他产品紧密结合，构建全面数字化的办公环境，为企业创造更多价值。

第6章 大模型应用

2022 年 11 月 30 日，OpenAI 公司推出一款使用人工智能与用户进行对话聊天的机器人 ChatGPT，其出色的自然语言沟通能力得到了全世界的广泛关注，两个月突破 1 亿用户，国内外随即掀起了一场大模型浪潮，Gemini、文心一言、Copilot、LLaMA、通义千问、豆包等各种大模型如雨后春笋般涌现，2022 年也被誉为“大模型（Large Models）元年”。

大模型是近年来人工智能领域的一大热点，它一般指的是基于互联网上的公开数据集，通过大量参数、消耗巨大计算资源的深度学习模型。这类模型通常能够处理如自然语言处理、图像识别等复杂任务。

6.1 大模型基本常识

在人工智能的浩瀚领域中，大模型作为近年来的璀璨明珠，开创了技术发展的新篇章。它们凭借庞大的参数量、卓越的学习能力及广泛的应用潜力，深刻改变了我们对智能技术的认知与期待。本部分将深入浅出地介绍大模型的基本知识，探索其背后的奥秘。

6.1.1 基本概念

大模型之所以能够表现出卓越的性能，主要是因为它们能够捕捉到数据中的高层次特征和复杂的关系。通过大量的参数，这些模型能够存储和学习更多的信息，从而在处理实际问题时提供更加准确和全面的结果。

大模型的训练和部署需要考虑如下内容。

（1）计算资源：大模型需要大量的计算资源进行训练，这通常需要高性能的计算设备，如 GPU 集群。

（2）数据需求：大模型的性能很大程度上取决于训练数据的质量和数量。大模型通常需要大量的标注数据进行训练。

（3）能耗：大模型的训练和运行需要大量的能源，会对环境造成压力。

（4）大模型偏见和伦理问题：如果训练数据存在偏见，大模型可能会学习并放大这些偏见，导致不公平或伦理问题。

（5）大模型压缩和优化：为了在实际应用中使用，通常需要对大模型进行压缩和优化，以减少其大小和提高其运行效率。

在我们国家，大模型的研发和应用始终遵循相关政策和法规，旨在促进科技进步的同时确保技术的安全、可靠和公平。例如，遵循《中华人民共和国数据安全法》《中华人民共和国个人信息保护法》等相关法律法规，确保大模型的应用不会损害国家安全、社会公共利益和公民的合法权益。同时，国家也鼓励大模型在智慧城市、智能医疗、智能教育等领域的积极应用，以推动社会发展和民生改善。

6.1.2 功能分类

从功能角度对大模型进行分类，可以分为以下几个类别。

（1）自然语言处理模型：这类模型专门用于理解和生成自然语言文本，例如语言模型、机器翻译模型、情感分析模型等。

（2）计算机视觉模型：这类模型用于理解、生成图像和视频数据，包括图像识别模型、目标检测模型、图像生成模型等。

（3）语音处理模型：这类模型用于理解和生成语音数据，例如自动语音识别模型、语音合成模型、说话人识别模型等。

（4）推荐系统模型：这类模型用于预测用户可能感兴趣的项目或服务，例如协同过滤模型、内容推荐模型、深度学习推荐模型等。

（5）强化学习模型：这类模型通过与环境的交互学习来调整生成最佳策略，例如用于游戏游玩的模型、机器人控制模型等。

（6）多模态学习模型：这类模型能够处理和理解多种类型的数据，例如文本、图像和声音，包括多模态情感分析模型、视觉问答模型等。

（7）生成模型：这类模型能够生成新的数据实例，例如文本、图像、音频等，包括变分自编码器、生成对抗网络等。

（8）预测模型：这类模型用于预测未来的事件或趋势，例如股票市场预测模型、天气预测模型等。

（9）图模型：这类模型用于理解和生成图形结构的数据，例如图神经网络模型、知识图谱嵌入模型等。

（10）科学计算模型：这类模型用于解决科学问题，例如分子动力学模拟、物理现象模拟等。

（11）自动化机器学习模型：这类模型用于自动设计新的机器学习模型和算法，例如神经架构搜索模型等。

这些分类并不是互斥的，许多模型可以跨多个类别。例如，一个模型可能同时用于自然语言处理和计算机视觉任务，或者一个模型可能既是生成模型也是预测模型。随着技术的发展，还可能出现新的模型类别。

6.1.3 国内外主流大模型

目前大家日常使用和研究讨论最多的主要是自然语言类模型，国内外此类模型的多个版本已陆续发布，参数规模、计算性能等技术指标也不断突破新高。

6.1.3.1 国外的主流大模型

首先，让我们列举几个国外的主流大模型，如 OpenAI 的 GPT 系列（包括 GPT-3、GPT-4 等），Meta 的 LLaMA 系列，以及谷歌推出的 Gemma，等等。这些模型以其强大的自然语言处理能力和广泛的应用场景，在全球范围内赢得了广泛的关注和赞誉。

OpenAI 开发的 GPT-3.5 的出现在市面上所带来的效果是非常惊人的。它的参数达到了 1750 亿个，所需要的算力是之前很多模型的很多倍。相较于其他模型，GPT-3.5 的一个显著特点就是支持人工反馈的微调。

Facebook 发布的 Meta OPT 模型，参数体量同样约为 1750 亿个，底模也是英文的。也就是说，这个大模型在预训练的时候，使用的是大量的英文材料，所以在处理一些英文问题的时候，回答响应得更好。

LLaMA 的中文名字叫“羊驼”，熟悉开源的小伙伴可能对这个大模型比较了解，它是目前比较主流且知名的开源大模型框架。同时，作为参数比较大、效果比较好的开源大模型之一，它曾一度被开发者评选为最受欢迎的大模型。

GPT-4，号称是史上最强大的模型之一，参数高达 1.8 万亿个。最新版的 GPT-4 虽然在参数上没有太大变化，但是底模的数量相较于之前的版本得到了大大增加，这也为其发展注入了更为强大的动力。

6.1.3.2 国内的主流大模型

百川智能公司推出的 Baichuan 大模型，参数达 70 亿个，从参数的体量上来对比相当于 LLaMA 大模型。

百度的“文心一言”参数超过 2600 亿个，其最显著的一个特点就是它所使用的中文语料占 85% 。

阿里的“通义千问”的参数在 70 亿—700 亿个，总体的能力从参数上看相当于 GPT-3。

ChatGLM-6B 大概是 60 亿个参数，其研究团队来自清华大学。ChatGLM-6B 是国内国际上 10B 以下最强的中文开源项目之一，是 100 亿个参数以下效果最好的大模型之一。

腾讯混元大模型是由腾讯自研的通用大语言模型，参数规模超千亿个，预训练语料超 2 万亿 Tokens，具有强大的中文理解与创作能力、逻辑推理能力，以及任务执行能力。

2025 年 1 月 20 日，DeepSeek-R1 正式版发布，其在后训练阶段大规模使用了强化学习技术，在仅有极少标注数据的情况下，极大提升了模型推理能力。在数学、代码、自然语言推理等任务上，其 671B 版本性能比肩 OpenAI-o1 正式版。DeepSeek 在全球人工智能领域脱颖而出，不仅使

AI 行业深受震撼，也让世界对中国科技创新能力有了新的认识。

6.1.4 大模型的局限性

大模型虽然在处理大量数据和执行复杂任务方面具有显著优势，但同时也存在一些局限性。

（1）训练成本：大模型需要大量的计算资源和时间进行训练，这导致了高昂的训练成本。

（2）能耗：训练大模型需要大量的电力，会对环境造成负面影响。

（3）数据需求：大模型需要大量的数据来训练，这可能引发数据隐私和保密性问题。

（4）泛化能力：大模型可能会出现过拟合现象，即在训练数据上表现良好，但在新的、未见过的数据上表现不佳。

（5）解释性:大模型往往是黑盒模型,难以解释其预测结果背后的原因。

（6）大模型部署：大模型部署需要大量的计算资源，这可能导致在实际应用中难以部署。

（7）大模型压缩和优化：为了在实际应用中使用大模型，需要进行大模型压缩和优化，这可能会降低大模型的性能。

（8）大模型安全：大模型可能容易受到对抗性攻击，如输入一些恶意构造的数据，可能导致大模型产生错误的输出。

6.2 大模型使用示例

大模型现在已经可以和我们做部分沟通，并试着理解我们的想法，帮助我们完成一些工作，并且这种沟通是可以进行上下文关联的。这一部分，我们来做一些基础的示例分享。

我们统一以“腾讯元宝”使用为例。在浏览器打开网址：https：//yuanbao.tencent.com/，点击首页“登录”按钮，也可以根据需要下载客户端版本。简单注册后就可以开始使用了。

6.2.1 绘图改图

如图 6–1 所示，点击左侧“全部应用”里的“AI 画图”。

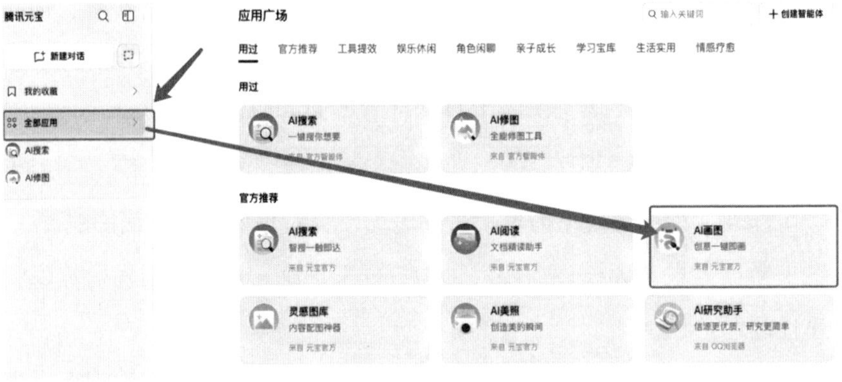

图 6–1 点击 AI 换图

如图 6–2 所示，我们可以在中下侧对话框输入想要 AI 绘画的内容。

图 6–2 输入内容

如图 6–3 所示，例如，我们想画一只猫，经过一段时间的等待，AI 会呈现结果，并提供一些其他的玩法供用户使用。

图 6–3　绘画结果

如图 6–4 所示，我们也许对 AI 生成的结果并不满意，那么我们来作一些调整。在对话框中，第一部分显示了我们提的要求，第二部分是 AI 根据我们的要求生成的内容，第三部分是 AI 创作的其他玩法。当然以上的排列可能在其他的大模型产品中有所差异，但基本上都是根据我们的提问，AI 凭借它学会的逻辑作出思考，然后生成结果，这也是我们经常听到的 AIGC（生成式人工智能）。

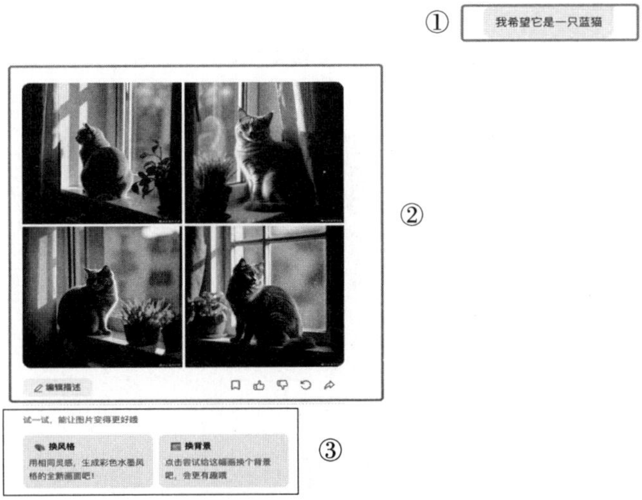

图 6–4　结果调整

这里特别强调一点，目前国内主流的通用模型还没有办法在不改变画面整体的前提下通过聊天方式对细节进行修改，但是一些专业的绘图模型，例如 Stable Diffusion，已经可以通过安装插件实现这一功能。有兴趣的读者可以去网上搜寻资料尝试。

6.2.2 文稿润色

如图 6–5 所示，我们去网上找了一篇作文《难忘的一天》。

作文《难忘的一天》

第一篇　第二篇　第三篇　第四篇　第五篇

今天，我经历了一天，这是我一生中最难忘的一天。

早上，我打开窗户，感受到温暖的阳光洒在我的脸上，空气中弥漫着清新的气息。我怀着愉快的心情，背着书包去上学。在课堂上，老师宣布了我们的期末成绩，我惊喜地发现我取得了优异的成绩。这是我第一次在考试中获得如此好的成绩，我感到非常兴奋和自豪。

中午，我和我的朋友们一起去了我们常去的餐厅。我们点了我们喜欢的食物，一边享受美食，一边开心地聊天。在这个美好的时刻，我感到自己是如此的幸福和满足。

下午，我去参加了一个志愿者活动。这个活动是为了帮助那些需要帮助的人，为他们提供支持和关爱。我和其他志愿者一起帮助清理社区环境，为贫困家庭送去生活用品和食品。在这个过程中，我感到自己是有价值和意义的，也体会到了帮助他人的快乐。

晚上，我回到家，躺在床上，思考着这一天的经历。我感到自己在这一天里经历了许多令人难忘的事情：取得好成绩的喜悦、与朋友们的欢乐时光、帮助他人的满足感……这些都是我将永远珍藏的记忆。

这一天之所以难忘，是因为它充满了喜悦、幸福和意义。它让我感到自己是一个幸运和被爱的人。我期待着未来的每一天，希望它们也能像今天一样美好和难忘。

图 6–5　文稿润色原文

如图 6–6 所示，我们希望能用新闻报道的形式对这篇作文进行改写，我们尝试使用“DeepSeek”这个模型来完成，于是我们首先点击左上角的“新建对话”。

图 6-6　新建对话

如图 6-7 所示，点击“Hunyuan”这个下拉按钮，切换至“DeepSeek”。

图 6-7　切换模型

如图 6-8 所示，我们在文本框输入问题。

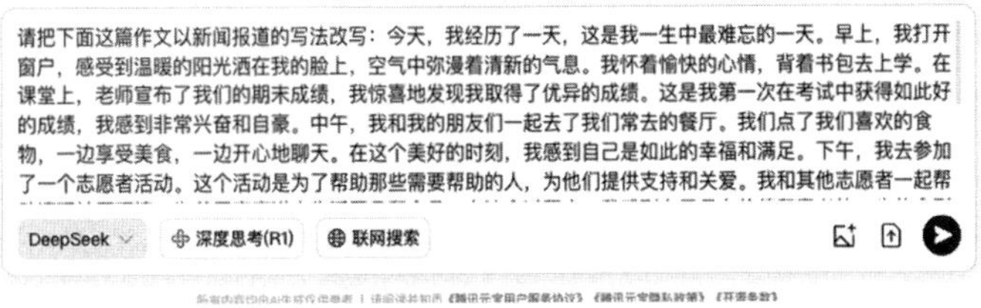

图 6-8　输入问题

如图 6-9 所示，AI 给我们生成了结果。

学生难忘的一天：优异成绩、友情与志愿服务的三重喜悦

【本报讯】昨日，本市一名学生在平凡的一天中收获了不平凡的成长体验，将学业成就、友情温暖与社会责任完美融合，创造了值得铭记的人生篇章。

清晨7:30，当第一缕阳光穿透云层时，该同学推开窗户，和煦的晨光与清新空气开启了充满希望的一天。据当事人描述，这种愉悦的清晨体验为其后续的惊喜埋下了伏笔。

上午的课堂上出现了首个重要时刻。任课教师当众宣布期末考试成绩时，该同学以突破性的优异成绩引发全班掌声。这是其求学路上首次取得如此显著的学业突破，现场洋溢的成就感令其深受鼓舞。

午间时分，欢乐氛围在常去的校园餐厅延续。该同学与好友们共享喜爱的餐点，轻松愉快的交谈中流淌着真挚的友谊。当事人特别强调："这种被理解与接纳的温暖，是青春最珍贵的馈赠。"

下午的日程转向社会责任实践。该同学积极参与"社区关爱行动"志愿服务，与志愿者团队共同完成环境整治工作，并为辖区困难家庭配送生活物资。在三个小时的公益服务中，其深刻体会到"施比受更有福"的人生哲理。

当晚归家后，该同学通过日记记录下这不同寻常的一天。日记显示，其将当天的经历归纳为"学业突破的激励""同窗情谊的滋养"和"社会价值的实现"三大收获。教育心理学专家对此表示，这种将个人成长与社会责任相结合的经历，正是当代青少年素质教育的理想范本。

据悉，该同学已将此日设为"个人成长纪念日"，并计划将志愿服务纳入长期生活规划。这种积极向上的生活态度，或将为同龄人提供有益借鉴。(完)

【记者手记】平凡日子里的非凡体验，往往来自对生活细节的珍视与对成长机会的把握。这位同学的一天启示我们：人生的精彩篇章，就藏在每个用心生活的当下。

图 6–9 生成结果

如图 6–10 所示，我们给这个学生取了个名字“小明”。

这位学生叫小明

学生小明难忘的一天：优异成绩、友情与志愿服务的三重喜悦

【本报讯】（记者 XXX）昨日，本市某中学学生**小明**度过了充实而难忘的一天，从学业突破到友情温暖，再到公益实践，这一天成为他成长路上的重要记忆点。

学业突破：期末成绩喜获佳绩

上午8时，课堂上的气氛格外紧张。当老师宣布期末考试成绩时，小明惊喜地发现自己取得了前所未有的优异成绩，这让他既兴奋又自豪。"这是我第一次考得这么好，感觉所有的努力都值得了。"小明在接受采访时表示。

友情相伴：午餐时光欢乐温馨

中午12时，小明和几位好友来到他们常去的餐厅，一边享用美食，一边畅聊校园趣事。"和朋友们在一起总是特别放松，他们的鼓励和支持让我更有动力。"小明笑着说。这段简单而珍贵的友情时光，成为他一天中最温暖的片段之一。

公益实践：志愿服务传递温暖

下午3时，小明参加了社区志愿者活动，与其他志愿者一起清理街道环境，并为贫困家庭送去生活物资。"看到他们脸上的笑容，我觉得特别有意义。"小明表示，这次经历让他深刻体会到帮助他人的快乐，也让他更加珍惜自己的生活。

感悟成长：平凡一天的不凡意义

晚上回到家，小明回顾这一天的经历，感慨万千。"从早上的好成绩，到中午和朋友们的欢乐时光，再到下午的志愿服务，每一刻都让我感到充实和幸福。"他说，"这一天让我明白，成长不仅仅是成绩的提高，更是学会感恩、分享和付出。"

教育专家指出，像小明这样既能专注学业，又积极参与社会实践的学生，展现了当代青少年全面发展的良好风貌。他的经历也提醒我们，生活中的美好往往藏在平凡的细节里，只要用心感受，每一天都能成为难忘的回忆。

（完）

【记者观察】小明的故事告诉我们，成长并非遥不可及的大事，而是由一个个温暖的瞬间组成。无论是学业上的进步，还是友情的陪伴，抑或是公益的付出，都能让平凡的一天变得意义非凡。

图 6–10　补充细节生成结果

我们可以看到，文体发生了变化，所以在目前情况下如果只是简单地和 AI 进行对话，AI 在理解你的意思时有时会出现偏差。

如图 6–11 所示，如果我们把对话的方式改变一下，就会得到不同的结果。这里注意，我们其实重新生成了一篇内容，文章里的“他”现在变为“她”。

上文的他是女生，请重新生成

女生小丽难忘的一天：学业突破、友情相伴与公益奉献的成长印记

【本报讯】（记者 XXX）昨日，本市某中学女生小丽度过了意义非凡的一天，从学业收获到友情温暖，再到公益实践，这一天成为她青春成长路上的闪亮注脚。

学业突破：优异成绩见证努力

上午8时，教室里弥漫着紧张的氛围。当老师公布期末考试成绩时，小丽惊喜地发现自己取得了前所未有的好成绩。"看到成绩的那一刻，感觉所有的付出都有了回报。"小丽在接受采访时表示，这次突破让她更加坚定了继续努力的信心。

友情时光：共享午餐传递温暖

中午时分，小丽和闺蜜们来到她们最爱的校园餐厅。餐桌上，女孩们分享着美食和心事，欢声笑语不断。"和好朋友在一起的时光总是特别治愈，她们的支持是我前进的动力。"小丽微笑着说。这段简单而真挚的友情时光，成为她一天中最温暖的记忆。

公益实践：用行动传递爱心

下午3时，小丽换上志愿者服装，与同学们一起参与社区服务活动。她们不仅认真清理了街道环境，还为社区困难家庭送去了生活物资。"当看到受助者感激的眼神时，我深深体会到了付出的意义。"小丽表示，这次经历让她对社会责任有了更深的理解。

成长感悟：平凡中的不凡收获

夜幕降临，小丽在日记本上认真记录下这一天的点滴。"从早上的成绩惊喜，到中午的闺蜜聚会，再到下午的志愿服务，每个时刻都让我感受到成长的快乐。"她写道，"这一天教会我，真正的成长不仅在于个人进步，更在于学会关爱他人、回馈社会。"

教育专家指出，小丽的经历展现了当代青少年全面发展的良好态势。她的班主任表示："像小丽这样既能专注学业，又热心公益的学生，正是我们教育所期待的新时代青少年典范。"

（完）

【记者手记】在小丽的故事里，我们看到了青春最美好的模样——既有为梦想拼搏的执着，也有珍惜友情的细腻，更有奉献社会的担当。这些看似平凡的日常，正编织着不平凡的成长轨迹。

图 6–11　修改问题生成结果

通过以上过程我们可以发现，AI 并没有完全理解我们的意思，它甚至对名字进行了更改，我们可以要求 AI 重新生成。有些时候如果对某些 AI 生成的内容不满意，我们也可以截取并让 AI 重新进行生成。

6.2.3 知识学习

如图 6–12 所示，如果我们想系统性学习某方面知识，可以这样提问。例如，想学习川菜做法的相关内容，我可以这么问。

我想系统学习一下川菜的做法

学习川菜的做法需要系统地了解其核心特点、经典菜式和烹饪技法。以下是一份循序渐进的学习指南，帮助你掌握川菜精髓：

一、川菜基础认知

1. **味型体系**（需重点掌握）

- 麻辣味：花椒+辣椒的黄金组合（如麻婆豆腐）
- 鱼香味：泡椒+糖醋的完美平衡（鱼香肉丝）
- 怪味：咸甜麻辣酸香七味调和（怪味鸡丝）
- 家常味：郫县豆瓣酱定基调（回锅肉）

2. **必备调料**

- 灵魂三件套：郫县豆瓣酱、永川豆豉、汉源花椒
- 泡椒系列：泡二荆条、泡姜、泡萝卜
- 其他：保宁醋、川盐、菜籽油

二、经典菜品学习路径

建议按难度分阶段学习：

初级阶段（基础功训练）

1. 麻婆豆腐（练火候掌控）
2. 鱼香肉丝（练兑芡技巧）
3. 蒜泥白肉（练刀工与复合调味）

中级阶段

图 6–12　提出知识问题

如图 6–13 所示，如果希望就“鱼香肉丝”做法进行深度学习，那我可以这么问。

我想针对鱼香肉丝做深度学习了解

以下是针对「鱼香肉丝」的深度解析指南，涵盖历史渊源、技术要点、味型密码和现代创新，助你完全掌握这道经典川菜：

一、本源探究：鱼香味的诞生之谜

1. **历史溯源**
   - 发源于四川泡菜文化，最早是渔民烧鱼时用泡椒、姜蒜调出的复合味型
   - 1909年《成都通览》首次记载"鱼香"菜式
   - 抗战时期因物资匮乏，厨师用此味型炒肉丝，意外成就经典
2. **味觉密码**
   - **黄金比例**：泡椒30g+糖15g+醋12g+酱油8g（以200g肉丝为基准）
   - **分子层面**：辣椒素刺激味蕾，醋酸增强唾液分泌，协同提升鲜味感知

二、原料的极致选择

1. **主料玄机**
   - 猪里脊 vs 猪前腿：前者嫩但寡淡，后者带10%脂肪更香（专业厨师首选）

图 6–13　细化知识问题

如图 6-14 所示，如果希望对其中某个知识进行分项学习，我可以这么问。

猪里脊怎么切更好

掌握猪里脊的切法直接影响鱼香肉丝的成败，以下是经过专业厨师验证的「三维切割法」，从选刀到装盘全程详解：

一、刀具选择（90%人忽略的关键）

1. 最佳刀具
   - 中式片刀（重约600g）：前切后剁，刀身自重帮助切断纤维
   - 严禁使用西式主厨刀（太轻难控厚度）
2. 开刃角度
   - 磨刀石选择：1000目+6000目双面石
   - 刃角控制在15°（比切蔬菜的20°更锐利）

二、预处理科学

1. 冷冻定型
   - 急冻法：里脊排酸后-18℃急冻45分钟（表面微硬，中心仍软）

图 6-14　知识分项问题

这里读者一定要注意，大模型的知识由其本身是否进行过专项学习训练决定，所以不排除大模型出现“乱回答”的情况，请一定要对大模型给出的答案进行自主判断，切勿未经核实直接使用。

6.3 大模型训练

6.3.1 大模型训练的目的

大模型需要通过训练更好地适应时代发展，笔者认为通过训练可以达到以下目的。

（1）提升模型性能：大模型通常具有更多的参数和更强的计算能力，这使得它们能够学习到更丰富的数据特征和更复杂的模式。通过训练大模型，可以显著提高模型的准确性、泛化能力和鲁棒性，从而使其在各类任务中表现更出色。

（2）处理大规模数据：随着数据量的不断增长，传统的较小模型可能难以有效处理这些数据。大模型则具备更强的数据容纳和处理能力，能够更好地应对大数据时代的挑战。

（3）实现更高级的功能：大模型训练不仅关注特定任务的性能提升，还致力于实现更高级、更复杂的功能。例如，自然语言处理领域的大模型可以理解和生成人类语言，计算机视觉领域的大模型可以识别图像中的对象并理解其上下文。这些高级功能为各种应用场景提供了强大的支持。

（4）推动技术创新：大模型训练是人工智能领域的重要研究方向之一。通过不断挑战和突破大模型的容量极限，可以推动相关技术的创新和发展，为整个行业带来更多的进步和机遇。

（5）优化资源利用：虽然大模型的训练需要消耗大量的计算资源和数据存储资源，但一旦训练完成，其在后续应用中的推理效率会更高，能够在较短时间内处理大量数据或执行多次任务。这有助于提高整体资源的利用效率。

（6）满足社会需求：随着社会的不断发展，人们对智能化水平的要求也越来越高。大模型训练有助于提升机器智能水平，进而满足人们在各个领域的需求，如自动驾驶、医疗诊断、智能客服等。

6.3.2 大模型训练的类型

大模型训练一般分为公有模型训练和私有模型训练。公有模型训练主要是为了更好地面向大众需求，私有模型训练一般是为了完成个人或团体内部目标。

6.3.2.1 公有模型训练

公有模型通常是由大型科技公司、研究机构或学术团队开发和训练的。这些模型通常使用深度学习算法，需要大量的计算资源和数据来进行训练。以下是一个简化的公有模型训练过程。

（1）数据收集：首先需要收集大量的数据，这些数据可以是文本、图像、声音等，用于训练模型。这些数据可以通过公开的数据集、网络爬虫、合作伙伴等途径获取。

（2）数据预处理：对收集到的数据进行清洗、去重、格式化等预处理操作，以确保数据的质量和一致性。

（3）模型设计：根据任务需求设计合适的模型架构，选择合适的算法和模型参数。这通常需要具备一定的专业知识。

（4）训练模型：使用高性能计算设备（如 GPU、TPU 等）对模型进行训练。在训练过程中，模型会不断优化参数，以提高对数据的拟合能力。

（5）评估模型：在训练过程中，定期使用验证集对模型进行评估，以监控模型的性能。根据评估结果，调整模型参数和训练策略。

（6）模型优化：根据评估结果，对模型进行优化，如调整网络结构和学习率、实现正则化等，以提高模型的性能。

（7）模型部署：将训练好的模型部署到服务器或移动设备上，供用户使用。

（8）模型维护：对模型进行持续的维护和更新，以适应新的数据和需求。

需要注意的是，公有模型的训练和使用需要遵守相关法律法规和伦理准则，确保数据安全和用户隐私。此外，公有模型的训练和使用也需要考虑其对社会和环境的影响。

6.3.2.2 私有模型训练

私有模型通常指的是在非公开的数据集上训练的模型，这些数据集可能包含敏感信息，因此需要严格保护隐私。私有模型训练的过程与公有模型训练类似，但需要额外的隐私保护措施。以下是私有模型训练的一般步骤。

（1）数据收集：与公有模型不同，私有模型的数据通常来自内部数据源，如企业数据库、医疗记录等。这些数据可能包含敏感信息或个人信息，因此在收集时需要确保遵守相关的隐私保护法规。

（2）数据预处理：对收集到的数据进行清洗、去重、格式化等预处理操作。由于数据的敏感性，这一步骤需要特别注意数据脱敏和匿名化，以保护个人隐私。

（3）模型设计：根据任务需求设计合适的模型架构，选择合适的算法和模型参数。

（4）隐私保护措施：在训练私有模型之前，需要采取隐私保护措施，如差分隐私（Differential Privacy）、联邦学习（Federated Learning）、安全多方计算（Secure Multi-Party Computation，SMPC）等，以确保训练过程中数据的隐私安全。

（5）训练模型：使用适当的计算资源对模型进行训练。在隐私保护措施下，这可能涉及分布式训练、加密数据传输等。

（6）评估模型：使用验证集对模型进行评估，以监控模型的性能。根据评估结果，调整模型参数和训练策略。

（7）模型优化：根据评估结果，对模型进行优化，以提高模型的性能。

（8）模型部署：将训练好的模型部署到服务器或移动设备上，供用户使用。在部署时，也需要确保模型的隐私安全，防止数据泄露。

（9）模型维护：对模型进行持续的维护和更新，以适应新的数据和需求，并确保隐私保护措施的有效性。

私有模型训练的关键在于确保在整个数据处理和模型训练过程中，个人隐私和数据安全得到妥善保护。这通常需要跨学科的知识，包括机器学习、数据隐私、加密技术等。随着隐私保护法规的日益严格，私有模型训练的重要性也越来越高。

6.3.3 如何在本地部署模型

无论是通过公有训练还是私有训练得到的模型，要想在日常生活中使用起来，都必须在完成模型的部署后，才可以面向用户提供服务。以下我们将介绍 DeepSeek 模型如何部署在本地运行。

在部署模型前，我们必须完成一些准备工作。

首先需要准备的便是算力服务器。鱼儿的生活离不开水，大模型的运行也依赖于算力服务器。当前国外厂商的主流算力服务器是英伟达公司生产的芯片，而国内主要的算力服务器是华为提供的昇腾系列芯片。这些芯片在使用上并无太大区别，都可以帮助我们顺利运行模型。

除了算力硬件之外，我们需要准备一个部署运行模型的软件。DeepSeek 官方推荐了如下这些软件，我们可以根据需要进行选择。

（1）DeepSeek-Infer Demo：DeepSeek 官方提供的演示模型，可以支持 FP8 和 BF16 两种格式的模型。

（2）SGLang：支持 BF16 和 FP8 格式的模型。

（3）LMDeploy：支持 FP8 和 BF16 格式的模型。同时支持本地部署和在云上进行部署。

（4）TensorRT-LLM：当前支持 BF16 和 INT4/8，不过很快也将支持 FP8 格式的模型。

（5）vLLM：支持 DeepSeek-V3 模型的 FP8 和 BF16 两种格式的模型。

（6）华为昇腾 NPU：支持运行 DeepSeek-V3。

上面提到的 BF16、FP8 等格式是 DeepSeek 模型在运行当中所使用到的数据格式，安装时可以根据硬件支持的格式进行灵活选择。

在这里，我们选择 Ollama 为例来进行安装。访问 Ollama 官网 https：//ollama.com，如图 6-15 所示，点击中间的 Download 按钮，根据电脑的操作系统选择对应软件版本下载。以 Windows 为例，下载完成后，双击 exe 文件完成安装。

图 6-15 下载模型

完成软件安装后，开始安装模型。

首先，我们需要在 Ollama 官网下载 DeepSeek 模型本体。如图 6-16 所示，在 Ollama 官网点击“DeepSeek-R1”。

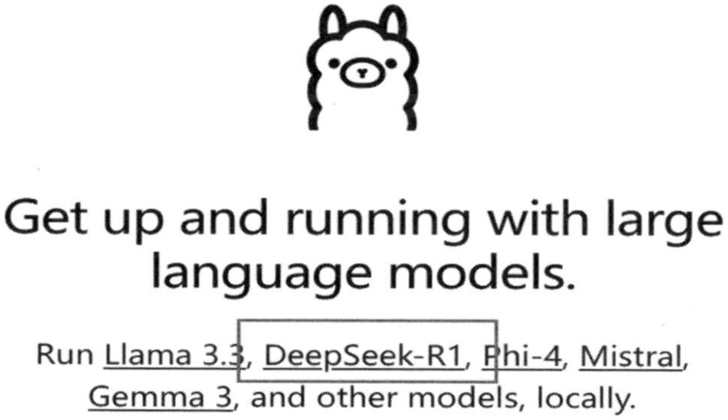

图 6-16　选择模型类型

如图 6-17 所示，此处提供了不同参数规格的 DeepSeek 模型文件可以选择。

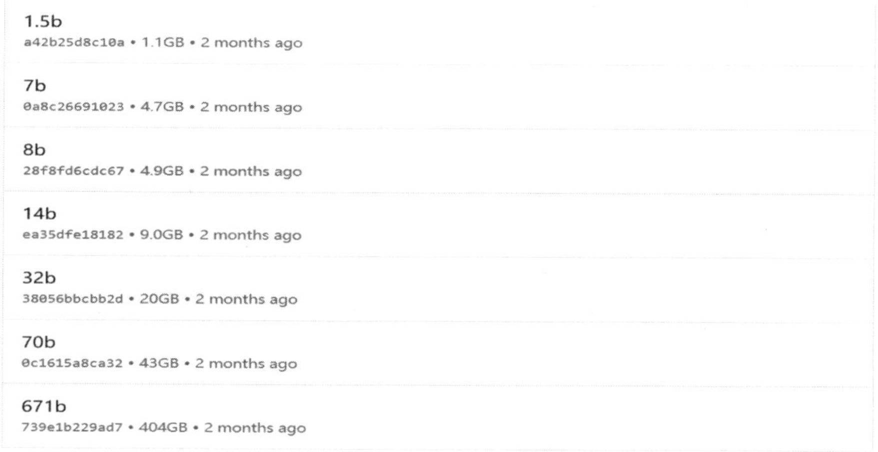

图 6-17　不同参数规格的模型

最小的 1.5B 模型需要 1.1GB 的空间，而满血的 671B 模型则需要 404GB 的空间，我们可以根据硬件的配置选择相应的模型。

这里需要特别指出一点，模型在运行过程当中会将所有的数据都加载进入内存当中。如果电脑的内存容量乘以 0.8 小于 DeepSeek 模型的文件大小，那么模型的运行将会受到极大限制。比如您的电脑总内存大小为256GB，小于 DeepSeek-R1 671B 的 404GB，此时运行 671B 的模型将会非常卡顿，并且系统随时可能崩溃重启。

如图 6-18 和图 6-19 所示，这里以 32B 为例，点击进入会看到具体程序页面，点击复制按钮，复制需要运行的命令到电脑中，放入命令行窗口中运行。

图 6-18　复制命令

图 6-19　运行命令

如图 6-20 所示，待程序运行完成后，DeepSeek 已正式部署到本地电脑中，现在可以和专属于我们的 AI 小助手开展对话。

图 6-20　运行命令完成

6.3.4 从模型到智能体

在日常生活当中，我们已经可以非常容易地和大模型进行交互。我们向大模型提问，模型经过思考会给出答案。如果仅仅是提问和回答，AI 的能力显得太过于局限，只能被动等待提问。AI 能否在我们需要的时候主动为我们提供服务呢？

答案是肯定的，AI 的工程师们早已经对此做了设想，并提出了智能体（Intelligent Agent）的概念。智能体是人工智能领域中的一个基本概念，它通常指的是一个能够自主运作的程序或者系统，能够在特定的环境中通过感知、推理、学习和行动等手段，达成某种目标或任务。

一个聪明的智能体应该具备以下特性：

（1）感知环境：智能体可以通过自身布置的传感器（如摄像头、麦克风）或数据接口（如 API）收集信息，即像人一样，可以通过眼睛去看这个世界，通过手去触摸这个世界。例如，自动驾驶汽车里面安装了很多激光雷达，车辆可以通过雷达随时感知路况。

（2）自主决策：智能体在接收到信息之后，自身可以根据规则引擎、机器学习模型（如深度学习）或强化学习算法处理收集到的信息，比如聊天机器人通过理解用户的问题来回答。

（3）目标导向：智能体有明确的工作目标，它能够随时根据自身的任务目标，思考如何动态调整策略以应对环境变化。如物流机器人的最终目标是把货物安全及时送到目的地，需要根据目的地这一目标随时优化配送路径。

（4）行动执行：智能体必须具备一定的响应能力，可以是物理的也可以是电子的，如通过物理动作（机械臂操作）或数字操作（自动发送邮件）影响环境，如工业机器人可以自动根据当前组装工作的进展自动组装零件。

和模型相比，智能体更加完善，能为人类完成更多工作。如果说智能体已经是一个完整的工作者，模型就是智能体的大脑，在模型的指挥下，智能体可以随时根据自己被设定的目标，完成指定的工作。例如，现在智能驾驶的汽车市场非常火热，一辆具备智能驾驶能力的汽车可以被认为是一个智能体，而其中的模型就是部署在车机上面的智能驾驶程序。AI 模型赋予了智能体灵活的特性，让它从冷冰冰的机器变成人类的好帮手。

近段时间以来，很多公有模型都推出了智能体构建，这样可以在原有公有模型数据的基础上进一步增强模型提供服务的能力。

6.3.5 构建智能体示例

为了更直观地展现智能体和模型之间存在的差异，我们现在手动创建一个智能体来感受一下。

我们基于华为 ModelEngine 平台进行智能体构建。假设我们是网络安全研究人员，需要 AI 来扮演网络安全研究助手，进入平台应用创建功能区当中，开始助手创建过程。

如图 6–21 所示，进入平台后，我们访问应用使能界面，进入应用开发，这里的应用其实就是智能体。点击创建按钮给智能体起个名字，就叫网络安全小助手。

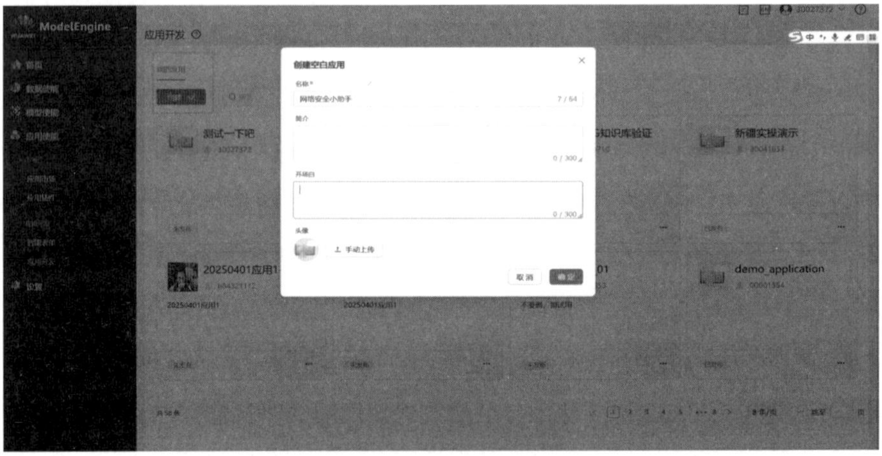

图 6–21　创建智能应用

如图 6-22 所示，创建完成后，我们会进入一个基础功能页面。

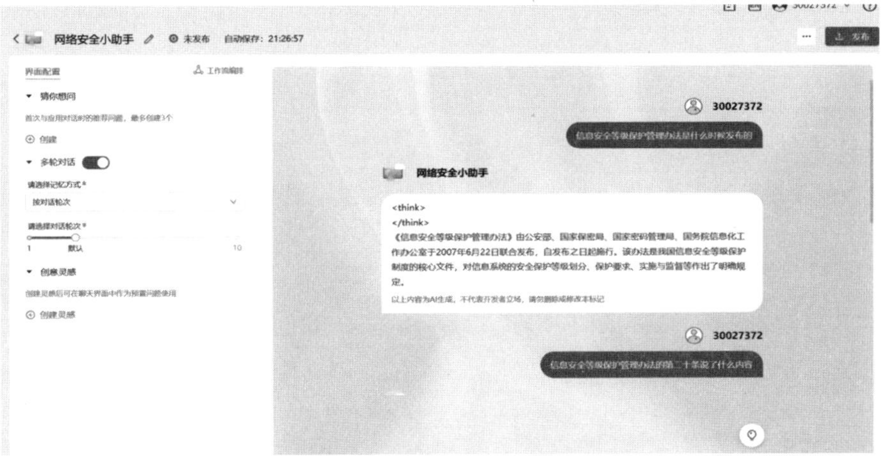

图 6-22　基础功能页面

此时我们的小助手还是一个通用的模型，对许多网络安全领域的知识还一知半解。我们需要教会小助手网络安全的知识，即给小助手挂载一个网络安全知识库。

在挂载知识库之前，首先需要给小助手整理一个网络安全知识库。如图 6-23 所示，打开数据使能模块，这里就是帮助我们生成知识库的平台。

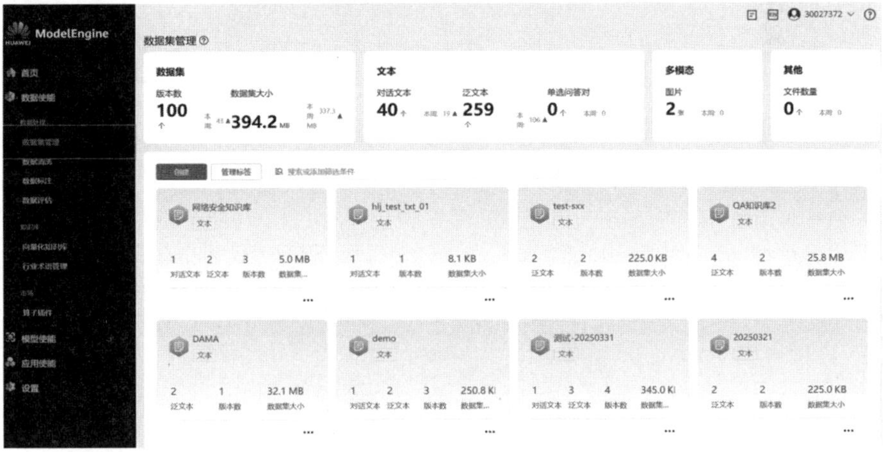

图 6-23　数据使能模块

如图 6-24 所示，点击创建按钮，开始创建数据集。

图 6-24　创建数据集

如图 6-25 所示，选择 PDF 文件，由于原始文档是一个未经整理的普通文本，所以选择基于泛文本创建，选择文件完成上传。

图 6-25　导入泛文本

如图 6-26 所示，上传完成后，我们就会得到一个基于 PDF 文件的数据集。

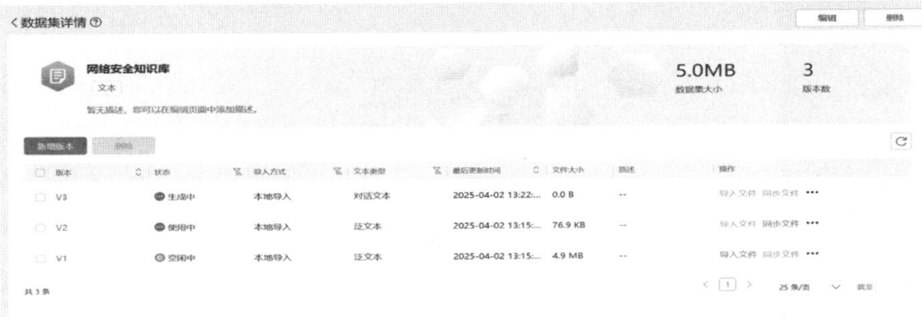

图 6–26　获取基于文件的数据集

数据集生成完成后，目前还不是知识库。就像我们在说中文而 AI 在说外语，要想让 AI 看懂用中文写的数据集，我们还需要让翻译软件来辅助工作，把充满人类思维逻辑的数据集整理成 AI 能看懂的知识库。

如图 6–27 所示，点击数据清洗，对数据集的数据先做一遍整理，去掉一些重复和多余的内容。

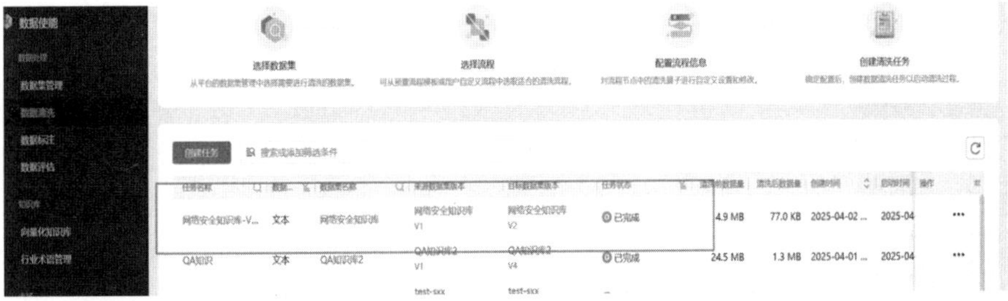

图 6–27　整理数据

如图 6–28 所示，完成后，进入向量知识库，接下来我们就可以选择进行创建向量知识库。

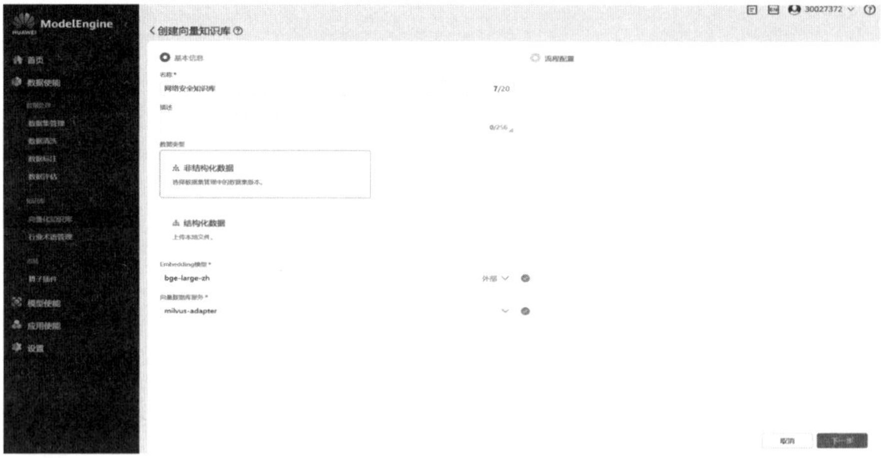

图 6–28　创建向量知识库

如图 6–29 和图 6–30 所示，点击下一步，选择我们刚刚清洗完成的数据集，完成知识库的创建。

图 6–29　选择数据集

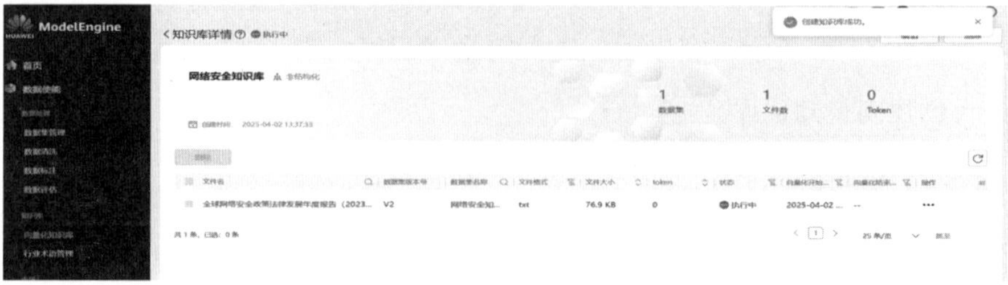

图 6–30　完成知识库创建

如图 6-31 所示，回到应用使能的应用开发模块。

图 6-31　应用开发模块

如图 6-32 所示，点击工作流编排，为小助手挂载知识库，让它学会网络安全知识。

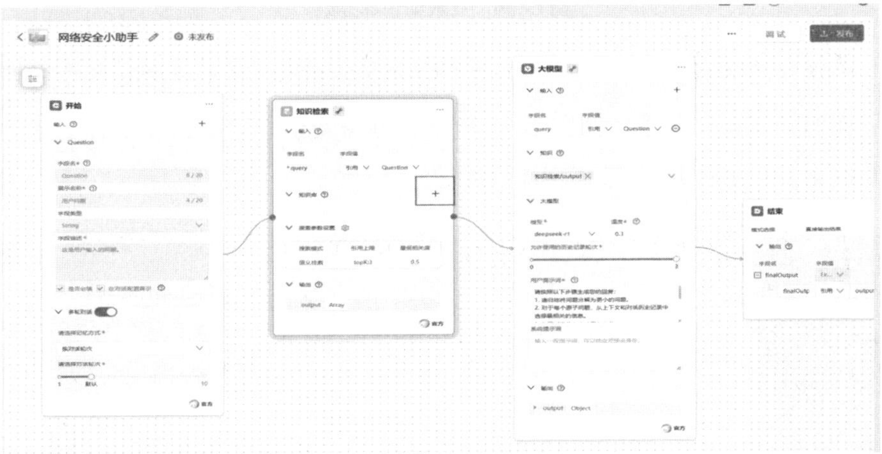

图 6-32　工作流编排

如图 6-33 所示，点击按钮选择刚刚制作的知识库。

图 6-33　选择知识库

如图 6–34 所示，我们已经完成了知识库挂载。

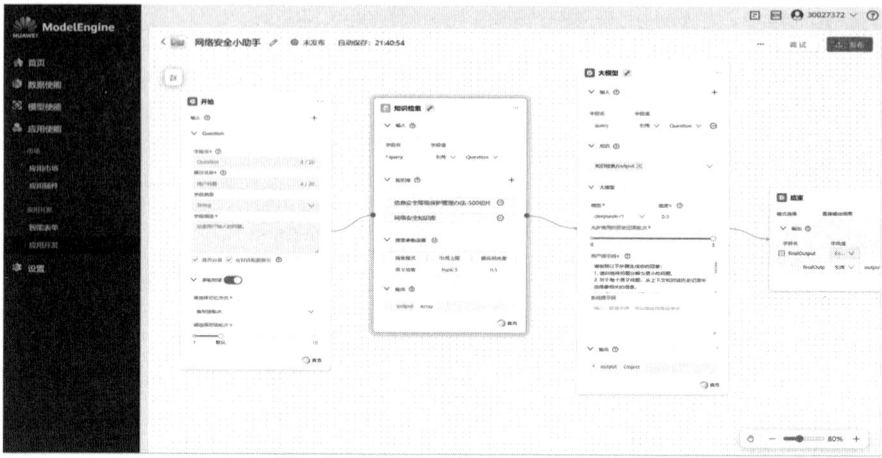

图 6–34　完成知识库挂载

现在网络安全小助手已经学会了网络安全知识，我们来问它几个文档里面的知识测试一下。如图 6–35 所示，网络安全小助手已经结合创建的知识库，对我们提出的问题进行了回答。

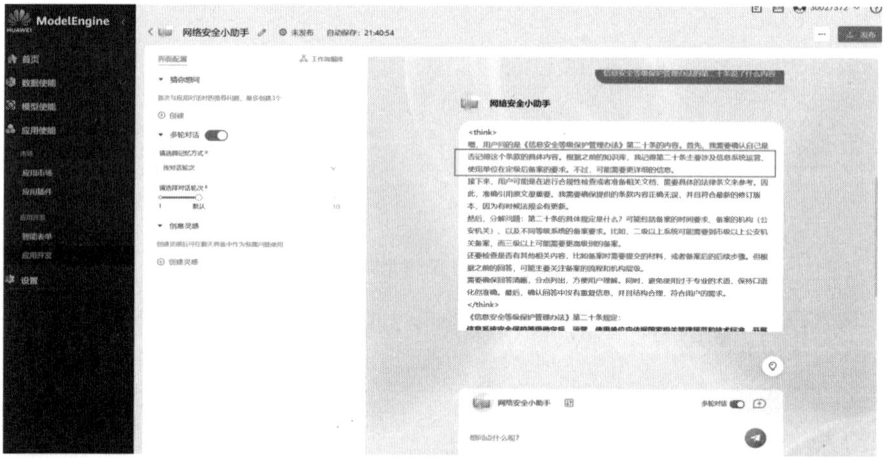

图 6–35　进行知识测试

只要知识库足够完善，网络安全小助手就可以在我们的日常工作生活当中提供充足的知识提示，极大提升我们的工作效率。

6.3.6 智能体落地实践

在一些发展较快的企业，智能体已经被运用到了日常的生产办公环境当中。如图 6–36 所示，某企业内部已经为每一名员工配置了专门的员工助手，员工可以个性化定制专属于自己的员工助手。

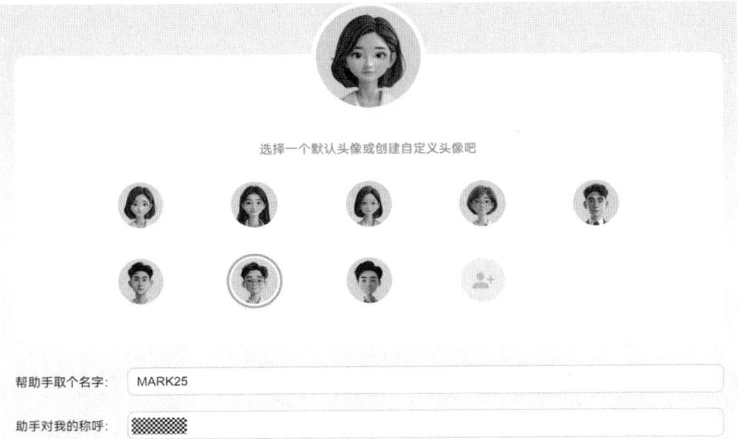

图 6–36　自定义员工助手

如图 6–37 所示，当前的员工助手主要提供了以下几个方面的能力。

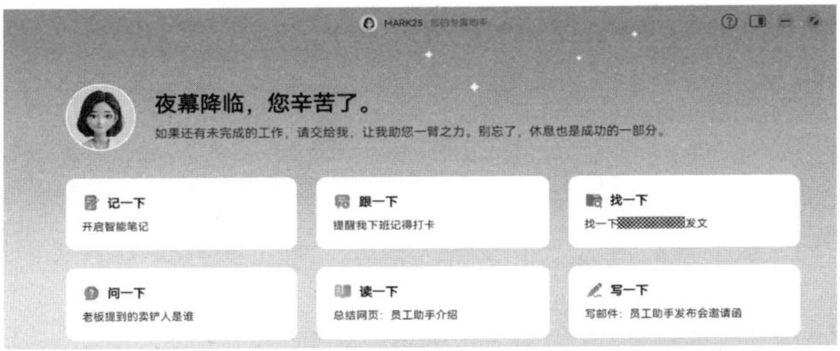

图 6–37　员工助手能力分类

（1）智能笔记：如图 6–38 所示，在会议、谈话中开启智能笔记功能，员工可以更专注于会议本身，而无须过多关注会议纪要。会议可以更加聚焦，工作也会更加轻松，多语言的功能使世界各地的朋友可以愉快交流。

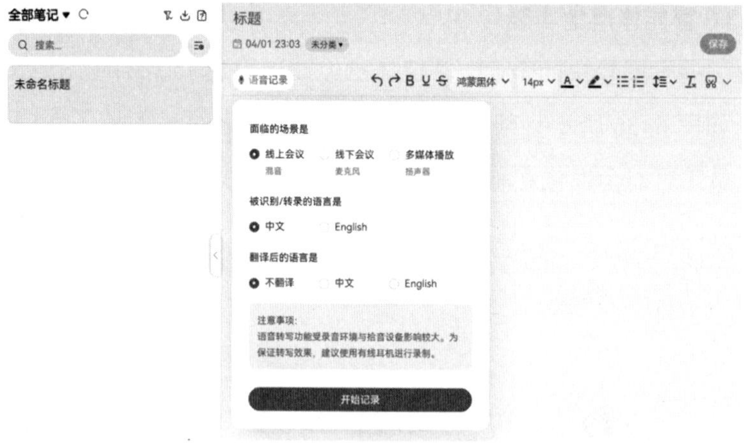

图 6-38　智能笔记

（2）工作提醒：在日常工作生活中，大家肯定都遇到过临时有突发事件需要处理导致错过会议的情况。如图 6-39 所示，有了员工助手的提醒功能，将降低此类事件发生的概率。员工助手不仅可以及时发出提醒，甚至连哪位领导参与会议都可以详细告知。

图 6-39　工作提醒

（3）知识问答：即使是经验丰富的老员工，也会遇到记不起历史信息或找不到历史文件的情况。如图 6-40 所示，有了模型和 AI 就无须担心这个问题，有问题随时可以提问。

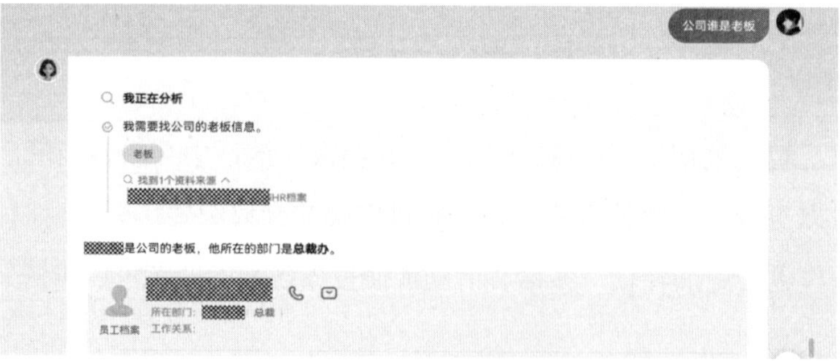

图 6-40　知识问答

（4）文档助手：在日常工作中，写活动策划、项目分析等文稿是我们的常见事务，如图 6–41 和图 6–42 所示，这类基础的文字工作都可以交给员工助手来协助完成。

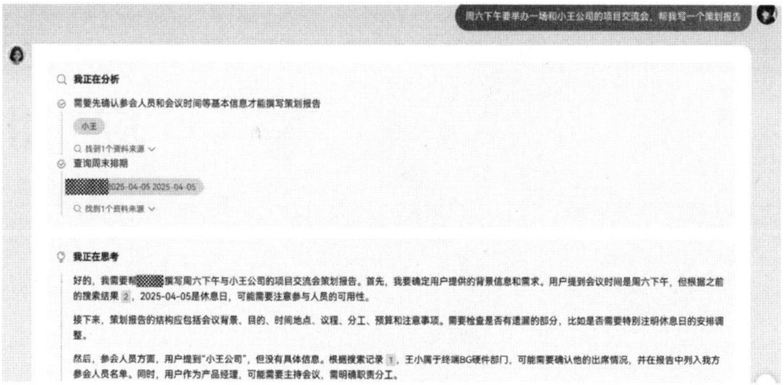

图 6–41　文档助手

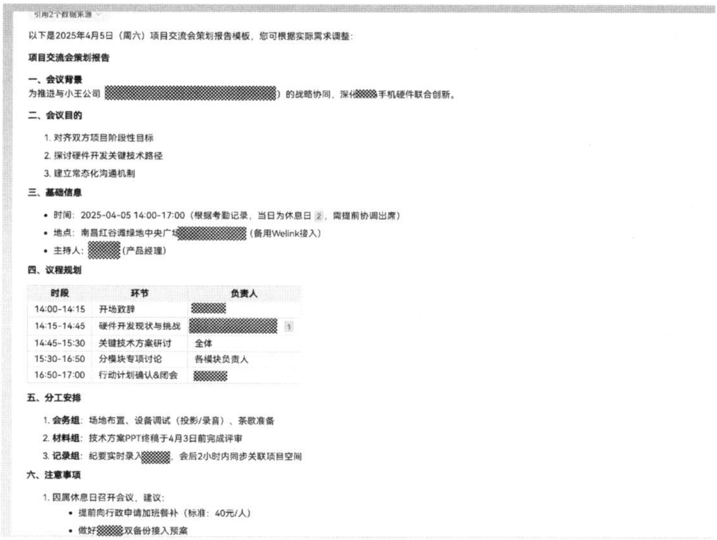

引用2个数据来源

以下是2025年4月5日（周六）项目交流会策划报告模板，您可根据实际需求调整：

项目交流会策划报告

一、会议背景

为推进与小王公司[redacted]）的战略协同，深[redacted]手机硬件联合创新。

二、会议目的

1. 对齐双方项目阶段性目标
2. 探讨硬件开发关键技术路径
3. 建立常态化沟通机制

三、基础信息

- 时间：2025-04-05 14:00-17:00（根据考勤记录，当日为休息日 2，需提前协调出席）
- 地点：南昌红谷滩绿地中央广[redacted]（备用Welink接入）
- 主持人：[redacted]（产品经理）

四、议程规划

时段	环节	负责人
14:00-14:15	开场致辞	[redacted]
14:15-14:45	硬件开发现状与挑战	[redacted] 1
14:45-15:30	关键技术方案研讨	全体
15:30-16:50	分模块专项讨论	各模块负责人
16:50-17:00	行动计划确认&闭会	[redacted]

五、分工安排

1. **会务组**：场地布置、设备调试（投影/录音）、茶歇准备
2. **材料组**：技术方案PPT终稿于4月3日前完成评审
3. **记录组**：纪要实时录入[redacted]，会后2小时内同步关联项目空间

六、注意事项

1. 因属休息日召开会议，建议：
    - 提前向行政申请加班餐补（标准：40元/人）
    - 做好[redacted]双备份接入预案

图 6–42　文档生成结果

目前在大模型训练过程中，不管是知识学习还是绘图学习等，其实仍有大量微调工作要做。所以我们要充分认识到，目前阶段的大模型仅可作为一个发挥不太稳定的高级助手。它具备非常高的上限，然而下限有时也很低，生成的结果可能会让人哭笑不得。这里对大模型应用的讲解仅仅以启发读者兴趣为主，大模型的更多功能、能力大家可以去互联网搜索体验。

应用编

第7章 数字生活

随着信息化发展的日新月异，在这个由数据和信息构建的数字世界中，我们的日常生活方式也逐渐融入了数字元素。无论身处何地，我们得以即时捕获各类信息，尽情享受科技带来的便捷服务。信息化发展不仅提升了生活的便利性，更在无形中拓宽了我们的生活边界，使数字生活成为现代社会发展的重要组成部分。

7.1 数字生活基本常识

在数字化时代背景下，人们应当了解和掌握一些基础知识和技能。首先，要学会如何安全地使用互联网和各类数字设备，确保在进行在线购物和支付时能够保护资金安全；其次，应熟练掌握利用数字技术，实现高效的远程交流和学习；最后，至关重要的是要学会保护个人隐私和数据安全，避免信息泄露和滥用。这些知识和技能不仅是数字化时代生活的必备素养，更是保障个人权益不受侵害的重要基础。

7.1.1 概述

数字生活是以数字技术和互联网为基础构建的一种现代化生活方式。在这种生活方式中，人们利用智能手机、电脑和其他智能设备，通过各类应用软件和在线平台，实现信息的快速获取、交流与分享，享受便捷的在线购物、支付、娱乐和学习等服务。数字生活打破了时间和空间的限制，同时也推动了社会的数字化转型和发展。

7.1.2 变革

数字生活的变革是一场深刻的社会转型，它以数字技术和互联网的迅猛发展为驱动力，将传统的生活方式逐渐重塑。时空的隔阂被消除，全球因而愈发紧密相连，这场数字生活的变革催生了新的经济模式和社会形态，标志着人类社会正式迈入了数字化的新时代。

7.1.2.1 工作方式的变革

在数字化时代的浪潮推动下，工作方式正在经历前所未有的变革。互联网技术的飞速发展，不仅使得信息传播更加高效，也彻底改变了人们的工作习惯和环境。

（1）远程办公的兴起：随着网络技术的进步，远程办公成为可能。人们不再受限于特定的办公空间，可以在家或其他地点高效地完成工作。

（2）数字化协作工具：电子邮件、即时通信软件和在线协作平台等数字化工具，大大提高了团队协作的效率。

7.1.2.2 交流模式的转变

随着数字技术的迅猛发展，交流模式也在不断演变。社交媒体、即时通信和视频会议等工具的普及,使得人与人之间的沟通变得更加即时和便捷。

（1）社交媒体的盛行：社交媒体平台（如微信、微博等），使人们能够轻松地分享生活、交流想法，形成了全新的社交网络。

（2）信息获取的即时性：通过互联网，人们可以迅速获取全球范围内的新闻和信息，极大地拓宽了视野。

7.1.2.3 生活习惯的改变

在数字化时代，我们的生活习惯正快速转变，许多日常活动变得更加便捷和高效。购物、支付和娱乐方式的改变，不仅提升了生活的便利性，也影响了我们的消费习惯和社交互动。

（1）电子商务的普及：网络购物已成为日常生活的一部分，人们可以足不出户地购买全球商品。例如，中国农村地区的电子商务收入已达到显著水平，显示了数字生活对乡村经济的深远影响。

（2）数字支付的便捷性：移动支付、网上银行等数字支付方式，使人们的财务交易更加便捷。

（3）在线娱乐的丰富性：在线游戏、视频流媒体服务等数字娱乐形式，为人们的生活增添了更多乐趣。

7.1.2.4 教育与医疗的数字化

在线教育和电子医疗服务使得获取知识和医疗资源变得更加容易。通过互联网，学生可以随时随地学习，医生也能够通过视频咨询为患者提供及时的医疗建议。这些变化不仅提升了服务的可及性和效率，也在一定程度上改变了我们对学习和健康管理的认知。

（1）在线教育的兴起：网络课程和远程教育打破了地域限制，让更多人有机会接受优质教育。

（2）电子医疗记录与健康管理：医疗数据的数字化使得诊断和治疗更加高效准确，同时也有助于个人健康管理。

7.1.3 进程

从最初的计算机诞生，到互联网的普及，再到如今大数据、云计算、人工智能等技术的飞速发展，我们生活的每一个角落都留下了数字技术的印记。数字生活的进程是一个不断演进和深化的过程，它随着科技的发展和人们对便捷、高效生活的追求而不断推进。

7.1.3.1 数字生活的起源与初期发展

数字生活的起源可以追溯到 20 世纪 40 年代和 50 年代计算机技术的诞生。这一时期，计算机主要用于军事和科学计算，体积庞大且价格昂贵，操作也需要专门的培训。

到了 20 世纪 90 年代，互联网的发展标志着数字生活进入了一个新的阶段。互联网使得人们能够以前所未有的方式进行连接和交流，为数字内容的产生和传播提供了广阔的平台。

7.1.3.2 数字生活的快速发展与普及

近年来，智能手机和其他移动设备的激增极大地推动了数字生活的发展。智能手机允许人们随时随地访问互联网和各种数字内容，使得数字生活更加便捷和个性化。

随着数字技术的不断发展，其应用领域也从互联网行业向政府、金融、零售、农业、工业、交通、物流、医疗健康等行业领域深入。政府、零售业等成为受云计算、人工智能、物联网等新技术影响最深的行业领域。

7.1.3.3 数字生活对社会生活的影响

数字技术彻底改变了人们之间的通信方式。现在，人们可以通过社交媒体、即时通信工具等从世界任何地方实时与他人联系和交流。

数字技术也推动了商业模式的创新。许多企业依靠数字工具和平台来管理运营、与客户沟通以及销售产品和服务，实现了更高效的商业运作。

在线教育平台的兴起使得教育资源得以共享，人们可以从世界任何地方获得教育资源和学位，打破了地域和时间的限制。

数字技术为人们提供了更多样化的娱乐方式。流媒体服务和在线平台使得人们可以随时随地观看电影和电视节目、听音乐或进行其他娱乐活动。

7.1.4 意义

数字生活的意义是多维度的，它深刻地影响着我们的生活方式、信息交流、经济社会发展以及人与人之间的联系。

数字生活极大地提升了生活便捷性，使我们能够借助互联网和数字技术轻松驾驭从购物支付到社交娱乐的各类活动，彰显出无与伦比的高效与舒适。此外，数字生活还极大地促进了信息的全球共享与快速流通，使我们能够即时洞悉世界风云，加速知识的交融与文化的互鉴。在经济领域，数字生活为创新创业搭建了宽广平台，催生了众多新兴行业和商业模式，为社会经济发展注入了蓬勃活力。尤为重要的是，数字生活在优化生活质量的同时，还通过社交媒体和通信手段加深了人与人之间的情感联系，构建了一个更加紧密且开放的社会网络。

7.2 数字生活常用场景

在这个数字化高速发展的时代，数字技术与我们的生活已经密不可分。从清晨的闹钟叫醒，到夜晚的智能家居陪伴，数字技术无处不在。接下来，就让我们一起走进数字生活的常用场景，探索那些改变我们日常生活的科技奇迹。

7.2.1 智能家居

智能家居的应用相当广泛，例如，当你下班回家，智能家居系统会自动为你打开门，调节室内温度，点亮柔和的灯光，并播放你最爱的轻音乐，营造出轻松舒适的回家氛围。又或者在你准备观看电影时，只需一键操作，智能家居就能迅速调整窗帘、灯光和音响，为你打造沉浸式的家庭影院体验。早晨醒来时，窗帘会自动打开，让阳光温暖你的房间，同时音响里播放出轻快的音乐，而咖啡机也已为你准备好香浓的咖啡。到了晚上，智能家居会自动调整卧室环境，为你提供一个宁静、舒适的睡眠空间。此外，当你外出时，系统会自动关闭不必要的电器，启动安防监控，确保家的安全。在节能减排方面，智能家居也能智能调控家中电器，实现绿色生活。

7.2.2 数字支付

数字支付，也称网络支付或电子支付，是指通过互联网或移动设备进行资金转移和支付的方式。在数字生活中，它已成为一种主流的支付方式。

（1）手机支付：手机支付是数字支付的一种常见形式，它利用手机上的支付应用完成支付过程。无论是线上购物还是线下实体店支付，手机支付都提供了极大的便利。消费者可以通过手机扫码或 NFC 功能进行快速支付，这种方式已经成为现代生活的重要组成部分。

（2）数字人民币支付：数字人民币是人民币的数字化形式，由中国人民银行发行，采用区块链技术的“数字货币”，具有与现金同样的效力。

（3）生物识别支付：生物识别支付是利用生物识别技术进行身份验证并完成支付的方式。这种支付方式的安全性较高，因为每个人的生物特征都是独一无二的，目前主流的生物识别支付方式如下所示。

①指纹支付：利用每个人的指纹纹路的独特性进行身份验证和支付。用户将指纹信息与支付账户绑定后，只需通过指纹传感器验证指纹即可完成支付。

②面部识别支付：通过摄像头捕捉用户的面部特征并进行身份验证。用户对准摄像头后，系统通过人脸识别算法快速验证身份，并实现支付。

③虹膜支付：基于人眼中虹膜的独特纹理进行身份验证的支付方式。通过扫描虹膜图像，系统可以高精度地识别用户身份，进而完成支付过程。

④声纹支付：根据每个人的声音特征进行身份验证的支付方式。用户通过语音输入，系统提取和识别声音特征以验证身份并实现支付。

⑤手掌纹支付（包括掌纹和掌静脉识别）：基于每个人手掌纹路的独特性进行身份验证。用户将手掌放置在专用设备上，系统通过识别手掌纹路或静脉特征完成支付。

7.2.3 数字文娱

在数字化浪潮的推动下，数字技术的融入不仅让传统娱乐形式焕发出新的活力，更催生出无数新颖、独特的文化娱乐体验。数字文娱的应用场景广泛且多样，主要体现在以下几个方面。

（1）博物馆：观众可以通过 VR 头盔进入虚拟博物馆空间，获得丰富的信息和感官体验；AR 技术则能提供文物上的叠加数字信息，增强理解并提高兴趣。例如，扬州的中国大运河博物馆，利用数字技术打造了沉浸式体验型景点。

（2）图书馆：VR 技术让读者快速浏览图书馆实景，AR 技术引导读者找到书籍并提供背景信息。

（3）剧院、电影院：VR 提供虚拟座位选择和虚拟舞台布景，裸眼 3D 投影打造立体视觉效果。

（4）文化展览馆、艺术节：VR 构建虚拟展览空间，AR 展示虚拟艺术作品，裸眼 3D 投影打造震撼视觉效果。

（5）数字人：如虚拟偶像或数字代言人，通过音乐和MV等形式与观众互动，提供全新的艺术体验。

（6）数字街区与文化旅游：在历史文化街区，运用数字科技打造沉浸式夜游、展览、演艺等体验空间，如福州的数字街区展示带。

7.2.4 数字社交

数字社交是通过信息技术和互联网平台实现的一种社交方式，它打破了时间和空间的限制，让人们可以随时随地进行互动交流。此外，数字社交还推动了社交应用的创新发展，如元社交、开放生态和元宇宙、生成式AI技术的结合，为用户带来了全新的社交体验。以下是一些主要的数字社交应用场景。

（1）手机与电脑端的应用：手机和电脑上的社交应用提供了便捷的即时通信功能，如文字聊天、语音通话和视频聊天等。社交平台如微信、QQ等，还集成了支付、购物、信息获取等多种功能，使社交更加便捷和多元化。

（2）元社交：元社交是指在虚拟世界中进行的社交活动，用户可以在虚拟空间中创建自己的角色，与其他用户进行互动。这种形式的社交打破了现实世界的限制，让用户能够以全新的身份和方式与他人交流。

（3）开放生态：开放生态的社交平台允许第三方开发者在其基础上开发新的应用和功能，从而丰富社交体验。用户可以在这些平台上找到各种有趣的应用和插件，满足个性化的社交需求。

（4）元宇宙：元宇宙是一个虚拟的共享空间，用户可以在其中进行各种社交活动，如参加虚拟派对、观看虚拟演唱会等。在元宇宙中，用户可以以全新的方式表达自己，与他人建立独特的社交关系。

（5）AI在数字社交中的应用：AI技术为数字社交带来了许多创新功能，如智能推荐好友、自动回复消息、语音转文字等。AI还可以用于分析用户的社交行为，为用户提供更个性化的社交体验。例如，根据用户的兴趣和历史行为，推荐可能感兴趣的人和话题。

7.2.5 数字购物

作为线上购物的一种现代化形式，数字购物进一步强调了数字化技术在购物过程中的运用。通过先进的搜索算法、个性化推荐系统以及安全的电子支付方式，消费者可以更容易地找到符合自己需求和喜好的商品，享受更加便捷的购物流程。同时，数字购物也推动了零售业的创新和变革，为商家提供了更多与消费者互动和营销的机会。其应用场景主要体现在以下几个方面。

（1）线上商城购物：消费者可以通过电商平台如淘宝、京东、天猫等，在任何地点、任何时间进行商品的浏览和选择。这些平台通常提供丰富的商品种类，从日常生活用品到高端电子产品等一应俱全。消费者可以体验到方便快捷的搜索、对比、购买过程，以及多样化的支付方式和快速的物流配送。

（2）智慧商圈和数字化消费场景：在一些大型商业区和购物中心，商家积极拥抱数字技术，创造出智慧商圈。例如，通过 AR、VR 等前沿技术融入消费场景，提供视听感官交互模式的升级体验，如裸眼 3D 广告、智慧灯柱等。这些数字化消费场景不仅提升了消费者的购物体验，还为商家提供了精细化的数据管理手段。

（3）直播电商：直播电商作为数字购物的新兴形式，通过实时的视频直播来展示和销售商品。消费者可以在直播间与主播互动，了解商品详情，并享受直播专属优惠。数据显示，直播电商市场规模在持续增长，成为数字购物领域的一大亮点。

（4）个性化推荐与智能导购：许多电商平台利用大数据和人工智能技术，为消费者提供个性化的商品推荐。智能导购系统能够根据消费者的购物历史和偏好，推荐合适的商品，提高购物的便捷性和满意度。

7.3 数字生活创新展望

随着科技的不断进步，数字生活的创新展望引领着我们迈向全新的未来。从智能家居到增强现实，从人工智能助手到可穿戴设备，数字技术将全方位地融入我们的日常生活，提升我们的便利性和效率。

7.3.1 趋势

数字生活，作为这个时代的鲜明特征，正以其独特的魅力改变着我们的生活方式。从智能家居的便捷操作，到个性化服务的精准匹配，再到健康管理的科技赋能，数字生活的趋势日益明显，且不断推动着社会的创新与进步。

7.3.1.1 智能家居与智能设备的普及

随着物联网和AI技术的发展，智能家居设备越来越普及。智能家居系统能够通过学习用户的习惯，自动调整家居环境（如温度、光照等），从而提高居住的舒适性。同时，智能音箱、智能电视等设备也成为家庭中的常见配置，它们可以通过语音或手势进行控制，为用户提供了更加便捷的交互方式。

7.3.1.2 大数据与个性化服务

随着大数据技术的发展，企业将更加注重收集和分析用户数据，以提供更精准的个性化服务。例如，电商平台可以根据用户的购物历史预测其喜好，并推荐相关产品。

7.3.1.3 数字支付与虚拟货币的普及

移动支付和数字货币的使用将越来越广泛，成为人们日常生活中不可或缺的支付方式。这将带来更加便捷、安全的交易体验。

7.3.1.4 增强现实（AR）和虚拟现实（VR）技术的应用

AR技术将在现实世界中叠加虚拟信息，丰富互动体验。VR技术将提供沉浸式虚拟体验，如虚拟旅游、会议和培训等。

7.3.1.5 数字技术在医疗领域的应用

远程诊断、智能监测等技术将改善医疗服务质量。个性化医疗方案将基于大数据分析变得更加精准和有效。

7.3.1.6 跨境电商和农村电商的崛起

跨境电商将保持快速增长，成为外贸重要新生力量。农村电商在完善物流体系的支持下将取得积极进展。

7.3.1.7 政企 IT 架构的中台化

为打破数据割裂和提高智能决策程度，政企将采用中台化 IT 架构。这将实现业务数据的快速搭建和新业务场景的灵活部署。

7.3.1.8 数据安全与隐私保护

随着数据广泛采集和使用，数据隐私和安全问题将愈发重要。政府和企业需遵守相关法律法规和规范，个人也需增强数据安全意识。

7.3.2 总结

数字生活，如今已成为我们时代的鲜明印记，它如同一股不可阻挡的潮流，将我们引领进一个全新的世界。在这个世界中，数字化技术赋予了生活无限的可能与便捷,让我们在繁忙的现代生活中找到了新的节奏与乐趣。

数字生活的魅力，在于它打破了时空的限制。无论身处何地，只要有网络，我们就能与世界保持紧密的联系。视频会议、在线教育、远程医疗等新型应用模式，让我们在享受便捷服务的同时，也感受到了科技带来的温暖与关怀。

此外，数字生活还为我们提供了丰富的娱乐选择。音乐、电影、游戏等数字化内容，让我们的生活更加多姿多彩。在忙碌的工作之余，这些娱乐活动成为我们放松心情、释放压力的最佳选择。

然而，数字生活并非完美无缺。在享受其便利的同时，我们也应警惕网络安全、隐私保护等问题。只有合理利用数字技术，才能确保我们的数字生活更加安全、健康。

总之，数字生活已经成为我们时代的标志，它如同一把“双刃剑”，既给我们带来了前所未有的便捷与高效，也对我们提出了新的挑战。在未来的日子里，让我们携手共进，共同探索数字生活的无限可能。

第8章 数字学习

8.1 数字学习基本常识

在当今这个被数字技术深度渗透的时代，数字生活不仅重塑了我们的生活方式，更悄然开启了数字学习的新纪元。数字学习是数字时代获取知识和技能的重要方式，其正以前所未有的力量，改变着知识的获取途径与学习模式，其重要性日益凸显。作为数字素养的核心组成部分，数字学习不仅打破了传统教育的时空限制，还通过技术手段实现了教育资源的广泛共享与个性化配置。本章旨在深入探讨如何通过数字学习这一新兴学习方式引领我们迈向更加高效、个性化的知识探索之旅。数字学习通过大数据、人工智能等技术，能够精准分析学习者的需求与行为，为其量身定制学习路径，从而提升学习效率与效果。同时，数字学习还强调互动性与协作性，借助在线平台和工具，学习者可以跨越地域限制，与全球范围内的同伴和专家交流合作，拓宽视野与思维。此外，数字学习还注重培养学习者的数字素养，包括信息检索、评估、创造与分享的能力，使其在数字时代能够更好地驾驭知识，应对复杂多变的社会环境。通过数字学习的深入实践，学习者不仅能够实现个人成长与发展,还能为构建终身学习型社会贡献力量。

8.1.1 概述

20 世纪 90 年代初，早期的计算机辅助教学（CAI）开始尝试将技术应用于数字学习领域，尽管受限于硬件和软件的发展，起初成效不尽如人意，但其开创性意义不可忽视。随着个人电脑的普及和互联网技术的初步发展，教育信息化开始进入人们的视野。这一阶段，学校和教育机构主要是通过建立计算机教室、使用教育软件和简单的多媒体设备来探索信息技术在数字学习中的应用。进入 21 世纪，宽带互联网的普及彻底改变了知识传播的方式，网络课程和在线资源的出现打破了地理和时间的限制，远程教育成为可能，数字学习开始走向全球化。同时，在线教育资源的丰富和教学管理系统的发展，使得在线教学成为可能。在这一阶段，数字学习开始体现在更广泛的范围，不仅包括教学活动，还包括学习管理、学校管理以及家校交流等多个方面。

随着移动互联网、云计算、大数据和人工智能等新技术的兴起，数字学习进入深化阶段。在线学习平台的兴起，使得优质教育资源得以大规模共享，学习变得更加开放和灵活。这一阶段标志着数字学习从技术引入和应用转向深度融合和创新应用，学习个性化、智能化成为主要发展方向。移动学习、翻转课堂、智能教辅系统、在线开放课程等新模式和新方法逐渐普及。

当前，数字学习正处于一个整合与创新的新阶段。这一阶段的特点是在全面深化应用的基础上，通过技术的整合创新，实现数字学习的根本性变革。数字学习的发展便借助了教育信息化整合与创新的能力，利用数字工具和平台进行教育和学习。这种学习方式可以包括在线课程、虚拟教室、数字教材、移动学习应用、游戏化学习以及使用各种交互式技术的混合学习模式。同时，人工智能和大数据技术的应用使得个性化学习成为现实，系统能够根据学习者的行为和需求提供定制化的学习内容和路径。近年来，虚拟现实（VR）和增强现实（AR）等沉浸式技术的引入，进一步拓展了数字学习的边界，为学习者提供了更加直观和互动的学习体验，打破了传统教育的时空限制，为个性化学习和终身学习提供了更多可能性。

此外，数字学习资源可以在任何时间、任何地点被访问，提高了学习的灵活性和便捷性。例如，通过数据分析和人工智能技术，数字学习平台能够提供个性化的学习体验，根据学习者的进度、偏好和强弱点调整教学内容和节奏。数字学习工具常常包含丰富的多媒体元素和交互式功能，如视频、动画、模拟实验等，有助于提高学习者的参与度和学习效果。数字学习平台在在线协作方面也有很好的表现，使学习者能够在虚拟环境中与同伴或教师交流和合作，促进知识的共享和创新。对于教师来讲，数字学习平台能够提供即时的教学反馈和评估，帮助教师更好地了解自己的教学进展和需要改进的地方。

从最初的计算机辅助教学到如今的智能化、个性化学习生态，数字学习的演变不仅反映了技术的进步，更体现了教育理念的深刻变革。随着技术的不断进步，数字学习将继续演化，为数字素养提升创造更多创新的方式和可能。

8.1.2 变革与影响

数字学习的发展和普及对教育领域产生了深远的变革和影响，这些变化不仅涉及教学方法和学习模式，也包括教育观念和管理方式的更新。首先，数字学习打破了传统课堂的时空限制，学习者可以通过在线平台随时随地获取知识，极大地提高了学习的灵活性和可及性。其次，教学方法从以教师为中心的课堂讲授逐渐转向以学生为中心的个性化学习，借助大数据和人工智能技术，教育者能够精准分析学生的学习需求和行为，为其量身定制学习路径，从而提升学习效果。此外，数字学习还推动了教育资源的共享与开放，MOOCs（大规模开放在线课程）等平台的兴起使得优质教育资源得以全球共享，促进了教育公平。在教育观念上，数字学习强调终身学习和自主学习的重要性，鼓励学习者主动探索和构建知识体系。同时，教育管理方式也因数字化技术的引入而变得更加高效和透明，学校和教育机构可以通过信息化系统优化资源配置、跟踪教学进度和评估学习成果。总之，数字学习不仅改变了知识的传播方式，还重塑了教育的整体生态，为教育领域的创新与发展注入了新的活力。接下来具体介绍数字学习的深度变革对教育的传授者和学习者带来的影响。

8.1.2.1 学习方式的变化

传统的大规模集中化教学以教师为中心，其统一的课程内容和教学进度使学生被动接受知识，缺乏个性化的关注和灵活的学习路径。然而，随着数字技术的普及和教育理念的更新，学习方式逐渐向个性化、自主化、协作化、沉浸式学习方向发展。此外，学习反馈的实时性和准确性也不断提高。

（1）个性化学习：通过大数据和人工智能技术，深入分析学习者的学习需求、兴趣和能力，为其量身定制学习内容和进度。这种方式打破了传统“一刀切”的教学模式，使每个学习者都能按照自己的节奏高效学习。例如，智能学习平台可以根据学习者的答题情况实时调整题目难度，推荐合适的学习资源，从而实现学习效果最大化。个性化学习不仅提升了学习效率，还增强了学习者的学习动力和自信心。

（2）自主学习：自主学习强调学习者的主动性和独立性，学习者可以根据自己的兴趣和目标选择学习内容，并制订个性化的学习计划。数字学习平台提供了丰富的资源和工具，如在线课程、电子书和学习管理系统，帮助学习者自主管理学习过程。这种方式培养了学习者的自我驱动能力和终身学习习惯，使其在快速变化的数字时代中能够持续适应和发展。

（3）协作学习：协作学习借助在线平台和社交工具，打破了地域限制，使学习者能够与全球范围内的同伴和专家交流合作。通过团队项目、在线讨论和资源共享，学习者可以共同构建知识体系，解决复杂问题。这种方式不仅提升了学习者的沟通与协作能力，还促进了跨文化和跨学科的学习体验，培养了团队精神和创新思维。

（4）沉浸式学习：利用虚拟现实（VR）、增强现实（AR）等技术，沉浸式学习为学生提供互动式和沉浸式的学习体验。例如，通过 VR 技术，学生可以“走进”历史场景或科学实验室，直观地感受抽象概念。这种学习方式不仅增强了学习的趣味性和实践性，还帮助学生更好地理解和应用知识，特别适用于复杂技能的训练和跨学科的学习。

（5）反馈式学习：数据驱动的学习反馈通过实时跟踪学生的学习进度和表现，提供即时反馈和建议。学习平台可以分析学生的答题情况、学习时长和互动行为,生成详细的学习报告,帮助学生及时调整学习策略。同时，教师和管理者可以通过数据分析优化教学设计和资源配置，提升整体教学效果。这种方式使学习更加科学化和精准化，为个性化学习和教育决策提供了有力支持。

8.1.2.2 教学模式的创新

数字学习技术与教育的深度融合催生了多种新型教学模式，如混合式学习将线上与线下教学有机结合，翻转课堂颠覆传统教学流程，项目式学习以实践为核心，智能化教学通过人工智能实现个性化辅导，以及社交化学习通过在线社区促进知识分享与协作。这些创新模式不仅打破了传统教育的时空限制，还使学习更加个性化、实践化和互动化，极大地提升了学习效率和效果。同时，它们也重新定义了教师的角色和学生的学习方式，推动了教育理念的更新和教育生态的优化。在这一新阶段，数字学习正以技术为驱动，以学生为中心，为未来教育的发展开辟了更加广阔的空间。

（1）混合式学习模式：混合式学习将线上与线下教学有机结合，充分发挥两者的优势。在线学习提供灵活的资源获取和自主学习机会，而线下课堂则注重互动与实践，教师可以通过面对面的指导解决学生的个性化问题。这种模式不仅提高了学习效率，还增强了学生的参与感和实践能力，成为当前教育领域的主流趋势。

（2）翻转课堂模式：翻转课堂颠覆了传统的教学流程，学生通过在线资源在课前自主学习知识，课堂时间则用于讨论、实践和解决问题。这种模式将教师从知识传授者的角色转变为学习引导者，学生成为课堂的中心，通过互动和协作深化对知识的理解。翻转课堂不仅提升了课堂效率，还培养了学生的批判性思维和问题解决能力。

（3）项目式学习模式:它以实际问题或项目为核心,学生通过团队合作、资源整合和实践操作完成学习任务。数字技术为项目式学习提供了丰富的工具和平台，例如在线协作工具、虚拟实验室和数据分析软件。这种模式强调学习的实践性和应用性，帮助学生在真实情境中掌握知识，并培养创新能力和团队协作精神。

（4）智能化教学模式：人工智能技术的应用使教学模式更加智能化。智能教学系统可以根据学生的学习数据实时调整教学内容和方法，提供个性化的学习路径和即时反馈。例如，智能辅导系统能够识别学生的学习难点并推荐针对性的练习，虚拟助教可以回答学生的问题并提供学习建议。智能化教学不仅提高了教学效率，还使学习更加精准和高效。

（5）社交化学习模式：社交化学习强调通过社交网络和在线社区进行知识分享与协作。学生可以通过社交媒体、论坛和协作平台与同伴、专家互动，共同解决问题和构建知识体系。这种模式不仅拓展了学习的边界，还培养了学生的沟通能力和协作精神，使学习变得更加开放和多元化。

8.1.2.3 教育资源的丰富和开放

在当前技术迭代的促进下，数字学习对教育资源的丰富和开放带来了深远的影响，推动了教育生态的全面变革。首先，教育资源的数字化与多样化使学习内容从传统的纸质教材和课堂讲授转变为电子书、在线课程、视频讲座、互动模拟和虚拟实验室等多种形式，极大地提升了学习的灵活性和实用性。其次，开放教育资源（OER）和大规模开放在线课程（MOOCs）的普及，使优质教育资源得以全球共享，打破了地域和经济限制，促进了教育公平。再次，人工智能和大数据技术的应用，使教育资源能够根据学生的学习行为和需求进行智能推荐，实现个性化学习。最后，数字技术使教育资源能够快速更新和优化，确保学生获取的是最前沿的知识。这些影响共同推动了教育资源的丰富与开放，为实现教育公平和终身学习奠定了坚实基础，重塑了教育的未来。

（1）教育资源的数字化与多样化：数字技术使教育资源从传统的纸质教材和课堂讲授转变为多样化的数字形式，包括电子书、在线课程、视频讲座、互动模拟和虚拟实验室等。这些资源不仅内容丰富、形式多样，还能够根据学生的学习需求进行动态调整。例如，视频课程可以随时暂停和回放，虚拟实验室可以模拟复杂的科学实验，极大地提升了学习的灵活性和实用性。

（2）开放教育资源的普及：开放教育资源和大规模开放在线课程的兴起，使优质教育资源得以全球共享。无论是哈佛大学、麻省理工学院等顶尖学府的课程，还是专业机构提供的技能培训，都可以通过互联网免费或低成本获取。这种开放性打破了教育资源的地域和经济限制，使更多人能够享受到高质量的教育，促进了教育公平。

（3）个性化学习资源的智能推荐：人工智能和大数据技术的应用，使教育资源能够根据学生的学习行为和需求进行智能推荐。例如，学习平台可以分析学生的学习进度、兴趣和薄弱环节，自动推荐适合的学习材料和练习题目。这种个性化推荐不仅提高了学习效率，还增强了学生的学习动力和满意度。

（4）教育资源的可持续更新与优化：数字技术使教育资源能够快速更新和优化。例如，在线课程可以根据最新的研究成果和行业动态实时更新内容，确保学生学到的是最前沿的知识。同时，通过用户反馈和数据分析，教育资源可以不断优化，提升教学效果和学习体验。

8.1.2.4 教育公平的推进和挑战

（1）数字学习为推动教育公平提供了诸多机遇，尤其在教育资源的开放性、灵活性和个性化方面展现了显著优势。

①打破地域限制，扩大教育覆盖范围：数字学习通过互联网技术，使优质教育资源能够跨越地理边界，覆盖到偏远地区和资源匮乏的地方。无论是乡村学校的学生，还是发展中国家的学习者，都可以通过在线课程和开放教育资源获取与发达地区同等质量的教育内容。这种突破性发展为教育公平提供了技术基础，使更多人能够获得高质量教育的机会。

②降低教育成本，提升可及性：数字学习显著降低了教育的经济门槛。在线课程和开放教育资源通常以免费或低成本的形式提供，减少了传统教

育中高昂的学费、教材费和交通费。此外,数字学习还支持灵活的学习方式,使在职人员、家庭主妇和有特殊需求的学习者能够根据自己的时间安排学习，进一步提升了教育的可及性。

③个性化学习促进教育公平：通过大数据和人工智能技术，数字学习能够为不同背景和能力的学生提供个性化的学习支持。例如，智能学习平台可以根据学生的学习进度和需求推荐适合的资源，帮助弱势群体学生弥补学习差距。这种个性化支持使每个学生都能获得适合自己的学习机会，从而促进教育公平。

（2）数字学习带来了数字鸿沟、学习质量控制和教师适应等挑战，亟须通过政策、技术和教育体制等多方面改进，确保数字教育资源能够真正惠及每一位学生。

①数字鸿沟加剧教育不平等：尽管数字学习为教育公平带来了机遇，但数字鸿沟问题仍然存在。在一些贫困地区，缺乏稳定的互联网连接、电子设备和电力供应，导致学生无法充分利用数字学习资源。此外，数字技能的差异也使部分学生难以适应在线学习模式，进一步加剧了教育不平等。

②教育资源的质量与适用性问题：虽然数字学习提供了海量资源，但资源的质量和适用性参差不齐。一些在线课程可能缺乏系统性和深度，无法满足学生的学习需求。此外，文化差异和语言障碍也可能使部分资源难以被特定群体有效利用，从而影响教育公平的实现。

③隐私与数据安全问题：数字学习的普及带来了隐私和数据安全的隐患。学生的学习数据可能被不当使用或泄露，影响学生的合法权益。此外，数字平台的算法偏见也可能导致资源分配不公。例如，某些学生可能因数据偏差而被系统忽略或低估。

8.1.2.5 教育评价和管理的变革

新一轮科技革命驱动的数字学习正在重塑教育评价与管理体系，推动教育体系向数据化、智能化、个性化方向深度转型。在人工智能、大数据、云计算等技术的协同驱动下，教育场景中的数据采集从离散的阶段性测试升级为全流程动态追踪，学习行为、认知轨迹、情感反馈等非结构化数据通过物联网传感器与智能终端实时汇聚，构建起覆盖“教、学、评、管”全链条的数字基座。同时，数字学习的智能化转型体现为教育决策的范式跃迁，即机器学习算法能对千万量级的教育数据进行模式识别，这可为教师提供学情预警与差异化教学建议，也能为管理者输出资源配置的最优解。

（1）对教育评价的影响

①智能化评估系统：随着人工智能技术的发展，传统的教育评价方式逐渐向智能化方向转变。智能评估系统能够实时跟踪学生的学习进度、行为模式和学习成绩，根据学生的个人特点和学习需求提供动态评估。这种个性化的评价方式不再依赖单一的考试成绩，而是通过多维度的数据分析，全面反映学生的学习情况，从而提高评价的精准度和全面性。

②即时反馈与自我调整：数字学习平台能够实时收集学生的学习数据，并提供即时反馈，帮助学生发现学习中的薄弱环节和不足之处。这种即时反馈的机制不仅有助于学生自我调整学习策略，还促进了教师的个性化教学，使教学过程更加灵活和高效。此外，学生和教师之间的互动也得到加强，从而改善了学习体验和教学效果。

③学习成果的多维评价：数字技术使得评价不仅包括传统的知识掌握程度，更涵盖了学生的综合能力，如问题解决能力、创新思维、团队协作能力等。通过项目式学习、在线测试、讨论区互动等形式，学习成果可以从多个维度进行评估，从而更加全面地反映学生的实际能力和发展潜力。

（2）对教育管理的影响

①数据驱动的教育管理：数字化学习环境的建设使得学校和教育管理部门能够通过大数据分析学生和教师的各类行为数据，从而实现教育管理的精准化。教育决策者可以根据实时数据了解教育资源的分布、教学效果和学生的学习需求，作出更加科学、合理的决策。例如，学校可以根据数据分析调整课程安排、优化师资配置、提高教学质量，确保教育资源的合理利用。

②个性化教育路径的管理：数字技术使得教育管理不再是“一刀切”的模式，而是根据每个学生的学习轨迹和需求进行个性化的管理。学生的学习进度、兴趣和能力差异能够被精确记录并反馈给教师，从而使教师能够为每个学生设计个性化的学习路径。这种管理方式不仅有助于提高学生的学习效率，也能够促进其个性化发展，推动教育公平的实现。

③灵活的教学组织和管理：数字学习工具的应用使得教学不再局限于传统的课堂形式，教育管理部门可以灵活组织多种教学方式，如在线学习、混合式教学和翻转课堂等。通过数字平台，教师和学生可以突破时间和空间的限制，开展异地协作和跨区域教学，从而提升教育管理的灵活性和适应性。

在新一代技术革命的浪潮下，数字学习正在从根本上改变教育的各个方面。它提供了更加灵活、个性化的学习方式，学生可以根据自身需求选择最适合的学习资源和节奏，突破了传统教育时间和空间的限制。教学模式从传统的面对面教学转向线上、混合式和自定进度的形式，进一步提高了教学的互动性和效率。教育资源的数字化和开放化使得优质的教育资源得以全球共享，尤其是开放教育资源和大规模开发在线课程的兴起，有助于打破地域和经济的壁垒，推动教育公平的发展。

同时，数字学习也推动了教育评价和管理的深刻变革。借助人工智能、大数据等技术优势，教育评价可以从多个维度对学生的学习成果进行精准评估，实现更高效的个性化教学。教育管理可以通过数据驱动和动态调整来确保教育资源的合理配置和高效使用。然而，这些变革在带来积极影响的同时，也伴随着技术普及、数字鸿沟、数据隐私等问题的挑战。为挖掘数字学习的最大潜力，必须积极落实教育技术的普及与公平接入，提升教师的技术素养，并确保数据安全与隐私保护，以实现数字教育在全球范围内的公平性与可持续性。

8.2 数字学习应用

本部分主要针对数字画布的应用与学生学习的融合进行阐述。数字画布是一种先进的数字化学习工具，它通过提供一个互动式的在线空间，让学生们能够共同创作、展示、分享和管理学习内容。这一工具支持文本、图像、视频以及网页链接等多种格式的内容展示，使得信息的呈现更加丰富和多样。数字画布的协作功能让团队成员不受地理位置的限制，能够实时地共同编辑、讨论和反馈，极大地增强了学习的互动性和协作性。此外，数字画布还具备高度的灵活性和可定制性，用户可以根据自己的学习需求，设计并调整学习空间的布局和功能，如一键分组、AI 助手支持等，极大地提升了学习的效率和效果。无论是用于个人学习整理、团队项目协作，还是课堂教学互动，数字画布都提供了一个高效、便捷、创新的学习解决方案。

8.2.1 自主学习

在当今数字化时代，个人自主学习已成为提升自我竞争力的关键。随着信息技术的迅猛发展，传统的学习模式已无法完全满足现代学习者对知识获取的多样化需求。数字画布作为一种创新的数字学习应用，通过构建无限维度的数字空间，为学习者提供了一个高度自由和个性化的自主学习环境。在这个空间中，学习者可以突破地理和时间的限制，随时随地进入一个充满可能性的知识世界。无论是探索科学、艺术、历史，还是技术领域，数字画布都能通过其强大的技术支持，将抽象的概念具象化，将复杂的信息结构化，帮助学习者更直观、更深入地理解知识。

数字画布不仅提供了无限维度的学习空间，还整合了主流数字学习资源，如电子书、在线课程、学术论文、视频教程等，形成了一个丰富多样的知识库。学习者可以根据自己的兴趣和需求，自由选择和组合这些资源，定制个性化的学习路径。此外，数字画布还引入了 AI 大模型助手，为学习者提供智能化的学习支持。AI 助手能够根据学习者的学习进度、知识掌握情况和学习偏好，实时推荐适合的学习内容，解答疑难问题，甚至提供个性化的学习建议。这种智能化的学习方式，不仅提高了学习效率，还激发了学习者的学习兴趣和动力，使他们在探索知识的过程中找到乐趣,逐步培养起自主学习的习惯和能力。通过数字画布的支持，学习者能够更高效地掌握知识、提升技能，迈向更高层次的知识探索与自我实现。

在具体的数字学习实践中，数字画布可从课前预习资料整理、课堂笔记记录和数字学习档案三个方面支持学生开展自主学习。通过无限维度的数字空间，学生可以在课前充分访问和整理相关学习资源，完成知识储备;在课堂中，借助 AI 大模型助手实时记录重点内容并生成结构化的笔记，提升学习效率；同时，数字学习档案可长期记录学生的每一次学习轨迹、成果与反馈，帮助教师和家长全面了解学情，为后续教学提供个性化指导。

8.2.1.1 课前预习资料整理

数字画布作为个人自主学习中不可或缺的工具，尤其在课前预习中发挥着重要作用。它不仅便于预习资料的整理与展示，还极大提升了学习效率。本部分将深入探讨数字画布如何助力课前预习的资料上传与标记。

（1）资料上传

学生使用数字画布进行课前预习，可以有效提升学习的主动性和深入性。通过数字画布可以上传多种格式的学习资料，这使得学习不再局限于传统的文本和图片，学生可以根据自己的学习内容和风格，选择 PPT、PDF、Word、音视频、图片、网页链接等多样化的资料进行预习。这样的多媒体学习材料更能吸引学生的注意力，增加学习的趣味性，同时也能够帮助学生从不同角度和深度理解和掌握课程内容。此外，通过与多种媒体内容的互动，学生能够更好地培养自己的信息筛选、整合和分析能力，为课堂学习打下坚实的基础。

如图 8–1 所示，在数字画布中上传关于“傅里叶变换”的图片和视频素材进行课程导入学习，并设置预习疑问汇总区域。

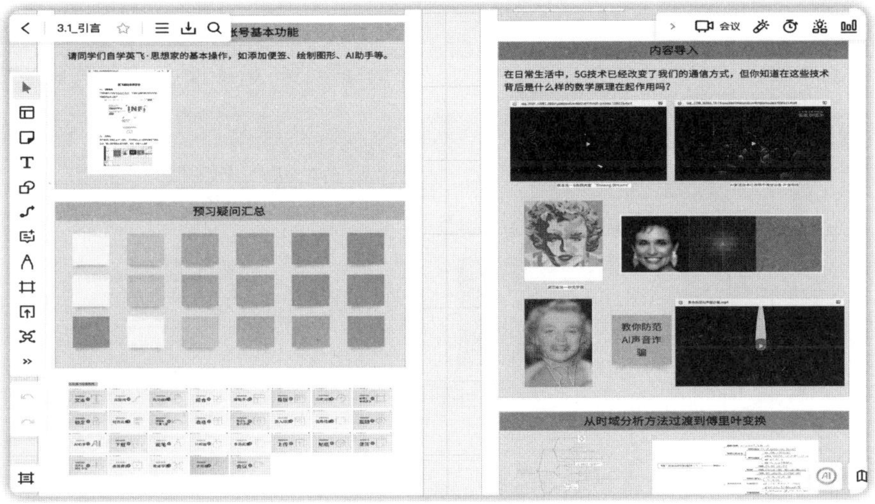

图 8–1　课前资料整理

（2）资料标记

在利用数字画布开展课前预习资料整理的过程中，如图 8–2 所示，学生可以高度灵活地在画布的任意位置进行批注，或者选择上传文件中视频的特定一帧进行详细标注。批注功能不仅支持多种格式——包括文字、语音、图片以及其他文件类型，而且随着文档翻页，相关批注内容也会相应移动，保持与原批注点的关联性。此外，通过一个集中的批注列表，学生可以快速查看当前画布空间的所有批注信息，点击列表中的条目即可直接跳转至相应批注位置，这大大提高了预习资料整理的效率和便捷性。该系统还提供选项以隐藏所有批注或仅隐藏已解决的批注，确保了学习界面的整洁性，同时方便学生根据需要对批注进行有效管理和学习准备。借助数字画布，学生可通过文字、语音、上传文件、批注等方式对各种学习资料进行标记。

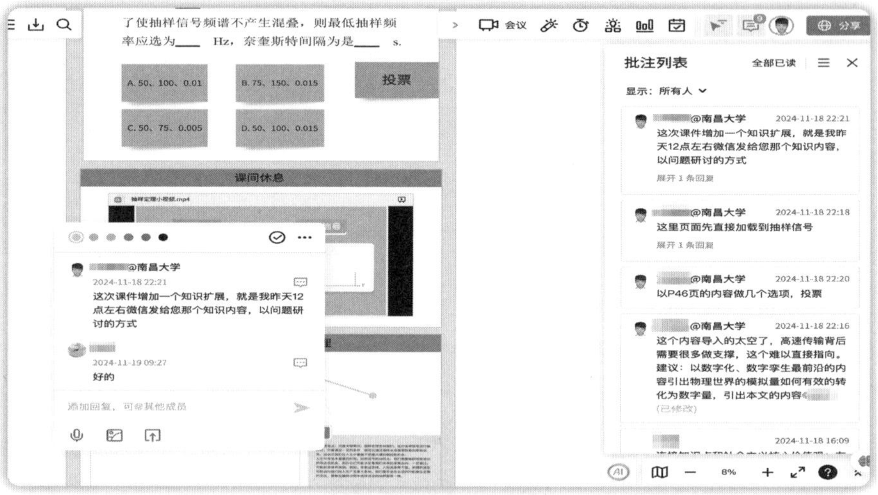

图 8–2　数字空间资料标记

8.2.1.2 课堂笔记记录

数字画布作为一种新兴工具，凭借其无限扩展性、直观可视化和易于编辑的特点，正逐渐成为学生们记录课堂知识的得力助手，让学习更加高效、便捷且富有创意，可以方便地进行课堂笔记记录及知识要点概括。

（1）便捷记录

在数字画布的支持下，学生能够以更加灵活和高效的方式进行课堂学习与互动。借助丰富的工具集，包括文本框、便签等多样化组件，学生可以直接在教师课件上进行操作。如图 8–3 所示，学生可以对课件内容进行拆分，在特定页面添加个人批注或提问；同时也可以在独立的笔记区域记录学习心得，随时调整笔记布局和内容，轻松实现信息的插入、删除或重组。这种直接的操作方式不仅使笔记结构更加清晰有序，还便于学生在课堂上实时标记重点内容，并通过离线提问功能将疑惑及时记录下来，方便课后整理与反馈。数字画布的强大功能让学生能够更专注于知识的理解与吸收，同时也为教师提供了深入了解学生学习动态的便捷途径，从而促进教学效果的提升。

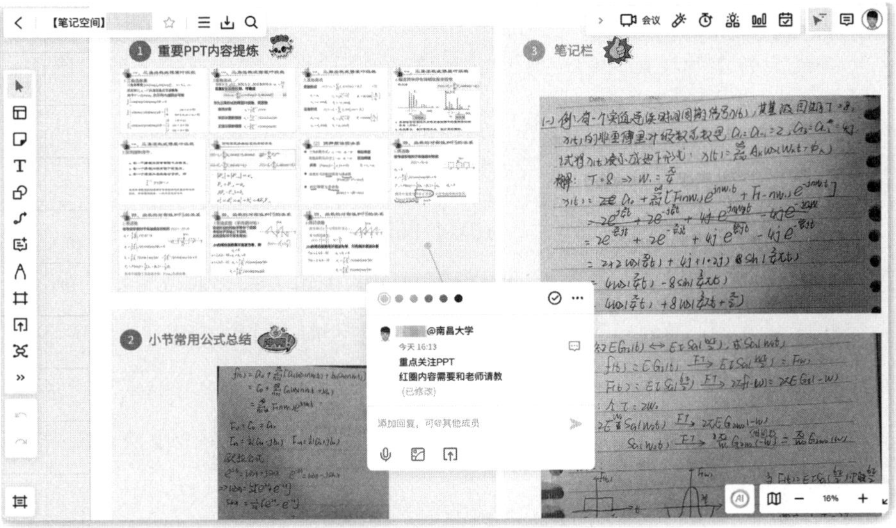

图 8–3　课堂笔记随心记

（2）快速总结概括课堂要点

学生在数字画布上借助思维导图和流程图功能，能够以更加高效和直观的方式总结课堂要点。这一工具通过图形化的展示方式，如图 8–4 所示，通

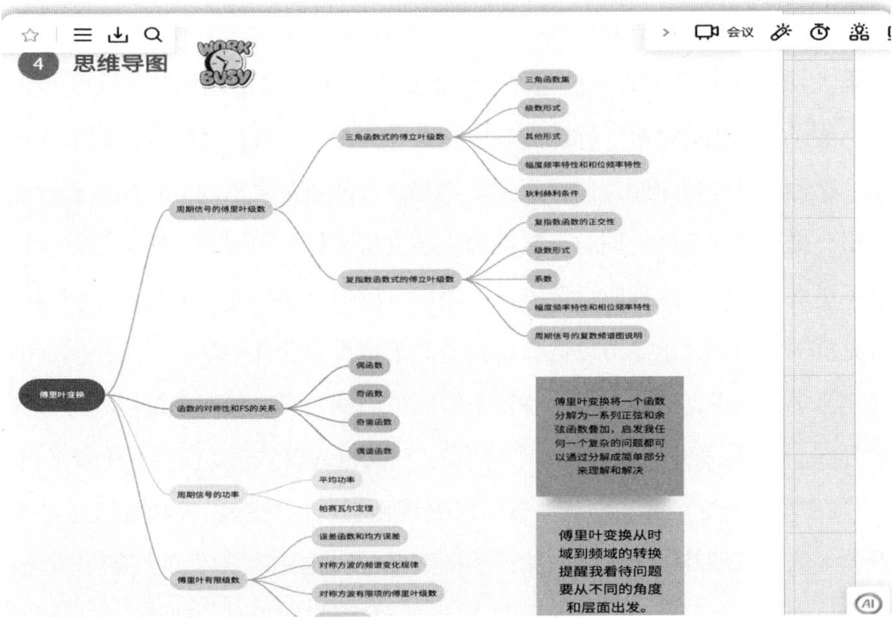

图 8–4　AI 赋能的笔记整理

过画布集成的 AI 插件帮助学生将复杂的知识点转化为清晰的视觉结构，从而提升学习效率并拓展理解深度。借助灵活的拖拽、添加注释以及连线操作，学生可以轻松构建知识框架，梳理不同概念之间的关联性，使得抽象的信息变得易于掌握。

这种以视觉化为主导的学习方式不仅能够捕捉课堂上的关键概念、原理和过程，还能帮助学生更直观地识别信息间的逻辑关系。通过丰富的颜色、布局和样式选项，学生可以自由设计个性化的思维导图和流程图，使复杂的知识结构变得更加直观易懂。这种方式不仅能激发学生对学习的兴趣，还能为课后复习提供清晰的学习路径。例如，学生可通过 AI 助手快速地将笔记内容转化成思维导图。

8.2.1.3 数字学习档案

（1）笔记留存

在数字学习的背景下，数字格式的笔记凭借其高效便捷的特点，为学生提供了持久且动态的学习档案，成为支持学生日常学习和复习准备的重要工具。这种以数字形式记录的学习内容不仅便于长期存储，还能随时查阅，帮助学生系统性地整理知识点，强化记忆与理解。更为重要的是，数字画布的强大功能远不止于此。它允许学生根据个人需求灵活调整和优化笔记内容，通过个性化的排版、标注和层级划分等方式，更好地适应不同的学习风格。这种高度的可定制性使得每位学生都能以最适合自己的方式记录和管理知识，提升学习效率。同时，数字画布还支持多样化的互动功能，为教学提供了更多可能性。在权限设置方面，用户可以根据实际需求灵活调整档案的可见范围。例如，学生可以选择将自己的笔记设为公开分享，与其他同学共同交流学习心得，或者仅限于特定小组成员之间共享，便于小组讨论与协作学习。这种权限管理机制既保护了学生的隐私，也为教学互动提供了更多便利。

在师生互动方面，数字画布同样展现出独特的优势。教师可以通过查看学生笔记了解其学习进展和知识掌握情况，及时给予针对性的反馈与指导；学生也能通过教师标注的学习重点或批注，加深对知识点的理解，实现更高效的学习效果。这种双向互动不仅增强了课堂参与度，也为个性化教学提供了有力支持。此外，数字画布还支持跨设备同步功能，无论是在教室、图书馆，还是在家中，学生都可以随时访问自己的学习档案，进行笔记的更新与完善。这种无缝衔接的学习体验极大地提升了学习的灵活性和效率。总之，数字画布不仅是一个强大的知识记录工具，更是一个开放且富有创造力的教学平台。它通过灵活的功能设置和丰富的互动形式，为学生、教师之间的交流互动开辟了更多渠道，助力教学效果的提升和学习目标的实现。

以电子信息类专业平台课“信号与系统”为例，如图 8-5 所示，展示了南昌大学信息与通信工程系教学团队搭建的课程笔记空间，包括课程资源分享、优秀作业展示、作业答疑区等子空间。

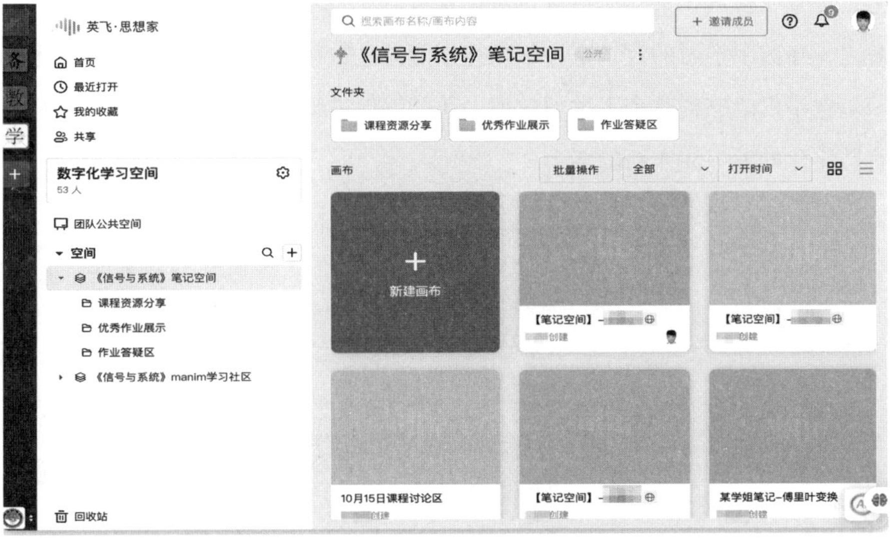

图 8–5　学生数字档案和学习空间

（2）信息搜索

动态的、结构化的笔记方式不仅能够帮助学生在复习时快速定位到关键点，提高学习的针对性和有效性，而且也为后续的知识整理和信息搜索提供了重要的基础。在数字化学习环境中，信息搜索和管理能力变得尤为重要。通过智能分类、标签化管理和关键词检索等，数字档案能够实现高效的信息提取与关联，从而更好地支持学生的学习需求。例如，在复习过程中，学生可以通过设置的关键词快速筛选出相关笔记内容，或者根据知识层级结构清晰地了解知识点之间的逻辑关系。这种便捷的操作不仅提升了学习效率，还能够让学生更专注于理解和应用知识，而非在烦琐的信息查找中浪费时间。此外，数字档案的灵活性使其能够适应不同的学习场景：无论是针对某一门课程的重点复习，还是跨学科的知识整合，都能够通过精准的信息搜索实现高效学习的目标。

同时，信息搜索功能不仅仅服务于个人学习，还能够为教学互动提供支持。如图 8–6 所示，教师可以通过分析学生笔记中的关键词和知识点分布，了解学生的知识掌握情况，并据此优化教学策略；学生之间也可以通过共享笔记标签或检索相关知识点进行协作学习，进一步加深对知识的理解和记忆。总之，在数字学习的背景下，信息搜索能力是数字档案管理与使用的关键环节。它不仅能够提升个人学习效率，还能够促进师生互动、生生互动，为教育数字化的发展注入新的活力。

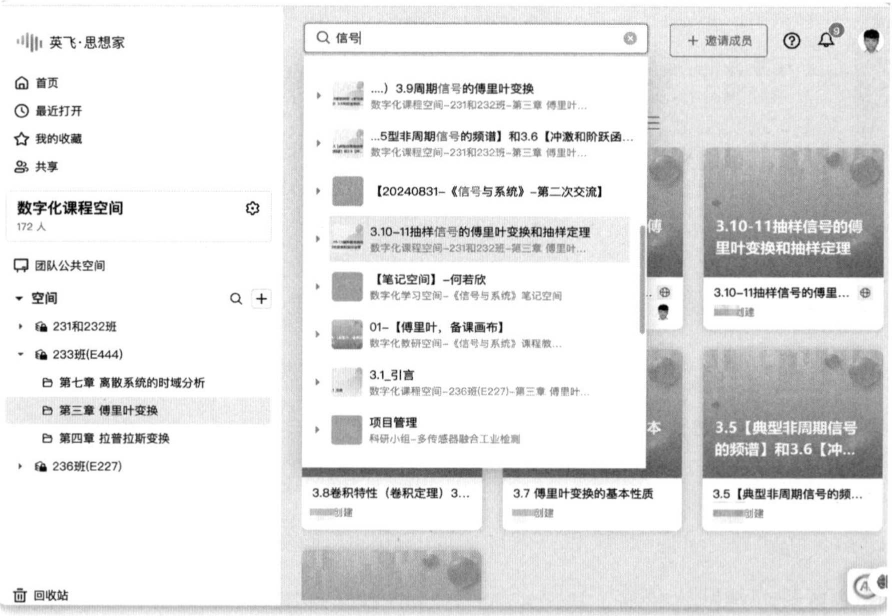

图 8–6　数字学习空间检索阅览

8.2.2 团队学习

在团队学习中，数字画布通过资料共享、想法表达、远程协作、分组合作以及 AI 助手等功能，为学生提供了高效协同的学习环境。借助无限维度的数字空间，团队成员可以实时共享学习资源，并通过图形化工具自由表达和整合各自的思路与创意；即使在远程条件下，也能实现无缝协作，确保每位参与者都能即时互动并贡献自己的见解。同时，分组合作功能支持教师灵活分配任务，帮助学生分工明确、协同完成学习目标，而 AI 助手则能为团队提供智能化的支持，如实时翻译、数据分析和内容生成等，进一步提升团队学习的效率与质量。

8.2.2.1 资料共享

在团队学习中，学生使用数字画布可以一站式共享多种格式的学习资料，通过数字画布，团队成员可以轻松上传、整理和分享不同格式的学习资料，如 Word、PDF、PPT、图片、音视频等，确保了学习资料的多样性和丰富性。一站式共享不仅简化了资料管理的流程，提高了团队协作的效率，而且促进了团队成员间的知识共享和互补。这种集成化的学习方式有助于团队成员快速获取所需资料，减少查找和转换格式的时间，从而专注于学习内容的深入讨论和实践应用。通过数字画布的共享功能，团队学习变得更加高效、便捷和富有成效。

以电子信息类专业平台课“信号与系统”为例，如图 8-7 所示，南昌大学信息与通信工程系教学团队通过构建电子教材、思政资源、激发学习兴趣素材库、课件与案例库等多样化的教学资源库，为团队学习提供丰富的教育资源支持，从而为数字学习注入新的活力。首先，这些资源库为教师提供了更为灵活的教学工具，使课堂内容更加生动有趣，同时也能根据学生的需求快速调整教学策略。其次，在团队学习中，数字化资源的共享与协作功能极大提升了学习效率。例如，通过素材库激发学生的兴趣和创造力，利用案例库进行分析讨论，帮助学生更好地理解和应用知识。此外，思政资源的融入不仅加强了课程的思想政治教育功能，也为团队成员提供了价值观引导和精神塑造的重要途径。电子教材等资源的便捷性和可拓展性，则为个性化学习、跨学科融合以及教学创新提供了有力支撑，从而推动数字学习团队在知识获取、协作交流和实践应用等方面取得更显著的成效。

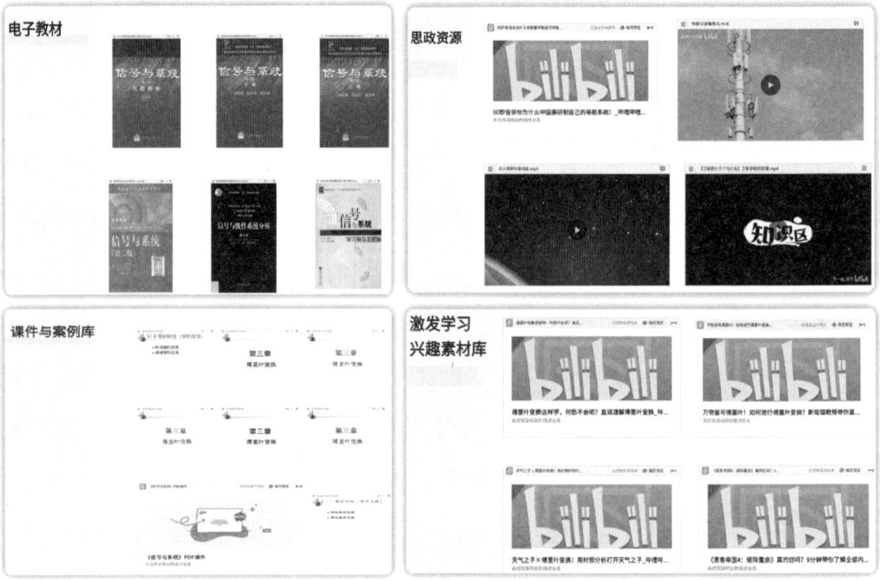

图 8–7 丰富资源共享

8.2.2.2 想法表达

在团队学习中，学生通过数字画布使用便签、批注等方式，能够精准表达自己的想法和意见。便签和批注功能允许学生在特定的学习内容旁边直接写下自己的观点或建议，使意见表达更具针对性和即时性。如图 8–8 所示，这种方式克服了口头交流可能存在的误解或遗漏，确保每个团队成员都能接收到并清晰理解其他成员的观点。再者，数字画布上的便签和批注支持多媒体格式，如文字、图片、语音等，这些都为学生提供了多样化的表达手段，使其能够根据自己的喜好和习惯选择最合适的表达方式。并且，这些便签和批注可以被其他团队成员实时查看和互动，从而促进了团队内的深入讨论和协作。

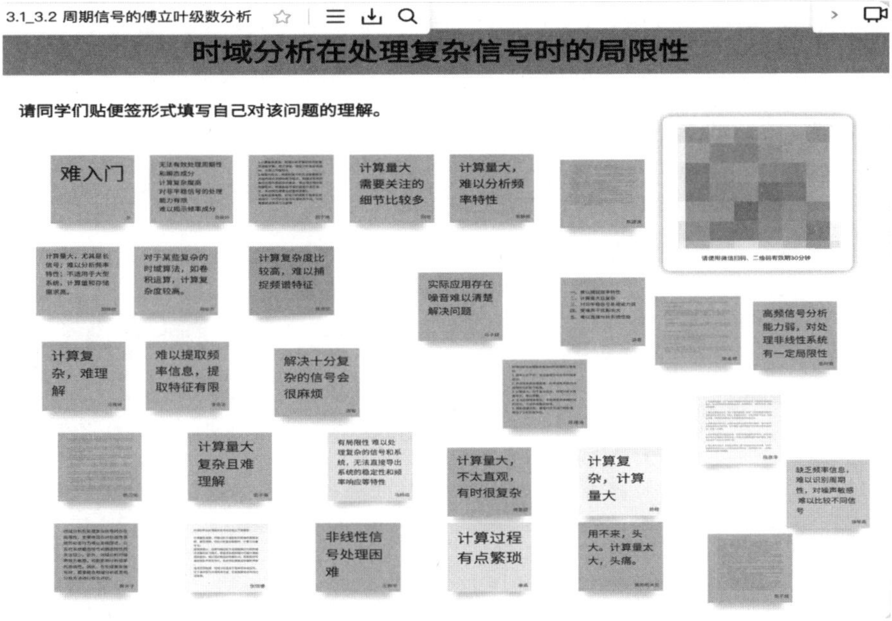

图 8–8 即时互动和想法表达

8.2.2.3 远程协作

不同于当前主流的商业化在线会议平台，数字画布不仅能够提供远程协同和会议讨论功能，还能通过其独特的设计极大地提升团队协作效率。团队成员无须安装任何第三方会议软件，即可随时随地开启音视频功能，轻松加入会议并进行高效的远程协作。在会议过程中，团队成员可以直接基于共建内容展开深入的线上线下讨论，这种无缝衔接的工作模式不仅增强了互动性，还确保了讨论内容与实际项目目标的高度关联。

数字画布的强大功能体现在其智能化的会议管理模块中。如图 8–9 所示，主持人可以灵活控制参会者的权限，如允许或限制屏幕分享、聊天发言等，从而更好地维护会议秩序。同时，用户还可以自定义音视频设置，以适应不同的网络环境和使用需求。更重要的是，数字画布提供的“跟随视觉”功能能够确保所有参与者同步关注讨论的核心内容，这种直观的视觉引导机制显著提升了团队协作的整体效率。

通过这种方式，数字画布不仅打破了传统在线会议平台在操作复杂性和功能单一性上的局限，还为团队提供了更加灵活、高效和个性化的协作体验。无论是项目讨论、头脑风暴，还是方案评审，团队成员都能借助数字画布实现快速沟通与决策，从而推动项目的高效进行。这种创新的协作模式尤其适用于教育场景，能够为师生提供更丰富的互动方式，支持线上线下混合式教学的深入开展。

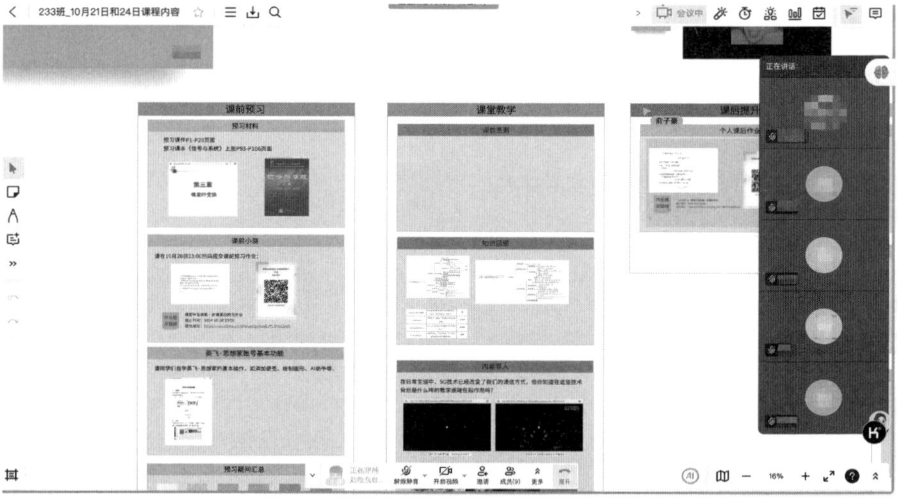

图 8–9　远程协作

8.2.2.4 分组合作

在团队学习中，数字画布提供的一键分组功能极大地提高了协作效率，为学生和教师团队提供了高效、灵活的分组合作平台。这一功能不仅能够快速将团队成员按照不同的标准或需求进行分组，还减少了传统手动分配的时间成本，使团队成员能够更专注于核心任务。通过这种智能化的分组方式，团队成员之间的专业交流和合作得以更加顺畅地展开，从而提升了整体协作的质量。特别值得一提的是，一键分组功能的动态调整特性为团队协作提供了极大的灵活性。当团队结构或需求发生变化时，成员可以轻松调整分组设置，确保团队协作始终与实际任务保持高度契合。

这种灵活的分组机制尤其适合教师团队开展有组织的科研和学习兴趣小组进行竞赛、作品开发等活动。如图 8–10 所示，在科研项目中，教师可以根据研究模块的需求快速重组团队；在学习兴趣小组中，学生可以基于不同技能或兴趣动态调整分组，从而更高效地完成竞赛任务或共同开发创新作品。此外，一键分组功能还支持多种分组标准和需求，例如按学科领域、研究方向或项目角色进行划分，这种多样化的分组方式能够更好地满足不同场景下的协作需求。通过这种方式，数字画布不仅为团队学习提供了强大的技术支持，还为教师团队的科研合作和学生小组的学习实践注入了新的活力，推动了教学与科研过程中团队学习效率的整体提升。

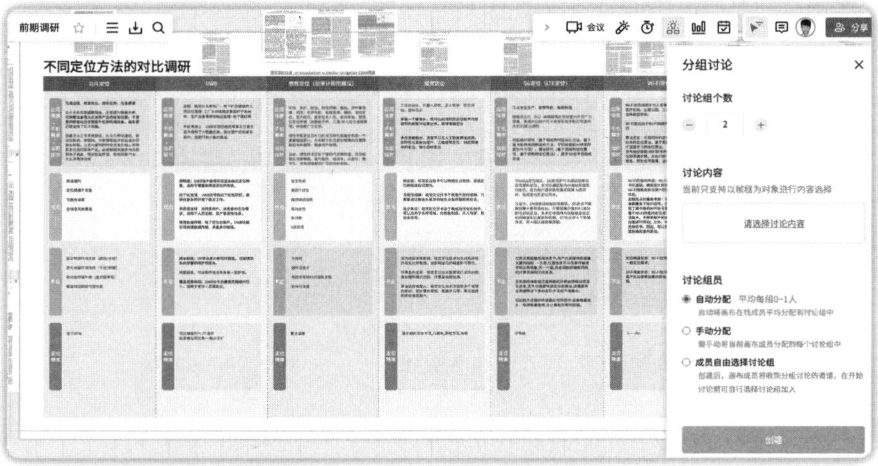

图 8-10　在线分组合作

8.2.2.5 AI 助手

人工智能类的 AI 助手在学生学习方面的应用正变得越来越广泛，该工具主要通过优化学习过程、提供个性化学习体验和提升学习效率等方式帮助学生。如图 8–11 所示，在团队学习过程中，用户可以利用 AI 助手进行高效的信息查询、翻译以及内容归纳总结、生成 PPT 等工作。

在团队协作中，AI 助手还可以自动生成结构化的 PPT 演示文稿，根据输入的内容快速生成美观的幻灯片，帮助团队高效完成展示任务。这种智能化的支持不仅减轻了学生的负担，还为他们节省了更多时间专注于思考和创新。例如，在准备学术报告或项目展示时，学生可以通过 AI 助手快速整理资料、生成大纲,并优化内容结构,从而将更多的精力投入讨论和实践环节中。此外,AI 助手还能通过分析学习数据,为学生提供个性化的学习建议和反馈,帮助他们发现薄弱环节并制订针对性的学习计划。在团队合作中,AI 助手还可以协助分配任务、跟踪进度,并根据每个成员的能力和兴趣推荐适合的工作内容,从而提高团队的整体协作效率。这种智能化的支持不仅提升了学生的自主学习能力,也为教师提供了更多时间和精力专注于教学设计和创新。随着技术的不断进步,AI 助手的功能将更加多样化和智能化,为数字学习带来更多可能性。无论是学生还是教师,都可以借助这些智能工具实现更高效、更深入的学习与合作,推动教育领域的持续发展。

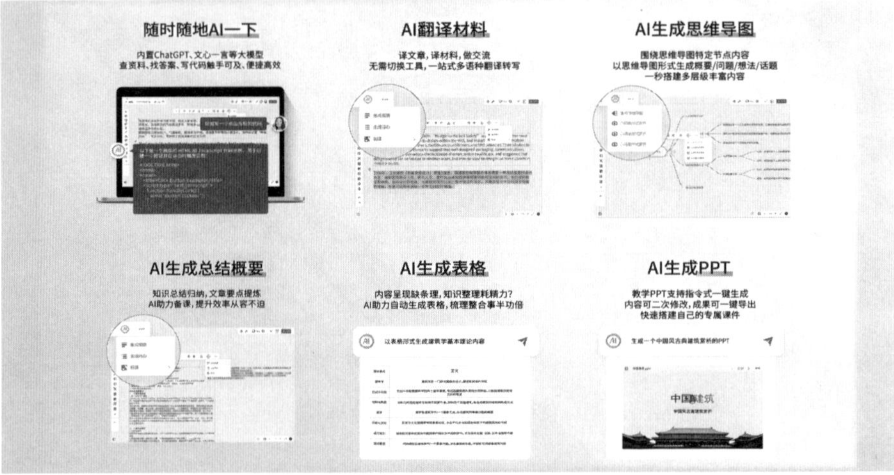

图 8-11　数字空间 AI 工具预览

以高等数学课程为例,学生学习泰勒公式相关知识的过程中可能会涉及泰勒公式的概念、性质、计算方法、与其他数学知识的联系以及在实际问题中的应用等方面。在课堂学习中,教师讲解的重点多在于泰勒公式知识点的具体计算方法等,在其他方面的讲解较为笼统,对于其历史背景、行业生产应用、与其他知识的联系等方面可能不会重点讲解。通过 AI 助手这种智能数字学习工具,学生可灵活地对泰勒公式相关知识进行学习。例如,先通过 AI 助手生成思维导图,从学习框架上厘清学习的脉络。

（1）AI 生成思维导图

学生能够借助内置的 AI 助手对泰勒公式知识进行学习并快速生成可编辑的思维导图，这大大提升了学习效率和深度。这种方式不仅帮助学生在可视化界面中组织和链接知识点，还能促进创新思维和深层次理解。利用思维导图，学生可以更容易地捕捉课堂要点、整理复杂信息和构建知识体系，从而实现更高效、系统的学习。

如图 8–12 所示，它是按照对泰勒公式的理解、推导、应用实例、与其他数学概念的关系、实践学习等方面进行脉络梳理生成的思维导图。对于学生而言，首先要学习的必然是该知识点的概念，但是由于高等数学中的知识多为抽象化的公式，通过 AI 助手将抽象化的公式转变成容易被理解的具象物是数字学习的一个重要实际场景。

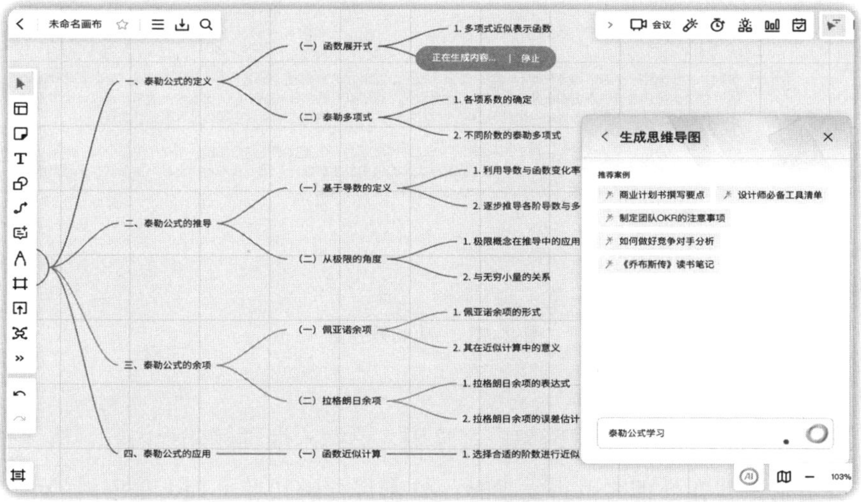

图 8–12　AI 赋能思维导图

（2）AI 问答

学生借助人工智能问答系统进行学习，能够显著提升学习效率和质量。AI 提供的实时、精准的信息检索和问题解答功能，能帮助学生快速找到所需资料和答案，节省大量时间。同时，即时的反馈机制使学生能够迅速理解复杂概念并解决疑惑，加深对知识点的理解和记忆。此外，这种基于 AI 的学习方式鼓励学生采取主动学习的态度，培养他们自主探索和研究的能力，为终身学习奠定了坚实的基础，并为未来的教育发展开辟了更多可能性。例如，学生在学习泰勒公式知识时，首先想去了解该公式的概念或者形象化的表述，便可通过 AI 助手提问，输入“形象化地描述泰勒公式的概念”，如图 8–13 所示。AI 助手便会将复杂的数学公式转化成日常生活容易理解的事物或物品，将抽象的概念具象化，让学生的学习和理解变得便捷且容易，逐步地将细小的概念和碎片化的知识联系起来，让学习的兴趣和效率都得到有效提升。

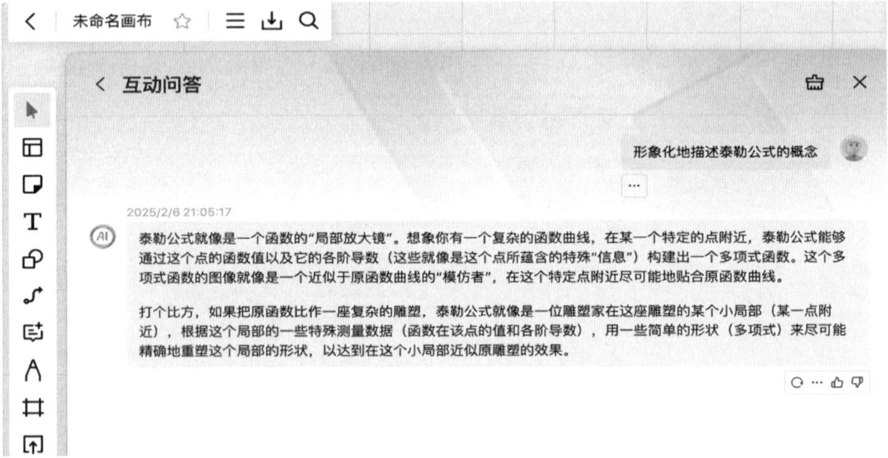

图 8–13　AI 问答预览

（3）AI 翻译

AI 翻译可以帮助学生跨越语言障碍，更深入地理解课程内容，快速阅读外文资讯。在处理多语言文献时，AI 翻译能够快速处理大量资料的语言转换，节省手动翻译的时间，帮助学生快速获取国际最新研究动态。此外，这种即时翻译工具还能够增强学生对外语的实际应用能力，提高他们的语言学习动力和兴趣。随时可用的翻译功能也意味着学生可以更轻松地接触和学习多种语言资源，从而拓宽他们的知识视野，增强跨文化交流能力。

在数字画布工具中，学生在团队学习时需要查阅外语资料，借助 AI 对翻译内容进行实时翻译，如图 8–14 所示，对刚刚生成的具象化的泰勒公式描述可将其转为英文、日语、韩语、法语、德语等。

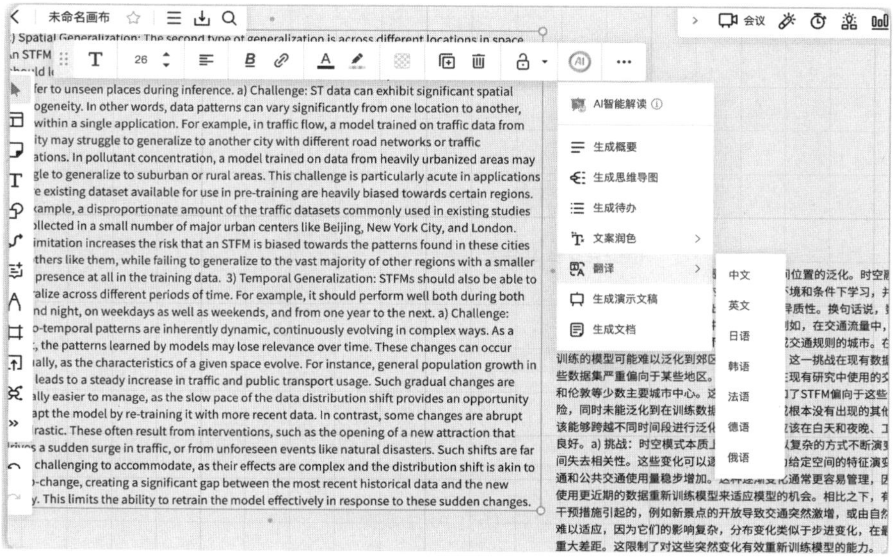

图 8–14 AI 实时翻译

（4）AI 生成概要

在学习复杂的学术概念时，学生们常常需要查阅大量文章和资料。如何提升学生对这些材料的理解和整理效率，是 AI 助手可以帮助解决的问题。

如图 8–15 所示，通过生成概要，AI 能够快速从大量文本中提炼出关键信息，帮助学生抓住核心观点并理解学习资料的结构框架。这种方式不仅提高了学习效率，还通过简明扼要的内容概括，使学生更快地形成对学习材料的整体认识和逻辑思维，从而为深入学习奠定基础。例如，在数字画布上上传一篇关于“傅里叶变换”的课件文档后，学生可以借助 AI 快速生成内容概要，从而更高效地掌握核心知识，即学生无须详细阅览每一份资料，先通过 AI 生成的概要对资料的知识大纲进行预览，再结合自身的需求去进行深入的探究学习。

图 8–15　AI 生成概要

（5）AI 创意联想

借助 AI 创意联想功能，学生可以在学习过程中激发和拓展思维，AI 能够基于学生输入的关键词或思想触发丰富的相关概念和创意灵感。这种即时的创意扩展对于提高学生的创新思维和解决问题的能力极为有益，它鼓励学生跳出传统思维模式，探索多样的解决方案和新颖的观点。此外，AI 创意联想功能还能帮助学生在撰写论文、设计项目或进行艺术创作时克服创意瓶颈，激发灵感，从而使学习和创作过程变得更加高效和愉悦。AI 创意联想功能促进了学生的思维发散和创意表达，为他们提供了一个更加富有创造力的学习环境。

以泰勒公式知识为例，当学生在课堂学习中或其他场景下联想到是否生活中有正在使用的物体和泰勒公式紧密相关，针对该知识点的学习能否输出有实际应用或研究价值的想法时，借助 AI 创意联想可快速帮助学生扩展思路。如图 8–16 所示，输入“泰勒公式与中国建筑联系”，AI 创意联想便会生成泰勒公式在中国古建筑结构分析中的应用、对中国建筑美学的影响、在中国建筑抗震设计中的应用等等，学生可选取有兴趣、有实际价值的话题进行深入学习和研究。

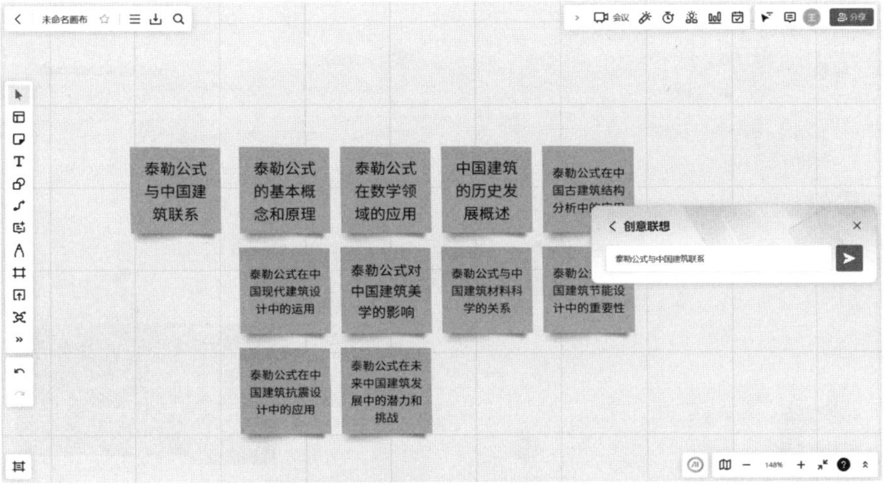

图 8–16　AI 创意联想

（6）AI 生成 PPT

数字画布的 AI 生成 PPT 功能对数字学习产生了非常积极的影响。对于知识点或课程的学习而言，学生需要将所学内容内化为自己的知识能力，而制作 PPT 是检验和深化学习效果的重要方式。然而，在传统的 PPT 制作过程中，学生往往需要花费大量时间在设计、排版和素材选择上，这不仅耗时耗力，还可能分散对知识点本身的理解和思考。

借助数字画布的 AI 生成 PPT 功能，这一过程得到了显著优化。AI 可以根据输入的内容自动分析关键信息，并通过专业且合理的布局生成高质量的 PPT。更重要的是，AI 会根据内容特点推荐适合的模板和设计元素，使最终呈现的 PPT 既具有视觉吸引力又信息丰富，从而帮助学生更好地传达知识要点。此外，数字画布还支持对生成的 PPT 进行二次编辑，允许学生根据个性化需求进一步调整和完善。同时，用户还可以将 PPT 保存到本地，将其作为个人的知识资源库的一部分，方便后续复习和应用。这种高效、智能的内容呈现方式不仅提升了学习效率，还为学生的知识整理和创新能力的发展提供了有力支持。如图 8–17 所示，以泰勒公式学习汇报为例，输入“泰勒公式学习总结”生成相应的 PPT 内容。

图 8–17　PPT 生成

（7）AI 生成文档

除了生成 PPT，学生在使用数字画布学习时，也能够借助内置 AI 助手快速生成文档，并进行二次编辑，这极大地增强了学习的灵活性和个性化程度。这一过程不仅节省了编写文档的时间，而且通过 AI 技术的引导，学生可以更加专注于内容的深度、逻辑性和创新性。生成的文档可以根据学生的具体需求进行调整和优化，使得最终成果更加符合个人风格和任务要求。此外，这种功能还提高了学生处理大量信息和数据的能力，使他们能够更快地从烦琐的资料整理中解脱出来，专注于分析和创新思维的培养。例如，学生在课程设计或编写相关论文中需要涉及泰勒公式知识时，可借助 AI 生成文档快速编写文案。如图 8–18 所示，输入“泰勒公式在建筑中的应用”，AI 助手对“泰勒公式在建筑中的应用”的问题自动生成具备引言、结构分析、热传导、材料性能等模块的文档，学生可借助 AI 助手快速搭建文章框架，结合自身的理解对文档进行进一步的加工打磨。

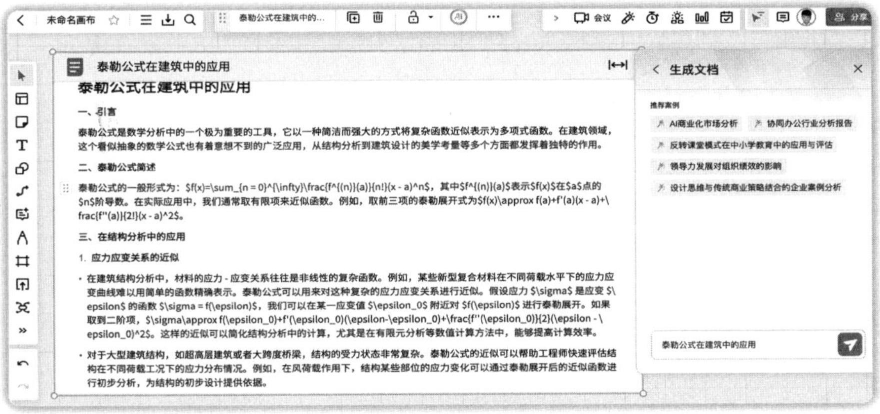

图 8–18　文档生成

（8）AI 文案润色

学生在编写课程设计或撰写论文时，借助 AI 进行多种风格的文案润色，能显著提升文案的表达效果和创意水平。AI 润色工具能够根据学生的需求，将文本调整为更符合特定场合或读者期待的风格，无论是正式的学术报告、生动的故事叙述，还是具有说服力的论述文本。这样的功能不仅节省了学生寻找适当措辞和重新编辑文案的时间，而且还能提高文本的语言魅力和读者的阅读体验。此外，多风格的文案润色还能帮助学生学习和掌握不同文体的写作技巧，增强他们的语言表达能力和创作灵活性。

针对上一部分 AI 生成文档的内容“泰勒公式在建筑中的应用是多方面的，从结构分析到建筑设计美学都有着不可替代的作用。它为建筑工程师和设计师提供了一种强大的数学工具，帮助他们更好地理解和处理建筑中的各种复杂问题。随着建筑技术和设计理念的不断发展，泰勒公式的应用也将不断拓展和深入，为创造更加安全、美观和创新的建筑作品提供有力的支持”，可通过 AI 对文案进行丰富和润色。如图 8–19 所示，经过 AI 文案润色后，此段篇幅的书写口吻转化为“本文深入探讨了泰勒公式在建筑中的广泛应用，涵盖结构分析与建筑设计美学等方面……”，且按照摘要、引言、方法、结果、结论等不同维度进行重新梳理编写。

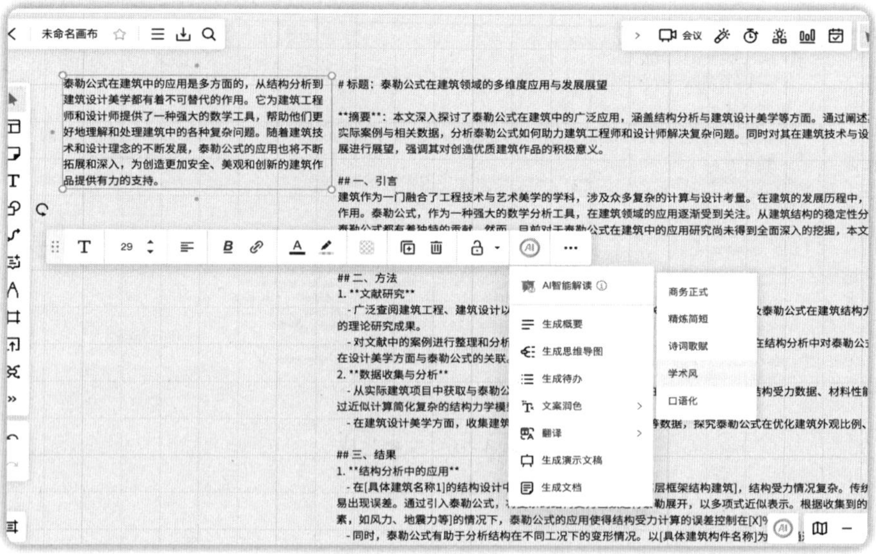

图 8-19　AI 润色

（9）AI 生成待办

除了对具体知识点进行学习外，AI 还能作为一个进度管理的工具辅助学生学习，如生成待办能够帮助学生更有效地管理学习任务和时间，可以帮助学生优化时间管理，减少拖延，确保学习进度与计划同步。如图 8-20 所示，输入“泰勒公式学习进度计划”，生成的“泰勒公式学习进度计划”包含了基本概念和原理、阅读参考资料、完成练习题、复习、寻找导师指导、在学术会议上分享心得等。学生可按照自己的学习时间安排，结合生成的待办事项，查漏补缺，对整体学习进度进行把控。

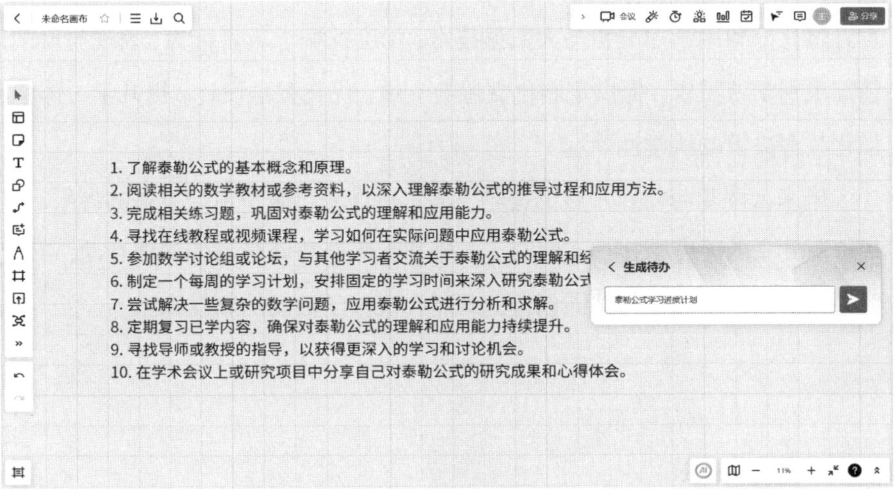

图 8-20　AI 赋能待办提醒

8.3 数字学习创新展望

数字学习的出现预示着一个多元化、高度个性化和互动性显著增强的新纪元的到来。技术创新将持续引领教育模式的深刻变革，为来自不同背景、怀揣各异需求的学习者开辟广阔无垠的学习天地。在此变革洪流中，教育者与学习者需携手并进，勇于探索未知，共同塑造教育的璀璨未来。数字学习领域正站在无限可能与重重挑战的交汇点上，技术的日新月异与教育需求的蓬勃增长正激发着层出不穷的创新火花。

在人工智能的深度融合领域，AI 技术将更紧密地融入数字学习，为学习者量身定制个性化学习路径，实时调整内容，提供智能辅导与精准反馈，精准预测学习成效，实现智能化的全面升级。虚拟现实（VR）与增强现实（AR）技术将在数字学习中大放异彩，通过模拟真实场景或构建虚拟情境，为学习者带来沉浸式的感官盛宴，让复杂过程、历史事件或遥远地域触手可及，极大提升学习的趣味性和实效性。

随着智能移动设备的普及与 5G、5G+ 乃至 6G 技术的飞跃，移动学习将成为数字学习的中流砥柱，支持学习者随时随地汲取知识，满足终身学习与碎片化学习的迫切需求，推动学习方式向更多元、更灵活的方向发展。教育者将充分利用学习分析与大数据技术，深度挖掘学习者行为、表现与反馈，精准识别学习需求，提供定制化支持与干预，优化教学设计，提升学习体验，强化教育决策的科学性。

未来云课堂与协作平台的蓬勃发展，将彻底打破平台与设备的界限，实现资源共享的无缝衔接、实时交流的畅通无阻与协作学习的深度互动，有力促进知识的自由流动与共同创造，开启在线教学活动的新篇章。

第9章 数字工作

同数字生活和数字学习一样，数字化同样也在影响着人们日常工作的方方面面。从企业到产业，再到城市，数字工作已然融进千行百业发展的“大动脉”里，它不仅带来了工作效率的提升和资源配置的优化，更推动了行业的创新发展，重塑了业务流程，为我们的日常工作带来更多可能性和便利。

9.1 数字工作基本常识

数字工作究竟是什么呢？对于 IT 人士而言，数字工作可能是开发、维护和优化各种软件系统和网络设施，确保数据的流畅与安全。对于金融从业者来说，数字工作可能涉及利用大数据和算法进行投资分析和风险管理，以求得更精准的决策。对于创作者和媒体工作者来说，数字工作可能是利用数字媒体工具进行内容创作、编辑和传播，与全球观众进行实时互动。而对于销售人员而言，数字工作则是通过电子商务平台进行产品展示、交易和客户管理。

不同的人对数字工作可能都有着不同的理解和感悟。接下来，我们首先一起探讨数字工作的基本概念、了解数字工作的发展与变革，以更好地理解和应用数字工作，迎接未来的工作挑战。

9.1.1 概述

数字工作，顾名思义，是指那些主要依赖数字技术、工具或平台来完成的工作任务或活动。这类工作通常涉及计算机、互联网、大数据、人工智能等技术的运用，旨在提高工作效率、准确性和创新性。在数字化时代，数字工作已成为许多行业和领域的重要组成部分，推动着社会的科技进步和产业升级。

数字工作的特点包括但不限于数据驱动、自动化、远程协作和灵活性。通过数字工具，人们可以更加便捷地处理、分析和共享信息，从而加速决策过程，优化资源配置，甚至创造出全新的商业模式和服务方式。

随着技术的不断发展，数字工作的范围和深度也在不断扩展。如今，数字工作已经渗透到各行各业，从传统的数据处理、软件开发，到新兴的电子商务、在线教育、智能制造等领域，数字工作的身影无处不在。它不仅改变了人们的工作方式，也在推动着社会的进步和发展。

9.1.2 变革

相对于传统工作模式，数字工作是一场前所未有的工作变革。这种变革不仅仅是技术层面的升级换代，更是对工作方式、思维模式乃至社会组织结构的深刻重塑。其主要体现在以下几个方面。

9.1.2.1 工作方式的转变

从传统的面对面沟通、纸质文件传递，转变为依赖电子邮件、在线文档共享、视频会议等数字化工具进行远程协作。这种转变打破了时间和地域的限制，提高了工作的灵活性和效率。

9.1.2.2 数据处理能力的提升

数字工作借助强大的计算机技术和大数据分析，使人们能够更快速、准确地处理海量信息。例如，通过电子表格软件，可以轻松筛选、排序和分析大量数据，为决策提供科学依据。

9.1.2.3 自动化与智能化

许多重复性、烦琐的任务现在可以通过自动化软件或机器人来完成，如自动化数据录入、智能客服等，这不仅减轻了员工的工作负担，还提高了工作的准确性和一致性。

9.1.2.4 工作角色的演变

在数字化时代，员工不再仅仅是任务的执行者，而是逐渐转变为价值的共同创造者，他们通过数字技术直接与顾客和产业伙伴互动，共同为顾客创造价值。

9.1.2.5 对创新和创造力的重视

数字工作鼓励员工发挥自主性和创造性，因为简单的任务分工和岗位设置已无法满足现代工作的需求，企业更加重视员工的创新思维和解决问题的能力。

9.1.2.6 跨领域合作的机会增多

数字技术使得不同领域之间的合作变得更加容易。通过在线平台和工具，人们可以跨越行业界限，进行知识共享和资源整合，从而创造出新的商业模式和服务。

数字技术的迅猛发展，为传统工作模式注入了新的活力，同时也提出了新的挑战。如今，我们正站在这个变革的十字路口，见证着数字工作如何重新定义我们的职业生活，并引领我们迈向一个更加高效、智能、创新的未来。

9.1.3 影响

在数字化浪潮席卷全球的当下，数字产业成为规模发展快、附加价值高、带动作用强、影响范围大的重点产业领域。随着我国数字经济的蓬勃发展，数字工作也已经对各行各业产生了深远的影响。据统计，2024 年一季度，我国电子信息制造业增加值同比增长 13%，软件业务收入同比增长 11.9%，互联网业务同比增长 8.4%，电信业务同比增长 4.5%。这些数据背后，不仅体现了数字产业的强劲势头，更凸显了数字工作在推动产业发展中的关键作用。在数字经济成为经济发展重要带动力量的背景下，我国已形成以电子信息、软件、大数据等领域为重点发展方向的一批数字产业集群。数字工作的发展，不仅拉动了相关产业链的增长，还为经济社会发展注入了新的活力。

9.1.4 意义

数字工作的意义不仅体现在经济效率的提升，推动产业结构的优化和升级上，更在于它深刻改变了我们传统的工作模式和流程，为现代社会注入了前所未有的高效与便捷。通过数字技术的运用，我们能够更加精准地分析数据，作出更为明智的决策，从而优化资源配置，减少浪费，并大幅度提升工作效率。数字工作不仅为企业带来了成本节约和竞争力提升，更推动了整个社会的创新步伐。在数字化浪潮中，远程协作、自动化和智能化等趋势日益明显，数字工作成为连接全球知识和资源的桥梁，为跨地域、跨行业的合作与交流提供了无限可能。此外，数字工作还促进了个人能力的释放，使每个人都能在数字平台上展现自己的才华，实现个人价值的最大化。

9.2 数字工作常用场景

“嘀嘀嘀……”的预警声打破了早晨的宁静，这是某高校网络中心运维老师手机上的预警推送。他熟练地打开电脑端的网络管理系统，界面上清晰地展示着校园网络的各个节点健康状况及网络带宽利用率、数据包传输速率、丢包率以及延迟等相关网络性能指标。这些实时的数据以直观的图表和数值形式展现在屏幕上，当运维老师根据预警推送的内容注意到某个区域的网络流量数据异常时，他首先查看了该区域的网络带宽利用率图表，发现已经接近饱和状态。接着，他通过查看数据包传输速率和丢包率，进一步确认了网络拥堵的现象，这些数据的异常变化为运维老师提供了明确的故障定位依据。定位到问题根源后，运维老师立即通过线上工单系统快速下发了一份工单给现场的运维团队，工单中详细描述了故障现象、可能的原因以及建议的解决方案。运维团队根据工单中的信息进行故障排查和修复工作，迅速将网络恢复通畅。而在没有数字化工具的过去，维护校园网络需要每天亲自巡查各个网络设备，手动记录各项数据，这不仅耗时耗力，而且数据的准确性和实时性也难以保证，处理问题的响应速度也会大打折扣。

这是一个典型的利用数字技术提升工作效率和准确性并提供决策依据的案例。随着科技的发展，数字化工具已经渗透到我们工作的方方面面，极大地改变了传统的工作方式，它不仅能帮助工作者及时发现并解决问题，更重要的是，它推动了工作方式的创新，提高了办公与管理的智能化水平。通过数字应用，我们可以迅速收集、分析数据，为决策者提供科学依据，使得工作决策更加精准、高效。这种数字化的办公模式，无疑为我们的工作带来了前所未有的便捷和效率，也成为现代化办公与管理的新趋势。接下来，我们将进一步探讨数字技术如何在工作方式创新、办公与管理、效率提升以及工作决策等方面发挥的重要作用。

9.2.1 工作方式创新

在数字化时代，工作方式正经历着前所未有的变革。传统的工作模式已经逐渐被新型的、更加灵活和高效的工作方式所取代。工作方式创新主要体现在以下几个方面。

9.2.1.1 远程办公的兴起

在传统的办公模式下，员工需要到固定的办公地点进行工作。然而，随着网络通信技术的进步，远程办公逐渐成为一种新的工作方式。员工可以在家中或其他远离办公室的地方通过网络连接完成工作，这种方式不仅节省了通勤时间和成本，还为员工提供了更为灵活的工作环境。

远程办公的实现，得益于各类在线协作平台和云存储技术的发展。通过这些技术，团队成员可以实时共享文件、在线编辑文档、进行视频会议等，保持高效的沟通与协作，即使身处不同地点，也能像在办公室一样协同工作。

9.2.1.2 自动化与智能化助力

自动化和智能化技术在工作方式创新中也扮演了重要角色。许多重复性、烦琐的任务现在可以通过自动化工具来完成，如自动化数据录入、智能数据分析等。这不仅减轻了员工的工作负担，还大大提高了工作的准确性和效率。

同时，AI 技术的应用也使得工作方式更加智能化。例如，AI 助手可以帮助员工管理日程、回复邮件、整理文件等，让员工能够更专注于创造性和价值性更高的工作。

9.2.1.3 虚拟现实（VR）与增强现实（AR）的应用

VR 和 AR 技术的发展为工作方式带来了前所未有的创新。通过 VR 技术，员工可以模拟真实的工作环境，进行远程培训、模拟操作等，这不仅提高了培训的效率和效果，还降低了实地操作的风险和成本。

AR 技术则能够将虚拟信息叠加到现实世界中，为员工提供实时的指导和帮助。例如，在维修或装配工作中，AR 眼镜可以显示操作步骤和注意事项，帮助员工更快更准确地完成任务。

9.2.1.4 弹性工作时间与灵活的工作模式

数字工作还带来了工作时间和工作模式的变革。传统的工作模式正在被打破，取而代之的是更为弹性的工作时间和灵活的工作模式。员工可以根据自己的节奏和习惯来安排工作时间，这有助于提高员工的工作满意度和工作效率。

同时，企业也在尝试更为灵活的工作模式，如项目制工作、团队轮换等，以适应不断变化的市场需求和员工需求。

9.2.2 办公与管理

在数字工作的浪潮中，办公与管理场景受益于众多数字化工具的应用，这些工具不仅提升了工作效率，还使企业管理更加精细化和智能化。下面介绍一些数字化办公与管理中常用的工具和平台。

9.2.2.1 综合性办公管理平台

综合性办公管理平台是一种集成化软件系统，它通过整合文档管理、信息处理、协同办公及数据分析等多种功能，旨在提高企业的工作效率，优化内部沟通与协作。该平台通常涵盖个人办公、知识信息、公文管理、行政办公等多个功能模块，能够帮助企业实现办公自动化、信息共享和高效决策。钉钉、企业微信等综合性办公管理平台，凭借其便捷性、高效性和安全性，在各类企业和组织中广受欢迎并得以广泛应用。

9.2.2.2 企业资源规划（ERP）系统

ERP 系统是一种集成的信息管理系统，它通过整合企业各个部门的信息流和业务流程，实现资源的全面共享和高效利用。ERP 系统涵盖了财务管理、采购管理、生产管理、销售管理以及人力资源管理等多个方面，旨在提升企业运营效率和管理水平。通过 ERP 系统，企业能够合理配置资源，实现信息的实时更新与共享，从而作出更加明智的决策。ERP 系统广泛应用于各个行业，帮助企业优化资源配置，提高管理效率和市场竞争力。

9.2.2.3 客户关系管理（CRM）系统

CRM 系统是一种利用软件、硬件和网络技术建立的信息系统，其核心是客户数据的管理。该系统能够记录企业在市场营销和销售过程中与客户发生的各种交互行为，并提供各类数据模型，为后期的分析和决策提供支持。CRM 系统不仅能帮助企业更加了解客户需求和行为模式，还能优化客户服务，提高客户满意度和忠诚度。国内外知名的 CRM 系统开发公司包括国际巨头 Salesforce、Oracle（甲骨文公司旗下的 Siebel CRM）、SAP（SAP CRM），以及国内的用友、金蝶等。CRM 系统广泛应用于全球各行各业，助力企业构建稳固的客户关系，实现可持续发展。

9.2.2.4 人力资源管理（HRM）系统

HRM 系统是一种专门用于企业人力资源管理的计算机软件系统。该系统能够集中管理员工信息，自动化处理招聘、薪酬、绩效等人力资源相关流程，并提供数据分析和报告功能，以支持人力资源决策。通过使用 HRM 系统，企业可以更加高效地管理人力资源，优化招聘和人才发展策略，提高员工绩效和工作满意度，进而推动企业整体目标的实现。这种系统是现代企业管理中不可或缺的工具，有助于提升人力资源管理的专业性和效率。

9.2.2.5 项目管理系统

项目管理系统是一种集成了项目规划、执行、监控和控制功能的软件平台，常见的项目管理系统如 Microsoft Project、Worktile、JIRA 等。它通过集中管理项目信息和资源，帮助项目团队高效协作，确保项目按计划推进。我们常见的甘特图就是项目管理中的重要工具，以直观的图形展示项目的各个阶段和任务，帮助团队成员清晰地了解项目进度和各任务之间的依赖关系，从而更有效地进行项目管理和资源调配，确保项目的成功实施。

9.2.3 效率提升

在数字工作环境中，效率提升已经成为企业持续发展的重要驱动力。下面我们将介绍一些与效率提升相关的数字工具和解决方案，它们通过智能化、自动化的方式，极大地优化了工作流程，减少了不必要的耗时与人力成本，为企业和个人带来了前所未有的效率提升。它们能够帮助企业更加高效地处理任务，从而在竞争激烈的市场环境中保持领先地位。

9.2.3.1 云协作平台

云协作平台是利用互联网和云技术实现的团队合作工具，它能让团队成员随时随地、实时进行协作。这种平台通常具备在线文档编辑、文件分享、任务管理等功能，可显著提高团队合作效率。常用的云协作平台如腾讯文档、语雀等都支持多人同时在线编辑文档,实现实时共享和反馈。此外，阿里云也提供了丰富的企业协作与沟通解决方案，如企业邮箱服务、团队协作平台等，这些都是云协作平台在实际应用中的具体案例。通过这些工具，团队成员可以更加高效地协同工作，适应现代工作环境的需求。

9.2.3.2 远程会议和视频通话工具

远程会议和视频通话工具是现代数字工作中的重要组成部分。它帮助人们打破了地域限制，使得不同地点的成员能够通过视频、音频进行实时交流，极大地促进了团队协作和沟通效率。常见的视频会议软件包括Zoom，其拥有支持多达 1000 名参与者同时入会的能力，以其简洁易用的界面和高清的视频质量受到用户青睐。Microsoft Teams 不仅提供视频会议功能，还集成了文档共享和即时通信工具，非常适合企业团队协作。另外，腾讯会议则是腾讯推出的云视频会议服务工具，支持灵活入会、高清流畅的视频体验，以及拥有丰富的会议协作功能，非常适合各种大小会议场景。这些工具都大大减少了地理距离带来的沟通障碍，提高了工作效率。

9.2.3.3 自动化监控系统

自动化监控系统是一种运用自动化技术，对各种设备、环境或流程进行实时监控和管理的系统。这种系统能够不间断地收集数据、分析情况，并根据预设条件自动作出响应，从而显著提升工作效率。例如，在电力行业中，自动化监控系统可以实时监测电网状态，一旦出现故障，系统能迅速定位并自动切换备用电源，大大缩短了停电时间和维修周期。在物流仓储领域，通过自动化监控系统，企业可以实时追踪货物位置和状态，优化库存管理，减少人工盘点的时间和误差。在越来越要求快速响应的今天，自动化监控系统通过自动化的数据收集和处理，快速响应异常情况，显著提高了各行各业的工作效率，降低了人力成本，成为现代企业和组织不可或缺的工具。

9.2.3.4 知识管理工具

知识管理工具同样也是现代数字化工作环境中不可或缺的一部分。常见的知识管理工具如 Confluence 和 Notion 等，通过集中存储、分类和检索关键信息，使得团队成员能够迅速找到所需知识，避免了在海量信息中盲目搜寻的困扰。同时，它们的实时协作功能支持多人同时在线编辑和讨论，减少了沟通成本和版本冲突，加快了项目进度。此外，这些工具还促进了团队间经验的共享与传承，帮助新员工更快地融入工作并提升整体团队效能。总之，知识管理工具通过整合和优化信息资源，提高了团队协作的流畅性和响应速度，从而在快节奏的工作环境中为企业赢得宝贵的时间和资源。

9.2.4 工作决策

在数字时代，数据驱动的决策已成为企业运营的关键。数字技术和大数据分析为工作决策提供了前所未有的支持，使得企业能够基于实际数据而非直觉或经验来作出更明智的决策。

9.2.4.1 数据驱动的决策流程

企业现在能够通过收集和分析各种数据，如销售数据、用户行为数据、市场趋势等，来制定更为精确的决策。这种数据驱动的决策流程不仅提高了决策的准确性和效率，还降低了风险。

9.2.4.2 预测分析与模拟

利用大数据和机器学习技术，企业可以进行复杂的预测分析，如销售预测、市场需求预测等。这些预测帮助企业提前做好准备，优化库存管理和资源配置。同时，通过模拟不同情境下的决策结果，企业可以选择最佳行动方案。

9.2.4.3 实时反馈与调整

数字技术使得企业能够实时获取市场和用户的反馈。通过这些数据，企业可以迅速评估当前决策的效果，并根据实际情况进行调整。这种灵活性和快速响应能力是现代企业成功的关键。

9.2.4.4 决策支持系统（DSS）的应用

决策支持系统集成了数据分析、模型构建和可视化工具，为决策者提供了强大的支持。通过这些系统，决策者可以更加直观地了解数据背后的趋势和关联，从而作出更为明智的决策。

9.2.4.5 风险评估与管理

数字技术还提高了企业对风险的识别和评估能力。通过大数据分析和模型预测，企业可以及时发现潜在的风险点，并制定相应的应对措施。这不仅降低了企业的运营风险，还增强了企业的稳健性。

9.2.4.6 群体决策与专家系统

数字技术使得群体决策变得更加高效和透明。通过在线协作工具和专家系统，企业可以汇聚多方意见和专业知识，形成更为全面和深入的决策依据。这种集体智慧的应用提高了决策的质量和可接受性。

数字技术在工作决策中发挥着越来越重要的作用。通过数据驱动、预测分析、实时反馈、决策支持系统、风险评估以及群体决策等手段，企业能够作出更为明智和有效的决策，从而推动企业的持续发展和创新。

9.3 数字工作创新展望

在数字技术蓬勃发展的今天，数字工作正以前所未有的速度改变着我们的职场生态。从当下的实际应用到未来的发展蓝图，数字工作的每一步变革都备受关注。我们已然看到，它在工作方式、办公管理、效率提升以及工作决策等方面产生了深远影响，而未来数字工作的发展更是充满无限可能。接下来，我们将从多个维度深入探讨数字工作的创新方向，展望数字工作的发展趋势。

9.3.1 创新

在数字时代的浪潮下，创新已经成为推动数字工作持续发展的核心动力。未来，数字工作的创新将集中在技术、方法、模式和思维等多个层面，为企业和个人带来前所未有的机遇与挑战。

9.3.1.1 技术创新

随着人工智能、物联网、区块链等前沿技术的不断发展，数字工作的技术创新将持续涌现。例如，利用人工智能技术优化工作流程，实现更高级别的自动化和智能化；通过物联网技术实现设备间的互联互通，提升工作效率；借助区块链技术确保数据的安全性和可追溯性。这些技术创新将为数字工作带来更加广阔的发展空间。

9.3.1.2 方法创新

在数字工作的实践中，新的工作方法将不断涌现。例如，敏捷开发、设计思维、用户体验设计等先进方法将更加广泛地应用于产品研发、项目管理等领域，推动企业快速响应市场变化，提升产品和服务的竞争力。

9.3.1.3 模式创新

数字工作将催生更多新型的业务模式。例如，平台经济、共享经济、众包等模式已经在某些行业取得成功，未来这些模式将进一步拓展到更多领域。同时，随着数字技术的深入应用，新的商业模式也将不断涌现，为企业创造更多价值。

9.3.1.4 思维创新

在数字时代，传统的工作思维已经难以适应快速变化的市场环境。因此，思维创新将成为数字工作创新的重要组成部分。企业和个人需要培养开放、协作、迭代等新型思维，以更加灵活和创新的方式应对挑战，把握机遇。

创新将是数字工作未来发展的关键所在。通过技术创新、方法创新、模式创新和思维创新，数字工作将不断焕发新的活力，推动社会进步与发展。同时，创新也将为企业和个人带来更多机遇，引领我们走向更加美好的未来。

9.3.2 展望

展望未来，数字工作将继续沿着几个关键趋势发展，这些趋势将深刻影响我们的工作方式、工作环境以及工作效率。

9.3.2.1 远程与分布式工作的常态化

随着网络技术的进步和协作工具的完善，远程与分布式工作将成为越来越普遍的工作模式。这种模式不仅能够为企业提供更大的灵活性，还能帮助员工实现工作与生活的平衡。未来，我们可以预见到更多的企业和组织将采用这种新型的工作方式。

9.3.2.2 AI 技术助力

随着 AI 技术的不断发展、类似 ChatGPT 等人工智能模型逐渐普及，AI 可以帮助人们高质量地迅速完成诸多烦琐的任务，使人们从重复性的劳动中解放出来，专注于更具创造性的工作，打造一个更加高效、智能、个性化的工作环境。

9.3.2.3 数据驱动的决策文化

随着大数据和分析工具的普及，数据将在工作决策中发挥更加重要的作用。企业将更加依赖于数据来指导战略制定、优化运营和提高市场响应速度。数据驱动的决策文化将成为企业保持竞争优势的关键。

9.3.2.4 跨界合作与生态系统的构建

在数字化时代，企业间的界限将逐渐模糊。跨界合作、共享资源和共建生态系统将成为企业发展的新趋势。通过 API 接口、开放平台和合作伙伴网络，不同企业和服务将能无缝对接，共同创造价值。

9.3.2.5 安全与隐私保护的加强

随着数字工作的普及，数据安全和隐私保护将成为越来越重要的议题。企业将投入更多资源来加强网络安全、数据加密和合规性管理，以确保客户信息、知识产权和企业机密的安全。

9.3.3 总结

随着科技的飞速发展，数字工作已经成为现代社会的重要特征。在过去的几年里，我们见证了数字技术对工作方式创新、办公与管理、效率提升以及工作决策等方面的深刻影响。数字工作的广泛应用不仅改变了传统的工作模式，还为企业和个人带来了巨大的便利和效益。

首先，数字工作推动了工作方式的创新。远程办公、自动化与智能化工作流、敏捷项目管理等新型工作方式的出现，使得工作更加灵活高效。这些创新不仅节省了时间和成本，还提高了员工的工作满意度和生产力。

其次，在办公与管理方面，数字技术的引入使得各种数字化管理的系统和工具越来越多地应用于企业各个工作阶段的管理中。如线上办公平台、ERP、CRM 等系统的使用大大简化了办公流程，加强了团队协作，提高了管理效率。企业能够更加精准地掌握运营状况，作出科学决策。

再次，数字技术在提升工作效率方面也发挥了显著作用。自动化工具、实时沟通与协作、智能化的任务分配与管理等手段，都使得工作能够更加高效有序地进行。员工可以更加专注于创造性和价值性的工作，从而提升了整体工作质量和效率。

最后，在工作决策方面，数字技术为数据驱动的决策提供了有力支持。通过大数据分析、预测模拟、实时反馈等手段，企业能够作出更为明智和有效的决策，降低风险，推动企业的持续发展。

数字工作已经在现代社会中占据了举足轻重的地位。它改变了我们的工作方式，提高了工作效率，推动了企业的创新发展。展望未来，我们有理由相信，数字工作将继续引领社会的进步与发展，为我们创造更加美好的明天。

安全编

第10章 网络安全基础

网络安全是指网络系统的硬件、软件及其系统中的数据受到保护，不因偶然的或者恶意的原因而遭受破坏、更改、泄露，确保系统能够连续可靠正常地运行，网络服务不中断。简单来说，就是确保我们的网络设备和其中的信息数据得到保护，不被那些不怀好意的人破坏、篡改或偷走。它涵盖了我们的电脑、手机、平板等设备的网络连接，以及在这些设备上存储、传输的各种信息，比如照片、文档、密码等。

在数字化时代，网络安全已成为维护社会稳定、促进经济发展的关键要素。随着互联网的普及和技术的飞速发展，网络攻击事件频发，对个人隐私、企业资产乃至国家安全构成了严重威胁。因此，深入了解网络安全的基础知识显得尤为重要。它不仅能够帮助我们识别潜在的网络风险，还能有效提升我们的防护能力，确保信息资产的安全。接下来，本章将深入探讨网络安全相关概念、相关法律法规以及一些重要网络安全事件，旨在为读者构建一个初步的网络安全知识体系，了解网络安全的必要性及重要性。

10.1 网络安全相关概念

网络安全的重要性在于它保护着个人、企业以及国家的信息资产。个人信息如银行账号、上网登录口令等如果被黑客窃取，可能会导致严重的财务损失和个人名誉损害。企业数据的安全同样至关重要，网络安全技术可以帮助企业防止数据泄露、网络攻击和其他安全威胁，这些威胁可能会导致企业经济损失和声誉损害。此外，网络安全对于保护国家基础设施如电力网络、水供应系统、电信网络等也至关重要，攻击这些基础设施可能会导致重大灾难。

网络安全，这一看似无形的防线，实则关乎每个人的信息安全与隐私保护。深入了解网络安全，是防范黑客入侵的第一步。接下来，本部分将为读者揭示黑客的概念、类型，并解析其通用的攻击过程及常用的攻击手法。

10.1.1 黑客的概念

“黑客”是英文“Hacker”的译音，源于 Hack，本义为“干了一件非常漂亮的事”。“黑客”原指一群专业技能超群、聪明能干、精力旺盛、对计算机信息系统进行非授权访问的人，后来成为专门利用计算机进行破坏或入侵他人计算机系统的人的代名词。

“骇客”是英文“Cracker”的译音，本义为“破译者和搞破坏的人”。骇客的出现玷污了黑客，使人们把“黑客”和“骇客”混为一谈。

10.1.2 黑客的类型

把黑客分为“正”“邪”两类，也就是经常听说的“黑客”和“红客”。

（1）白帽黑客：也称为道德黑客或网络安全专家。他们通过实施渗透测试来识别网络安全漏洞，并帮助政府及组织加强网络安全。他们是在政府或组织的规章制度下工作，并获得授权或认证的黑客。

（2）黑帽黑客：通常被称为黑客，他们使用各种技能来未经授权地访问计算机系统，以达到个人目的，如窃取信息、破坏系统或进行其他非法活动。

（3）灰帽黑客：他们介于白帽黑客和黑帽黑客之间。他们可能利用自己的技能来识别系统漏洞，但可能并不总是遵循法律或道德准则。

（4）脚本小子：在黑客中，他们通常被认为是较为初级或业余的黑客，可能使用现成的工具或脚本来进行攻击，而不是自己编写代码。

（5）红帽黑客：也被称为眼尖的黑客。像白帽黑客一样，红帽黑客也旨在阻止黑帽黑客的活动。

10.1.3 黑客通用的攻击过程

在网络安全攻防对抗中，黑客攻击往往遵循着严密的战术链条。从外围侦查到核心突破，攻击者通过环环相扣的技术手段逐步渗透目标系统：首先通过信息收集绘制攻击蓝图，继而突破边界建立据点，随后通过权限提升、通道搭建构建控制体系，最终实现数据窃取与痕迹消除。这种分层递进的攻击模式既体现了网络攻击的系统性，也暴露出防御体系的脆弱环节。以下将详细解析黑客攻击的 8 个关键阶段。

（1）信息收集：这是黑客攻击的第一步，也是至关重要的一步。黑客会尝试获取尽可能多的关于目标的信息，包括其 IP 地址、操作系统类型、开放端口、运行的服务等。他们可能会使用各种工具和技术来进行信息收集，如 DNS 和 Whois 查询、端口扫描、漏洞扫描等。

（2）边界突破：在收集了足够的信息后，黑客会尝试利用各种手法突破目标的网络边界，从外网进入内网。常见的突破方式包括利用常规 Web 类漏洞、社会工程学、供应链攻击等。

（3）免杀 & 权限提升：在某些情况下，即使黑客已经成功进入了系统，他们也可能没有足够的权限来执行他们想要的操作。因此，他们的下一步通常是尝试提升自己的权限级别，以获得更多的控制权。这通常涉及寻找并利用系统中的其他漏洞或配置错误。

（4）通道搭建：通道搭建是指攻击者为了隐藏其通信流量或绕过安全限制而建立的一种通信途径。这种通道通常用于在受害者系统和攻击者系统之间建立持久的、隐蔽的连接，以便攻击者能够远程操控受害系统、窃取数据或执行其他恶意活动。常见的通道搭建的方式包括反向连接通道、加密通道、代理通道、VPN（Virtual Private Network）通道、WebShell 通道等。

（5）权限维持：是指攻击者在成功入侵系统或网络后，采取措施以确保其能够持续访问和控制目标系统或网络，从而进行更多的恶意活动或达成攻击目标。权限维持是攻击者实现其长期目标的关键步骤之一。

（6）内网渗透：是指攻击者进入目标系统的内部网络并建立通道后的下一个阶段，目的是获取对目标系统更深层次的控制和访问权限，以便进一步执行恶意活动或达成攻击目标。

（7）数据窃取 / 破坏：是黑客最初的目的所在。在这个阶段，黑客可能会尝试窃取敏感信息（如个人身份信息、财务信息或机密数据），或者破坏目标系统，导致数据丢失或服务中断。

（8）痕迹清除：是攻击者在完成攻击后，为了掩盖其攻击行为，防止被检测和追踪，而采取一系列技术手段来清除或隐藏攻击过程中留下的痕迹。这个过程通常被称为“打扫战场”，旨在切断取证链，使攻击行为难以被追踪和溯源。

10.1.4 常见的网络安全攻击手法

在数字化浪潮中，网络安全威胁呈现多元化态势。攻击者不断演化攻击手法，从社交工程到技术漏洞利用，形成针对不同场景的入侵链条。以下 7 类典型攻击手段揭示了现代网络攻防的核心矛盾。

（1）钓鱼攻击：攻击者通过伪造官方邮件、网站等手段，诱骗用户输入个人信息，如账号、密码等敏感信息，从而达到盗取用户资料或破坏其系统的目的。

（2）恶意软件攻击：包括病毒、蠕虫、特洛伊木马等形式的恶意代码，这些代码可以被用来窃取信息、破坏系统或者占用系统资源。

（3）分布式拒绝服务（DDoS）攻击：通过大量合法或非法的请求使目标服务器过载，导致其无法处理正常请求，从而造成服务中断。

（4）SQL 注入攻击：利用数据库查询语言的漏洞，攻击者在应用程序的输入字段中注入恶意的 SQL 代码，从而执行未授权的数据库操作，如读取、修改或删除数据。

（5）跨站脚本攻击（XSS）：攻击者在目标网站上注入恶意脚本，当用户访问该网站时，脚本会在用户的浏览器中执行，从而窃取用户信息或者进行其他恶意操作。

（6）0day 攻击：利用尚未被公众发现的安全漏洞对系统进行攻击。由于这种攻击利用了未知的安全问题，因此很难防范。

（7）暴力破解攻击：攻击者尝试使用各种组合的用户名和密码来登录系统，直到找到正确的凭据为止。为了防止这种攻击，通常会采用强密码策略、限制登录尝试次数等措施。

10.2 网络安全相关法律法规

在深入剖析黑客的概念、类型、攻击流程及手法后，我们深刻认识到网络安全威胁的无处不在及其日益增长的复杂性。为有效应对这些挑战，维护网络空间的秩序与安全，各国相继出台了一系列网络安全法律法规。接下来，本部分将聚焦我国，带读者深入了解我国网络安全相关法律法规，为您的网络生活提供坚实的法律保障。

10.2.1《中华人民共和国网络安全法》

《中华人民共和国网络安全法》是为了保障网络安全，维护网络空间主权和国家安全、社会公共利益，保护公民、法人和其他组织的合法权益，促进经济社会信息化健康发展而制定的法律。《中华人民共和国网络安全法》由第十二届全国人民代表大会常务委员会第二十四次会议于 2016 年 11 月 7 日通过，自 2017 年 6 月 1 日起施行。《中华人民共和国网络安全法》是我国第一部全面规范网络空间安全管理方面问题的基础性法律，是我国网络空间法治建设的重要里程碑，是依法治网、化解网络风险的法律重器，是让互联网在法治轨道上健康运行的重要保障。

10.2.2《中华人民共和国密码法》

《中华人民共和国密码法》是为了规范密码应用和管理，促进密码事业发展，保障网络与信息安全，维护国家安全和社会公共利益，保护公民、法人和其他组织的合法权益而制定的法律。《中华人民共和国密码法》是中国密码领域的综合性、基础性法律。《中华人民共和国密码法》由第十三届全国人民代表大会常务委员会第十四次会议于 2019 年 10 月 26 日通过，自 2020 年 1 月 1 日起施行。

10.2.3《**中华人民共和国数据安全法**》

《中华人民共和国数据安全法》是为保障数据安全，维护国家主权、安全和发展利益，实现国家数据资源整合共享和安全保护，提升数据安全治理能力而制定的法律。《中华人民共和国数据安全法》坚持总体国家安全观，确立了数据处于有效保护和合法利用的状态，以更好地保护个人和组织的合法权益，维护国家主权、安全和发展利益。《中华人民共和国数据安全法》由第十三届全国人民代表大会常务委员会第二十九次会议于 2021 年 6 月 10 日通过，自 2021 年 9 月 1 日起施行。

10.2.4《**中华人民共和国个人信息保护法**》

《中华人民共和国个人信息保护法》是为了保护个人信息权益，规范个人信息处理活动，促进个人信息合理利用，根据宪法制定的法规。2021 年 8 月 20 日，十三届全国人大常委会第三十次会议表决通过《中华人民共和国个人信息保护法》。《中华人民共和国个人信息保护法》自 2021 年 11 月 1 日起施行。

《中华人民共和国个人信息保护法》是全球第一部个人信息保护领域的专门法律，标志着我国个人信息保护立法体系进入新的阶段。《中华人民共和国个人信息保护法》的出台，有利于完善个人信息保护领域法律制度，提升个人信息权益人自我保护意识和能力，促进个人信息合理利用。

10.3 重要网络安全事件

构建一个安全、有序的网络环境离不开法律的支撑与保障。然而，尽管有法律的约束，网络安全事件仍时有发生，其影响之广、危害之深不容忽视。接下来，本部分将为读者盘点一些重要的网络安全事件，以案为鉴，共筑网络安全防线。

10.3.1 徐某被电信诈骗案

（1）发生时间：2016 年。

（2）事件类型：电信诈骗。

（3）事件原因：网络安全带来的数据泄露。

（4）事件过程

2016 年 8 月 19 日，徐某接到一个冒充教育局工作人员的诈骗电话，对方声称她的助学金即将发放，但需要先与财政局工作人员联系。徐某按照指示操作，被骗走了 9900 元的学费。这突如其来的打击使她伤心欲绝，郁结于心，最终导致心脏骤停，虽经医院全力抢救，但仍不幸离世。

犯罪嫌疑人杜某利用技术手段攻击了“山东省 2016 高考网上报名信息系统”并在网站植入木马病毒，获取了网站后台登录权限，盗取了包括徐某在内的大量考生详细报名信息，徐某正是因为对方能准确说出自己的姓名、住址和学校，才相信了对方的身份。

（5）事件影响：徐某被电信诈骗案引发了社会对个人信息泄露和电信诈骗问题的高度关注。作为一起精准诈骗导致悲剧的典型案例，该案例揭示了数据安全保护的重大漏洞，推动了我国对公民个人信息保护的立法和监管力度的加强。同时，该案例也唤起了公众对网络安全和防范电信诈骗的意识，促使教育、司法、通信等多部门协同加强打击网络诈骗犯罪，完善相关机制和法律法规，以保护公民的合法权益。

10.3.2 美国佛罗里达州遭勒索病毒攻击

（1）发生时间：2019 年。

（2）事件类型：勒索病毒。

（3）发生原因：员工安全意识薄弱，无意点击恶意邮件。

（4）事件过程

2019 年 6 月 10 日，美国佛罗里达州莱克城遭到灾难性的勒索病毒攻击，各项市政工作停摆两周。市政紧急会议投票决定支付价值将近 50 万美元的赎金。

尽管该城市的IT人员在发现攻击后的十分钟内将受影响的系统断开连接，但是除了在独立网络中运行的警察和消防部门，该市市政部门的几乎所有计算机系统都感染了勒索病毒。

此前，佛罗里达州里维埃拉市也遭黑客攻击，支付了60万美元的赎金。两起袭击有一个共同点，那就是一个政府工作人员点击了一封电子邮件中的恶意附件，使得勒索病毒传播至整个网络。一旦恶意软件扩散，计算机就会被锁定，并弹出一个提示，指示受害者通过电子邮件联系攻击者，然后用比特币支付赎金。在支付赎金之前，市政府官员无法进入他们的系统。

（5）事件影响：美国佛罗里达州遭勒索病毒攻击事件引起了广泛关注，暴露了政府部门在网络安全方面的脆弱性，尤其是对于老旧系统和安全意识薄弱的问题。这一事件不仅导致了市政工作停摆，给公共服务带来严重中断，还促使各地政府重新审视和加强对网络安全防护的投入。同时，勒索病毒的影响也加剧了对支付赎金是否合理的争论，促使相关政策和技术的改进，推动加密货币监管的加强。此外，这一事件也为全球其他城市敲响了警钟。

10.3.3 中国台积电中毒停产事件

（1）发生时间：2018年8月。

（2）事件类型：病毒。

（3）发生原因：网络安全意识不足，没有及时给Windows 7系统打补丁。

（4）事件过程

2018年8月3日晚，台积电证实其电脑系统遭到WannaCry变种病毒的攻击。

攻击首先发生在新竹总部Fab12厂区的内部电脑，随后迅速通过内网蔓延至中科Fab15厂和南科Fab14厂。

台积电迅速采取行动，控制病毒感染范围，并找到解决方案。数百位相关人员停休回岗参与解决，全力防堵“疫情”。

2018年8月4日，台积电公告证实部分机台受到病毒感染，并表示已找到解决方案，正在逐步恢复生产。

（5）事件影响

①经济损失：台积电预估此次病毒感染事件将导致晶圆出货延迟以及成本增加，对2018年第三季度营业收入影响约为3%，毛利率影响约为1%。这意味着台积电可能损失了1.69亿至1.71亿美元。

②供应链影响：由于台积电是全球重要的半导体制造服务公司之一，其生产线的停摆对全球半导体供应链产生了一定影响。特别是其7纳米制程产品的主要客户，如苹果、AMD、英伟达等，可能因此受到影响。

10.3.4 震网安全事件

（1）发生时间：2010年。

（2）事件类型：恶意代码和0day漏洞。

（3）发生原因

攻击者利用恶意代码和多个0day漏洞作为攻击武器，以铀离心机为攻击目标，造成超压，导致离心机批量损坏和改变离心机转数，导致铀无法满足武器要求。

（4）事件过程

病毒通过USB等可移动存储设备感染伊朗的计算机系统。对于S7–315，当攻击发生时，病毒会使其宕机；对于S7–417，病毒则使用类似中间人攻击的方式，对工控系统进行欺骗。这些指令导致离心机运行异常，进而影响铀浓缩过程。

伊朗的铀浓缩工厂和相关设施遭受了严重的破坏。大量离心机被损坏或运行异常，导致铀浓缩过程受到严重影响。这在一定程度上减缓了伊朗的核武器进程。

（5）事件影响

①国际关注：震网安全事件引起了国际社会的广泛关注。人们开始意识到网络攻击对现实世界可能造成的严重影响。

②技术革新：震网安全事件后，网络安全领域的技术得到了快速发展。

许多企业和组织开始加强网络安全防护，以防止类似事件的再次发生。

③政策与法规：震网安全事件促使各国政府加强了对网络安全的重视，并出台了相关的政策和法规。这些政策和法规旨在保护关键基础设施免受网络攻击。

④军事战略变革：震网安全事件展示了网络武器在军事行动中的重要作用。这可能导致军事战略的变革，使网络攻击成为未来军事冲突中的重要手段。

第11章 网络安全防护

在上一章中，我们系统学习了网络安全的基础知识，从黑客的攻击机制到中国网络安全法律法规的严格规定，再到一系列震撼人心的网络安全事件,让我们深刻认识到网络安全的紧迫性和重要性。然而,知识只是起点，行动才是关键。本章，我们将把目光投向网络安全防护的实践层面，从日常上网安全到电信诈骗的巧妙防范，再到个人信息安全的全面保护，一步步教会大家如何在数字世界中安全前行，守护好自己的网络疆域。

11.1 上网安全防护

随着互联网技术的快速发展，网络已经成为我们日常生活、学习和工作中不可或缺的一部分。随之而来的就是网络带给个人的网络安全风险，包括网络诈骗、信息泄露、病毒木马等。

11.1.1 如何防范网络病毒

网络病毒是互联网用户最常见的上网威胁，通过不同的渠道感染用户的电脑，轻则造成用户电脑卡顿，重则致使用户数据被窃取。用户需要养成良好的上网习惯才能有效降低电脑中毒风险。

11.1.1.1 网络病毒概述

计算机网络病毒是人为编写的一段计算机代码程序，但并不是为了服务于人们的生产生活，而是为了对特定的计算机网络进行破坏，从而达到盗取数据以及私人账户信息的目的。

从网络病毒功能区分，可以分为木马病毒和蠕虫病毒。网络病毒具备感染速度快、扩散面广、传播形式多元化等特点。

网络病毒具有较大危害，包括电脑或主机运行缓慢、消耗主机资源、破坏硬盘和数据、窃取信息和账号等。

11.1.1.2 常见的网络病毒防范措施

网络病毒的防护需要依赖安全软件和用户良好的上网习惯，用户在使用电脑的过程中要时刻保持警惕，具体包括：

（1）安装杀毒软件，定期扫描系统、查杀病毒，及时更新病毒库和系统补丁。

（2）下载软件时尽量到官方网站或大型软件下载网站，在安装或打开来历不明的软件或文件前先杀毒。

（3）不随意打开不明网页链接，尤其是不良网站的链接，尽量不要打开陌生人通过 QQ 等通信软件发送的链接。

（4）使用网络通信工具时不随意接收陌生人的文件，应警惕已接收的可执行类文件，可通过取消“隐藏已知文件类型扩展名”的功能来查看文件真实类型。

（5）对公共磁盘空间加强权限管理，定期查杀病毒。

（6）打开 U 盘或移动硬盘前先用杀毒软件进行检查，可在根目录建立名为 autorun.inf 的文件夹防范 U 盘启动病毒。

（7）需要从互联网等公共网络上下载资料转入内网计算机时，用刻录光盘的方式实现转存。

（8）对计算机系统的各个账号要设置口令，及时删除或禁用过期账号。

（9）定期备份重要文件，以便遭到病毒严重破坏后能迅速恢复数据。

11.1.2 如何保护网上购物安全

随着网络消费场景的深度拓展，电商平台在提供便利的同时也衍生出多重安全隐患。从虚假交易到支付漏洞，从技术性欺诈到信息泄露，消费者在享受数字化红利时更需警惕潜藏的风险暗流。

11.1.2.1 网上购物面临的安全风险

一是通过网络进行诈骗。部分商家恶意在网络上销售自己没有的商品，因为绝大多数网络销售是先付款后发货，商家等收到款项后便销声匿迹。二是木马、钓鱼欺诈网站。以不良网址导航网站、不良下载网站、钓鱼欺诈网站为代表的“流氓网站”群体正在形成一个庞大的灰色利益链，使消费者面临网购风险。三是支付安全。一些诈骗网站盗取消费者的银行账号、暗码、口令卡等，同时，消费者购买前的支付程序烦琐以及退货流程复杂、时间长，货款只退到网站账号不退到银行账号等，也使网购面临安全风险。

11.1.2.2 保障网上购物安全的主要措施

在直面网购安全威胁的同时，消费者可通过构建主动防御体系化解风险，有效阻断欺诈链条的延伸。以下 7 项核心措施为网购安全提供了可落地的操作指南。

（1）核实网站资质及网站联系方式的真伪，尽量到知名、权威的网上商城购物。

（2）尽量通过网上第三方支付平台交易，切忌直接与卖家私下交易。

（3）在购物时要注意商家的信誉、评价和联系方式。

（4）在交易完成后要完整保存交易订单等信息。

（5）在填写支付信息时，一定要检查支付网站的真实性。

（6）注意保护个人隐私，直接使用个人的银行账号、密码和证件号码等敏感信息时要慎重。

（7）不要轻信网上的低价推销广告，也不要随意点击未经核实的陌生链接。

11.1.3 如何安全使用电子邮件

11.1.3.1 电子邮件安全概述

电子邮件安全至关重要，一旦电子邮件被攻击者非法获取或篡改，病毒邮件、垃圾邮件乃至邮件炸弹等威胁便会接踵而至，严重干扰电子邮件的正常使用，甚至对计算机及网络系统构成重大损害。攻击者常常通过伪装木马文件为电子邮件，利用部分用户网络安全意识薄弱的漏洞，轻易突破网络防线，潜入单位内部。

11.1.3.2 电子邮件防范措施

（1）不要随意点击不明邮件中的链接、图片、文件。

（2）使用电子邮件地址作为网站注册的用户名时，应设置与原邮件密码不相同的网站密码。

（3）适当设置找回密码的提示问题。

（4）当收到与个人信息和金钱相关（如中奖、集资等）的邮件时要提高警惕。

11.1.4 如何保证网络游戏安全

在虚拟资产价值攀升的背景下，网络游戏安全需构筑“账号—设备—交互”三重防护盾。技术手段与操作规范相结合，可有效抵御盗号、外挂等常见威胁。以下措施为玩家提供基础防护框架。

（1）输入密码时尽量使用软键盘，并防止他人偷窥。

（2）游戏使用的电脑安装安全防护软件，保持经常杀毒。

（3）尽量不使用非官网的网游插件，从正规网站上下载网游插件。

（4）注意核实网游官网地址。

（5）如发现账号异常，应立即与游戏运营商联系。

11.1.5 如何防范 QQ、微博等账号被盗

在社交平台深度融入日常生活的当下，社交账号已成为数字身份的核心载体。面对钓鱼攻击、撞库破解等盗号威胁，建立“密钥管理—身份验证—行为监测”的动态防护体系至关重要。以下四维策略为账号安全提供基础保障。

（1）账户和密码尽量不要相同，定期修改密码，增加密码的复杂度，不要直接用生日、电话号码、证件号码等与个人信息相关的数字作为密码。

（2）密码尽量由大小写字母、数字和特殊字符混合组成，适当增加密码的长度并经常更换。

（3）不同用途的网络应用，应该设置不同的用户名和密码。

（4）涉及网络交易时，要注意通过电话与交易对象本人确认。

11.1.6 如何安全使用 Wi-Fi

在无线网络泛在化时代，公共热点与家庭路由均面临双重威胁。攻击者通过仿冒接入、暴力破解等手段构建数据窃取通道，以下分别介绍 Wi-Fi 的风险和相应的安全建议。

11.1.6.1 Wi-Fi 陷阱的种类

（1）“设套”。“设套”主要是在宾馆、饭店、咖啡厅等公共场所搭建免费 Wi-Fi，骗取一些用户使用，并记录其在网上进行的所有操作。

（2）“进攻”。“进攻”针对一些在家里组建 Wi-Fi 的用户。即使设置了 Wi-Fi 密码，如果密码强度不高的话，黑客也可通过暴力破解的方式破解家庭 Wi-Fi，进而可能对用户机器进行远程控制。

11.1.6.2 关于无线上网安全的建议

（1）请勿见到免费 Wi-Fi 就用，而是要用可靠的 Wi-Fi 接入点；关闭自己手机和平板电脑等设备的无线网络自动连接功能,仅在需要的时候开启。

（2）警惕公共场所免费的无线信号为不法分子设置的钓鱼陷阱，尤其是一些和公共场所内已开放的同名的 Wi-Fi 信号。在公共场所使用陌生的无线网络时，尽量不要进行与资金有关的银行转账以及在线支付。

（3）修改无线路由器的默认管理员用户名和密码，将家中的无线路由器的密码设置得复杂一些，并采用强密码，最好是字母、数字的组合。

（4）启用 WPA 及更高版本加密方式。

（5）修改默认的 SSID 号，关闭 SSID 广播。

（6）启用 MAC 地址过滤。

（7）无人使用时关闭无线路由器电源。

11.1.7 如何加强终端安全防护

（1）安装防火墙和防病毒软件，并经常升级，及时查杀木马与病毒。

（2）注意经常给系统打补丁，修补软件漏洞。

（3）不要上一些不太了解的网站，不要执行从网上下载后未经杀毒软件处理的软件，不要打开 MSN 或 QQ 上传过来的不明文件，等等。

（4）从正规商家购买 U 盘、移动硬盘等可移动存储介质。

（5）定期备份并加密重要数据。

（6）不要将办公与个人的可移动存储介质混用。

（7）设置复杂度够高的操作系统开机密码。

11.2 电信诈骗防护

随着网络的日益发展，网络诈骗方式日新月异，网络诈骗的现象越发突出，需要我们提高识别网络诈骗的基本能力，忌盲目、多思考。

11.2.1 常见的网络诈骗

在数字化时代，网络已成为我们生活不可或缺的一部分。然而，随着网络的普及，各种网络诈骗手段也层出不穷，令人防不胜防。电信诈骗作为一种广泛存在的网络犯罪现象，正以前所未有的速度蔓延，成为威胁公众财产安全的一大隐患。从冒充公检法机关实施恐吓诈骗，到利用虚假中奖信息引诱贪心者上钩，从伪装亲友发送紧急求助信息，到散布钓鱼短信窃取个人敏感资料——这些常见的电信诈骗手段，无不令人防不胜防，深受其害。接下来，让我们一同了解常见的网络诈骗方式及防范措施，增强自我防范意识，共同营造一个更加安全的网络环境。

11.2.1.1 网络贷款

骗子以“无抵押”“无担保”等幌子吸引受害者下载虚假贷款 APP，以手续费、保证金等名义要求受害者先行支付费用。

提示：正规贷款放款前，不收取任何费用，凡是放款前要求缴纳费用的很可能是诈骗。

11.2.1.2 刷单返利诈骗

骗子通过网络发布招募信息，并承诺交易成功返佣金（头单可能会让你尝到甜头），实际交易后，骗子会要求受害者付款或提供资金，最终骗取交易额。

提示：切勿因小失大，蝇头小利莫相信。

11.2.1.3“杀猪盘”诈骗

骗子伪装成成功人士，诱导受害者加入有网络红利的平台，诱导受害者投资并承诺高额回报（部分可能有回报），骗取大额投入。

提示：谨慎投资，网络投资多诈骗!

11.2.1.4 冒充电商物流客服诈骗

骗子冒充客服，谎称因电商交易需要填写个人信息，诱导受害者转钱或填写交易验证码。

提示：正规卖家无需事先支付费用，电商交易应通过正规官网进行。

11.2.1.5 冒充“公检法”诈骗

骗子冒充司法机关工作人员,编造涉嫌犯罪事实,诱导受害者转钱到“安全”账户。

提示：如果要求将钱款转账到“安全”账户的极有可能是骗子。

11.2.1.6 虚假购物诈骗

骗子通过在社交软件或不正规网站发布超低价商品信息，诱导受害者私下转账或扫码交易。

提示：在正规平台购物，异常低价需谨慎。

11.2.1.7 注销“校园贷”诈骗

骗子谎称拥有贷款记录或有信息需要注销，诱导受害者登录贷款网站填写个人信息并转账。

提示：以校园贷为借口的转账极有可能是诈骗。

11.2.1.8 网络游戏虚假交易诈骗

骗子在社交平台发布游戏装备或卡点信息，以交易为由诱导受害者支付各种费用。

提示：在正规网站操作，远离私下交易。

11.2.2 防范网络诈骗措施

在深度伪造技术与社交工程结合的智能化诈骗时代，网络犯罪已形成

"心理操控—技术渗透—资金转移"完整链路。建立事前预警、事中拦截、事后追溯的全流程防御机制尤为关键，以下措施构成基础防护。

（1）提高警惕，识别各种网络诈骗手段，不贪图便宜，如虚假中奖信息、冒充亲友求助、网络购物诈骗等。

（2）不轻易点击短信或邮件中的不明链接，特别是要求输入个人信息或银行账户的链接。

（3）谨慎对待网上交易，选择正规的购物平台和支付方式，避免使用来源不明的二维码进行支付。

（4）对冒充公检法、银行、运营商等机构的电话，要保持警惕，不轻易提供个人信息或转账。

（5）了解并防范 AI 诈骗，注意识别声音合成和 AI 换脸等诈骗手段。

（6）对于任何要求转账或提供个人信息的电话，都应直接联系官方渠道核实情况。

11.2.3 紧急止付方法

一旦遭遇了真的网络诈骗，并被欺骗实现了资金转账，那么紧急止付是最后一步有效举措，止付方法包括：

（1）到银行柜台"尝试多次输错诈骗账号密码"，直至该账号被锁定。

（2）拨打诈骗账号所属银行的客服电话，输入诈骗卡号后尝试多次输错支付密码，直至账户被锁定。

（3）登录银行网站，多次将诈骗账户的网银密码输错，将网银锁定。

11.3 个人信息安全防护

在上一部分，我们深入剖析了常见的网络诈骗方式及其防范措施，从冒充公检法的恐吓诈骗到虚假中奖信息的诱惑陷阱，种种诈骗手段无不令人警醒。然而，防范网络诈骗只是信息安全保卫战的一部分，个人信息安全同样至关重要。

个人信息，作为我们的数字身份标识，一旦泄露或被滥用，将可能引发连锁反应，对我们的生活、工作和财产安全造成深远影响。因此，掌握个人信息安全的基本知识，学会有效的防范措施，是我们在数字时代中不可或缺的生存技能。接下来，让我们一同探索个人信息安全的基本知识和防范之道，共同守护我们的数字世界。

11.3.1 容易被忽视的个人信息有哪些

个人信息是指与特定自然人相关，能够单独或通过与其他信息结合识别该特定自然人的数据。一般包括姓名、职业、职务、年龄、血型、婚姻状况、宗教信仰、学历、专业资格、工作经历、家庭住址、电话号码（手机用户的手机号码）、身份证号码、信用卡号码、指纹、病史、电子邮件、网上登录账号和密码等，覆盖了自然人的心理、生理、智力，以及个体、社会、经济、文化、家庭等各个方面。

个人信息可以分为个人一般信息和个人敏感信息。个人一般信息是指正常公开的普通信息，例如姓名、性别、年龄、爱好等。个人敏感信息是指一旦遭泄露或修改，会对标识的个人信息主体造成不良影响的个人信息。

11.3.2 个人信息泄露的途径

当前，个人信息泄露呈现技术漏洞、制度盲区与社会工程陷阱交织的特征。从网络爬虫到实体单据，灰色产业链通过以下 7 类典型场景完成信息采集。

（1）利用互联网搜索引擎搜索个人信息，汇集成册，并按照一定的价格出售给需要购买的人。

（2）酒店、保险公司、租赁公司、银行、电信、房地产、邮政等需要身份证件实名登记的部门、场所，个别人员利用登记的便利条件，泄露客户个人信息。

（3）个别打字店、复印店利用打字、复印之便，违规将个人信息资料存档留底，装订成册，进行对外出售。

（4）借各种“问卷调查”之名，窃取个人信息。他们宣称只要在“调查问卷表”上填写详细联系方式、收入情况、信用卡情况等内容，就能获得相应的奖品，以此诱使受害者填写个人信息。

（5）通过在抽奖券的正副页上填写姓名、家庭住址、联系方式等方式泄露个人信息。

（6）在购买电子产品、车辆等物品时，在一些非正规的商家填写非正规的“售后服务单”，从而泄露个人信息。

（7）超市、商场利用向群众邮寄免费资料、群众申办会员卡时掌握到的群众信息，通过个别人向外泄露。

11.3.3 如何防范个人信息泄露

在网购、社交等网络活动中，个人信息可能通过手机、Wi-Fi，甚至快递单泄露。掌握以下几个关键方法,用户就能在日常细节中筑牢隐私防护墙。

（1）Wi-Fi 安全：在公共场所尽量不使用不需要密码的免费 Wi-Fi。使用 Wi-Fi 登录网银或者支付软件时，可以通过专门的 APP 客户端访问。最好把 Wi-Fi 连接设为手动。

（2）手机信息安全：存储有个人账户资料的手机，尽量避免转卖。如果确有出售必要，在转卖之前，务必做好彻底清理工作。

（3）社交平台使用：在微博、QQ 空间等社交网络上要尽可能避免透露或标注真实身份信息。朋友圈晒照片，一定要谨慎。避免在社交平台上透露过多的个人信息，尤其是隐私细节（如家庭住址、工作单位等）。

（4）填写调查表时谨慎:参与网络调查活动前,要选择信誉可靠的网站，认真核验对方的真实情况，不要贸然填写，导致个人信息泄露。

（5）填写简历时谨慎：一般情况下，简历上只提供必要的信息，不要过于详细填写个人具体信息。

（6）快递收货和单据处理：快递收货地址不必留得太详细。无用的单据可以直接碎掉，或将姓名、电话、地址等个人信息涂黑后再丢弃。有用的单据要妥善保存，切勿乱丢乱放。

（7）身份证复印件保管：身份证复印件要保管好，不用的或作废的要处理好，不能随意丢弃。

第12章 网络安全技术

在系统学习了网络安全防护的相关知识后，我们也了解了生活中常见的诈骗方式及防范措施，为我们筑起了一道安全的数字屏障。然而，网络安全并非一成不变,随着技术的不断进步,新的威胁和挑战层出不穷。因此，了解并掌握常见的网络安全技术，成为我们应对这些新挑战的关键。本章，我们将深入探讨几种常见的网络安全技术，包括但不限于防火墙技术、威胁检测技术等。这些技术如同网络安全领域的“瑞士军刀”，为我们的数字生活提供了多样化的保护手段，为我们进一步巩固网络安全防线提供了有力支持。

12.1 常见的网络安全技术

在当今数字化时代，网络安全已成为不可忽视的重大议题。防火墙作为第一道防线，能有效监控并过滤进出网络的数据流，阻止潜在威胁。而虚拟专用网络（VPN）技术则通过加密通信，确保数据在传输过程中的安全与隐私。了解和掌握防火墙、虚拟专用网络等常见网络安全技术，对于保护个人信息安全、维护企业数据安全乃至国家网络安全都具有至关重要的意义。

12.1.1 防火墙

防火墙是由软、硬件组合而成的网络访问控制器，它根据一定的安全规则来控制进出防火墙的网络数据包，以此将内部网络与其他外部网络互相隔离，限制网络互访，达到保护内部网络安全的效果。

12.1.1.1 作用

作为网络边界防御的核心组件，防火墙通过访问控制、流量过滤及日志审计三重机制，构建起立体化防护体系。其核心功能包括：

（1）网络安全的重要屏障：防火墙能极大地提高内部网络的安全性，通过过滤不安全的访问而降低风险。

（2）监控审计网络存取和访问：防火墙可以记录下所有的访问并生成日志记录，提供网络使用情况的统计数据，对于可疑动作和误用情况进行监控和审计。

（3）防止内部信息的外泄：防火墙对内部网络的划分，可实现内部网络重点网段的隔离，限制局部重点或敏感网络安全问题对全局网络造成的影响，保护内部网络的隐私。

12.1.1.2 价值

防火墙作为网络安全的第一道防线，能够阻止网络中的黑客访问内部网络，有效保护组织的核心数据和应用系统免受网络威胁和攻击。

12.1.2 **虚拟专用网络**（VPN）

虚拟专用网络是一种在公共网络上建立加密通道的技术，通过这种技术可以使远程用户访问公司内部网络资源时，实现安全的连接和数据传输。虚拟专用网络的实质是利用加密技术在公网上封装出一个数据通信隧道，实现远程访问的安全性和隐私性。

12.1.2.1 作用

作为安全通信通道，VPN 通过加密隧道、匿名访问及智能路由三重技术，实现数据传输全周期防护。其核心作用体现在：

（1）提高安全性：VPN 使用加密技术，确保数据在传输过程中的安全性，防止数据被窃取或篡改。当员工通过 VPN 访问公司内部网络时，所有数据传输都会被加密，从而保护公司敏感信息的安全。

（2）隐藏身份：VPN 可以隐藏用户的真实 IP 地址，使得用户访问网站时，被访问的网站看到的是 VPN 服务器的 IP 地址，而不是用户本身的 IP 地址。这有助于保护用户的隐私，防止被追踪或监视。

（3）突破地域限制：VPN 可以突破网站的地域限制，让用户能够访问被限制访问的网站或服务。例如，海外用户可以通过连接到国内的 VPN 服务器，访问国内受限的网站。

12.1.2.2 价值

在数字化转型背景下，VPN 通过加密传输与安全隧道技术，为企业构建远程接入与数据防护双保障。

（1）远程办公支持：随着远程办公的普及，VPN 为企业提供了安全的远程访问方案。员工可以通过 VPN 随时随地访问公司内网，保证工作的连续性和效率。

（2）数据安全保护：VPN 的加密技术可以保护企业敏感数据在传输过程中的安全，防止数据泄露和黑客攻击。

12.1.2.3 技术运用

VPN 技术通过建立加密隧道，在远程办公与物联网场景中实现安全连接。其核心应用聚焦以下两大领域。

（1）企业远程访问：企业可以通过部署 VPN 服务器，为员工提供安全的远程访问服务。员工只需连接到 VPN 服务器，在外网即可访问公司内部网络资源，如文件服务器、数据库、业务系统等。

（2）物联网安全：在物联网领域，VPN 可以用于保护智能家居设备的数据安全和隐私。通过 VPN，用户可以在任何地方安全地访问和控制家中的智能设备，防止数据泄露和隐私被侵犯。

12.1.3 端点检测和响应（EDR）

EDR 是一种主动式端点安全解决方案，从常见的杀毒软件进行演进。通过记录终端与网络事件（例如用户、文件、进程、注册表、内存和网络事件），并将这些信息本地存储在端点或集中数据库，实现对网络安全威胁的实时监测和检测。EDR 主要能够实时监测和检测终端设备上的恶意活动，包括恶意软件的启动、数据泄露和异常行为等，同时能够通过自动化和智能化的方式进行分析和阻止，也可以帮助组织对安全事件进行追踪，并提供详细的日志记录和审计信息。这对于后续的安全事件分析、取证和调查非常重要。

12.1.3.1 作用

终端检测响应（EDR）通过实时监控、智能阻断及溯源取证三重机制，构建终端安全闭环防护。其作用包括：

（1）实时监测和检测：EDR 系统软件能够实时监测和检测终端设备上的恶意活动，包括恶意软件的启动、数据泄露和异常行为等。通过全面分析终端设备的活动记录、网络流量和系统日志等数据，EDR 系统软件可以实时发现和应对安全威胁。

（2）威胁响应和处理：EDR 系统软件能够快速响应安全威胁，通过自动化和智能化的方式进行分析和阻止。它可以及时检测到恶意软件的传播路径，并采取措施将其隔离，从而保护整个网络环境免受恶意软件的影响。

（3）调查与取证：EDR 系统软件可以帮助企业对安全事件进行追踪，并提供详细的日志记录和审计信息。这对于后续的安全事件分析、取证和调查非常重要，有助于了解威胁的来源和影响，以及采取适当的对策。

12.1.3.2 价值

EDR 通过攻击链阻断与威胁狩猎能力，实现实时防护、智能响应及预测分析三大核心价值。

（1）提高安全性：EDR 系统能够及时检测和响应威胁，防止恶意软件的扩散和破坏，有效提高企业网络环境的安全性。

（2）自动化和智能化：EDR 系统通过自动化和智能化的方式处理威胁，减少了人工干预的需要，提高了处理效率和准确性。

（3）数据分析与预测：EDR 系统软件可以对大量的数据进行分析和挖掘，以识别潜在的安全威胁和漏洞。通过对历史数据和行为进行建模和学习，EDR 系统软件可以预测未来的风险，并提前做好应对措施。

12.1.3.3 技术运用

EDR 技术通过端点行为建模与全流量分析技术，在企业网络纵深防御与合规审计场景中构建动态防护体系。其核心实施路径包括：

（1）企业网络安全：EDR 系统在企业网络安全领域发挥着重要作用。它可以帮助企业实时监测和检测网络终端设备上的安全威胁，及时响应和阻止恶意行为，保护企业的核心业务和数据安全。

（2）网络安全审计：EDR 系统提供了详细的日志记录和审计信息，可以帮助企业进行网络安全审计和合规性检查。通过对安全事件的追踪和分析，企业可以了解网络的安全状况，发现潜在的安全隐患，并采取相应的措施进行改进。

12.1.4 漏洞扫描工具

漏洞扫描是一种网络安全技术，它基于漏洞数据库，通过扫描等手段对指定的远程或本地计算机系统的安全脆弱性进行检测，以发现可利用的漏洞。这种技术涉及网络漏扫、主机漏扫、数据库漏扫等不同种类，是保护网络安全的重要工具之一。

12.1.4.1 作用

漏洞扫描如同网络安全的第一道防线，通过主动检测、风险预警和修复指导，帮助用户构建主动防御体系。其核心作用体现在以下三个方面。

（1）扫描安全漏洞：漏洞扫描工具能够自动扫描目标系统，检测各种已知的安全漏洞和弱点，从而提供对系统安全现状的深入了解。

（2）提高系统安全性：通过及时发现和修复安全漏洞，漏洞扫描有助于提升系统的安全性，防止黑客利用漏洞进行入侵和数据泄露。

（3）提供安全信息和建议：漏洞扫描器不仅能发现漏洞，还能根据发现的漏洞信息，采用适当的方法，向用户提供有关安全信息和解决安全问题的建议。

12.1.4.2 价值

漏洞扫描如同定期给设备的体检，能提前发现隐患，确保系统健康运行。它的核心价值体现在以下四个层面。

（1）预防性安全：漏洞扫描可以在黑客利用漏洞之前发现并修复它们，从而防止潜在的安全威胁。

（2）定期安全评估：漏洞扫描可以定期执行，对系统进行全面的安全评估，有助于及早发现新的漏洞和弱点，并采取相应的修复措施。

（3）满足合规要求：许多行业需要遵循特定的安全合规要求，如 PCI DSS（支付卡行业数据安全标准）和 GDPR（通用数据保护条例）等。漏洞扫描可以帮助组织满足这些要求，确保合规性。

（4）漏洞管理流程支持：漏洞扫描结果可以提供详细的漏洞信息和建议，帮助组织建立漏洞管理流程，优先处理关键漏洞，并跟踪修复进度。

12.1.4.3 技术运用

在复杂的网络环境中，漏洞扫描技术通过系统化实施实现攻击面管理。其核心应用场景覆盖网络基础设施、Web 应用及数据库安全基线等。

（1）企业网络：在企业网络中，漏洞扫描可以定期执行，对整个网络进行全面的安全检查，确保没有安全漏洞被忽视。

（2）Web 应用程序：针对 Web 应用程序的漏洞扫描可以发现潜在的安全问题，如 SQL 注入、跨站脚本攻击等，从而及时修复这些问题，提高 Web 应用程序的安全性。

（3）数据库：数据库是存储敏感信息的重要场所，因此对其进行漏洞扫描至关重要。通过扫描数据库，可以发现潜在的安全隐患，如弱密码、未授权访问等，并采取相应的措施进行修复。

12.1.5 上网行为管理

上网行为管理是指帮助互联网用户控制和管理对互联网的使用。它涵盖了网页访问过滤、上网隐私保护、网络应用控制、带宽流量管理、信息收发审计、用户行为分析等多个方面。

12.1.5.1 作用

在企业日常运营中，上网行为管理已成为提升效率、保障安全的重要工具。它通过规范网络使用，实现以下核心作用。

（1）提高工作效率：通过阻止员工访问与工作无关的网站和应用，避免时间浪费，从而提高工作效率。

（2）保护网络安全：阻止访问恶意网站、危险下载和潜在的网络威胁，保护企业网络的安全。

（3）防止数据泄露：通过监控员工的网络活动，防止敏感信息被非法外泄，保护公司的隐私。

（4）优化网络带宽：阻止大量的非工作相关网络活动可以减轻网络拥堵，提高网络速度和稳定性。

12.1.5.2 价值

在企业管理中，规范员工上网不仅是效率问题，更关乎法律安全。科学的上网行为管理能带来以下三重核心价值。

（1）合规性和监管：在一些行业中，需要遵守特定的法规和监管要求，上网行为管理可以帮助企业保持合规性。

（2）提升员工自律：网络管理系统可以提醒员工专注工作，养成良好的上网习惯，提高自我管理能力。

（3）降低法律风险：通过监控和管理上网行为，可以避免员工从事非法活动，降低公司的法律风险。

12.1.5.3 技术运用

上网行为管理真正发挥作用，既需要技术工具的支持，也离不开明确的管理方法。比如设置访问权限、制定使用规则、实时监控网络活动，这些都是必不可少的措施。

（1）制定网络行为准则：明确网络使用者应遵守的规定和限制，要求用户在使用网络时不得出现传播违法信息、侵犯他人隐私、侵犯版权等行为。

（2）优化网络监控系统：建立完善的网络监控系统，对网络行为进行监控与分析，及时发现并处理违规行为。

（3）加强网络访问控制：采取技术手段如访问控制列表、网关屏蔽、端口封闭等，对网络进行安全防护。

12.2 网络安全技术前沿

网络安全技术的更新与发展日新月异，不断涌现出新的安全理念和技术。近年来，零信任架构、人工智能驱动的威胁检测等前沿技术正逐步应用于实践，为网络安全领域带来了新的变革与发展。

12.2.1 防火墙的技术迭代

防火墙的技术迭代主要经历了几个重要的阶段，其中包括包过滤型防火墙、状态检测型防火墙、应用层防火墙、下一代防火墙。

12.2.1.1 包过滤型防火墙（Packet Filtering Firewall）

包过滤型防火墙，也称为第一代防火墙，是最早的防火墙技术。它的原理基于网络层和传输层，通过分析经过防火墙的 IP 数据包的源地址、目标地址、协议类型以及端口号等信息，与事先设定好的安全规则进行匹配，决定这些数据包是被允许通过，还是被拒绝或丢弃。

（1）优点

①简单高效：包过滤型防火墙处理速度快，资源消耗相对较低。

② 兼容性好：几乎可以在任何网络层上进行配置和使用。

（2）缺点

①安全性有限：仅能基于数据包的表面层面进行审查，无法深入应用层面，因此无法识别复杂的攻击手段。

②功能单一：缺乏更高级的网络安全功能，如状态检查、内容审查等。

12.2.1.2 状态检测型防火墙（Stateful Inspection Firewall）

状态检测型防火墙，也称为第二代防火墙，是在包过滤型防火墙的基础上发展而来的。除了具有包过滤型防火墙的基础功能外，增加了会话层的检测功能，能够跟踪和分析数据流的状态信息，如会话过程中的数据包顺序、连接状态等。

（1）优点

①安全性提升：通过跟踪连接状态，能够更准确地判断数据流的合法性，有效抵御一些简单攻击。

②智能化：可以根据通信状态和历史记录作出更为精准的判断。

（2）缺点

①资源消耗提升：相比包过滤型防火墙，状态检测型防火墙在追踪连接状态时需要消耗更多资源。

②效率问题：处理速度相对较慢，面对极高速度的网络流量时可能会产生瓶颈。

12.2.1.3 应用层防火墙（Application Firewall）

应用层防火墙，也称为第三代防火墙，它工作在OSI模型的应用层。与前两代防火墙不同，应用层防火墙能够深入数据的内容层面，检查经过的流量是否含有恶意代码、针对特定应用的攻击行为等，从而实现更为精细化的流量控制。

（1）优点

①安全性高：能够阻止包括SQL注入、跨站脚本攻击等在内的多种高级攻击手段。

②精确控制：可以根据应用需求设置详尽的访问控制规则，实行更为精细化的流量管理。

（2）缺点

①资源消耗大：由于需要深入分析数据包内容，会大幅增加CPU等资源的消耗。

②处理速度慢：复杂的分析过程延长了处理时间，对于高速网络可能产生瓶颈。

12.2.1.4 下一代防火墙

下一代防火墙包含传统防火墙的基本防护能力（包过滤型、状态检测型、应用层），除此之外能够全面地保障IOS 2—7层的安全检测，集成了多种安全功能的防火墙技术，包括防火墙、入侵检测系统（IDS）、入侵防御系统（IPS）、防病毒等功能。其运用的新技术能力如下。

（1）增强应用识别与控制（深度内容识别，即 DPI 技术）：将数据中的应用层特征与本地的应用特征库进行匹配（应用特征库会定期更新）。

（2）Web 攻击防护：将数据中的 URL 地址与本地的 URL 库进行匹配（URL 库会定期更新）。

（3）信息泄露防护。

（4）恶意代码防护：将数据的特征与本地的病毒库进行匹配（病毒库会定期更新）。

（5）入侵防御:将数据流的特征与本地的 IPS 入侵检测库进行匹配（IPS 入侵检测库会定期更新）。

12.2.2 零信任安全理念

Forrester 是最早提出零信任（Zero Trust，ZT）概念的组织。零信任是专注于数据保护的网络安全范式。面对边界安全的局限性，它提供了一组相对折中的安全思想：在信息系统和服务中对每个访问请求执行精确的且最小的访问权限，来最小化数据访问风险的不确定性。默认不授予任何访问信任，而是基于对访问程序的不断评估动态授予执行任务所需的最小特权，从而将资源限制为那些仅需要访问的资源。

NIST 定义了零信任架构（Zero Trust Architecture，ZTA）。零信任架构是基于零信任原则建立的企业网络安全架构，包含了组件、流程和访问策略，旨在防止数据泄露和限制内部横向移动，是企业实现数据端到端安全访问的方法。

Gartner 进一步发布了零信任网络访问（Zero Trust Network Access，ZTNA）建设指南，将零信任网络访问定义为是一种围绕一个应用程序或一组应用程序创建基于身份和上下文的逻辑访问边界的产品或服务。在零信任的网络访问中应用程序是隐藏的，不会被发现，并且通过信任代理对访问的客户资源进行限制。代理在允许访问或禁止网络中其他位置的横向移动之前，验证指定参与者的身份、上下文和策略的遵从性。在公网可见性中隐藏应用程序资产，可显著减少攻击面。

实现零信任架构的方式通常包括多因素认证（MFA）、细粒度的访问控制和动态策略评估。MFA 确保了访问者身份的多重验证，从而加强了安全性。细粒度的访问控制根据用户的角色、行为和上下文来精确限制访问权限。此外，零信任架构依赖于实时监控和评估访问请求的策略，确保每个请求都经过审查，即使是内部网络的用户也不例外，这减少了潜在的内部威胁和滥用风险。

12.2.3 可拓展威胁检测与响应（XDR）

随着人工智能技术的快速融入，新一代网络技术使攻击变得更加隐蔽和快速，对传统安全防御体系更是建立起“降维打击”的优势。同时，组织为了提升安全运营能力和效率，需要更主动的安全方案，能跨网络、端点以及云基础架构提供数据的可见性，从而可以快速检测威胁并能够快速响应，而能够实现这种愿景的热门解决方案之一，就是 XDR。

Gartner 的定义：“一种基于 SaaS 的，由特定供应商提供的安全威胁检测和事件响应工具，可将多种安全产品集成到一个聚合的安全操作系统中。”

Forrester Research 的定义：“XDR 是 EDR 的演进，优化了威胁检测、调查、响应和狩猎。XDR 将与安全相关的端点检测、与来自安全和业务工具（如网络分析和可见性 NAV、电子邮件安全、身份和访问管理、云安全等）的遥测数据统一起来。它是一个基于大数据基础架构构建的云原生平台，可为安全团队提供灵活性、可扩展性和自动化。”

虽然定义有所不同，我们也可以看到它们对 XDR 的认知是有共同点的。2021 年 8 月，Anton Chuvakin 发起了一项调研，最终总结了业界对 XDR 的几点共识。综合这些信息，可以认为 XDR 具备以下两个基本特征。

12.2.3.1 XDR 的最佳效果是基于云原生的

XDR 的检测能力需要较全面地覆盖已知黑客攻击技战术，同时需要针对新出现的攻击技战术快速开发对应的检测模型 & 算法，以及相关的调查、响应、狩猎等功能。因此，当前较完善的 XDR 产品均是基于云原生 SaaS 化提供的，可以基于集中的专家、算力、遥测数据和情报资源，更快、更好地快速迭代产品。由此可见，云原生是 XDR 快速发展的必要条件。即使是一个本地化部署的 XDR 平台，也需要基于云端的持续运营来提供快速的更新。在用户不同的需求场景中，本地化 XDR 也有其存在的必要性，不能完全被 SaaS 化所取代，但想要达到 XDR 的最佳效果，充分发挥其价值，基于云原生的 XDR 是最佳实践。

12.2.3.2 XDR 覆盖检测和响应

XDR 顾名思义包括检测和响应能力，需要集成全面、完善的检测技术。这在行业内没有争议，但在响应技术上还有不同的认识。全面、完善的检测技术需要如下。

（1）传统的特征检测（恶意代码特征、漏洞特征、IOC 失陷指标）。

（2）启发式检测（对抗混淆、加壳恶意代码的一种检测方式，关注代码运行过程中的恶意行为检测）。

（3）基于行为的检测（IOA 攻击信标）。

（4）各种威胁狩猎能力，包括被动、主动和自动化等不同的方式。

12.2.4 网络检测与响应（NDR）

网络检测与响应（Network Detection and Response，NDR）是一种网络安全技术，主要用于检测和响应网络中的威胁和攻击。NDR 技术通过对网络流量、网络行为和终端设备等进行实时监控和分析，可以快速发现网络中的异常行为和威胁，并提供相应的响应措施。与传统的 IDS/IPS 等安全设备相比，NDR 技术更加注重对网络中的威胁进行全面的检测和响应，可以更好地保护企业的网络安全。

（1）优点：基于网络流量实时监测与内置的丰富规则模型，可获取大部分攻击的线索，对威胁检测范围涵盖较广。

（2）缺点：产出大量的灰度告警，对运营人员要求高，难定位处理问题，海量告警难削减、误报频出、无法定位高价值告警；基于网络侧流量检测效果有瓶颈，数据来源单一，难以应对复杂性攻击；安全可视化做得较差。

为了提高 NDR 的准确性和减少误报，越来越多的 NDR 系统开始集成机器学习和行为分析技术。通过分析网络流量中的正常模式，NDR 可以更精确地识别异常行为和潜在的攻击。例如，NDR 能够通过行为分析发现未经授权的活动、异常流量模式或与历史行为不符的网络行为，从而及时发现隐蔽的攻击。此外，随着时间的推移，NDR 系统能够自我学习，逐步提高对不同类型攻击的检测能力。

12.2.5 安全信息与事件管理（SIEM）

安全信息与事件管理（Security Information and Event Management，SIEM）是一种安全技术，主要用于将来自不同安全设备的日志数据进行集中管理、分析和报告，以便于检测和响应安全事件，可基于数据挖掘技术实现对日志 / 告警字段的强关联。SIEM 技术可以帮助企业实现对安全事件的实时监控、威胁检测、事件响应和合规性审计等功能。

（1）优点：比较符合技术型，有专门安全团队的客户的使用习惯，功能更为细致丰富，自定义建模足够灵活，定制化程度高。

（2）缺点：对于威胁检测响应能力的实现需要依赖规则建模，而这点奠定在专家的知识积累之上；缺少对安全数据的深入理解，难以有效利用数据的高价值；缺少自动化调查、响应能力；平台架构的设计问题导致威胁检测效率较低、无模型自动快速迭代的能力。

随着安全运营的需求不断增长，越来越多的 SIEM 系统开始与安全编排、自动化与响应（SOAR）技术集成。SOAR 可以将自动化调查和响应能力引入 SIEM 中，从而减少人工干预，提高响应速度。SIEM 系统通过集成 NDR、XDR 等技术，能够收集更多的安全数据源，并利用数据挖掘技术进行威胁分析。通过这种集成，SIEM 不仅可以提高威胁检测的效率，还能够在面对复杂攻击时，通过自动化响应流程大幅提升安全运营的效能。

参考文献

［1］中国互联网络信息中心 . 第 27 次中国互联网络发展状况统计报告［EB/OL］.（2011-01-18）［2024-06-24］. https：//www.cnnic.net.cn/n4/2022/0401/c88-779.html.

［2］中国互联网络信息中心 . 第 29 次中国互联网络发展状况统计报告［EB/OL］.（2012-01-16）［2024-06-24］. https：//www.cnnic.net.cn/n4/2022/0401/c88-803.html.

［3］中国互联网络信息中心 . 第 31 次中国互联网络发展状况统计报告［EB/OL］.（2014-03-05）［2024-06-24］. https：//www.cnnic.net.cn/n4/2022/0401/c88-1060.html.

［4］中国互联网络信息中心 . 第 33 次中国互联网络发展状况统计报告［EB/OL］.（2014-03-05）［2024-06-24］. https：//www.cnnic.net.cn/n4/2022/0401/c88-1061.html.

［5］张士光 . 浅谈如何从“网络大国”变为“网络强国”［J］. 电信网技术，2017（4）：47-50.

［6］北京周报 . 中共第十八届中央委员会第五次全体会议公报（全文）［EB/OL］.（2015-10-30）［2024-06-06］. http：//www.beijingreview.com.cn/wenjian/201510/t20151030_800041567.html.

［7］人民政协网 . 中共中央办公厅、国务院办公厅印发《国家信息化发展战略纲要》［EB/OL］.（2016-07-27）［2024-06-24］. https：//www.

rmzxb.com.cn/c/2016-07-27/942053_1.shtml.

［8］中华人民共和国中央人民政府．习近平：决胜全面建成小康社会夺取新时代中国特色社会主义伟大胜利——在中国共产党第十九次全国代表大会上的报告［EB/OL］.（2023-03-29）［2024-06-06］. https：//www.gov.cn/zhuanti/2017-10/27/content_5234876.htm.

［9］王益民．数字中国 200 问［M］．北京：中共中央党校出版社，2022.

［10］中共中央党史和文献研究院．习近平关于网络强国论述摘编［G］．北京：中央文献出版社，2021.

［11］杨馥萌，刘亚娜．习近平网络强国战略的法治意蕴［J］．社会科学家，2021（7）：129-134.

［12］Bawden，David.Information and Digital Literacies：A Review of Concepts［J］. Journal of Documentation，2001，57（2）：218-259.

［13］高欣峰，陈丽．信息素养、数字素养与网络素养使用语境分析——基于国内政府文件与国际组织报告的内容分析［J］．现代远距离教育，2021（2）：70-80.

［14］习近平．不断做强做优做大我国数字经济［J］．求是，2022（2）：4-8.

［15］中华人民共和国中央人民政府．国务院关于印发“宽带中国”战略及实施方案的通知［EB/OL］.（2013-08-17）［2024-07-01］. https：//www.gov.cn/zwgk/2013-08/17/content_2468348.htm.

［16］刘儒，拓巍峰．建设数字中国［M］．北京：中国青年出版社，2022.

［17］中华人民共和国中央人民政府．中华人民共和国国民经济和社会发展第十四个五年规划和 2035 年远景目标纲要［EB/OL］.（2021-03-13）［2024-06-28］. https：//www.gov.cn/xinwen/2021-03/13/content_5592681.htm.

［18］中华人民共和国中央人民政府．“十四五”国家信息化规划［EB/OL］.（2021-12-28）［2024-07-01］. https：//www.gov.cn/

xinwen/2021-12/28/5664873/files/1760823a103e4d75ac681564fe481af4.pdf.

［19］中华人民共和国中央人民政府．习近平：高举中国特色社会主义伟大旗帜　为全面建设社会主义现代化国家而团结奋斗——在中国共产党第二十次全国代表大会上的报告［EB/OL］．(2022-10-25)［2024-07-01］．https：//www.gov.cn/xinwen/2022-10/25/content_5721685.htm.

［20］中华人民共和国中央人民政府．中共中央　国务院印发《数字中国建设整体布局规划》［EB/OL］．(2023-02-27)［2024-07-01］．https：//www.gov.cn/zhengce/2023-02/27/content_5743484.htm.

［21］中央网络安全和信息化委员会办公室．提升全民数字素养与技能行动纲要［EB/OL］．(2024-01-05)［2024-07-01］．https：//www.cac.gov.cn/2021-11/05/c_1637708867754305.htm.

［22］中国互联网络信息中心．第48次中国互联网络发展状况统计报告［EB/0L］．(2021-09-15)［2024-06-25］.http：//1202.116.81.74/cache/14/03www.cnnic.net.cn/1528ccb5177ac482bd1ad50d0fb3a113/P020210915523670981527.pdf.

［23］中华人民共和国中央人民政府．习近平主持中央政治局第三十四次集体学习：把握数字经济发展趋势和规律　推动我国数字经济健康发展［EB/0L］．(2021-10-19)［2024-05-12］．https：//www.gov.cn/xinwen/2021-10/19/content_5643653.htm.

［24］中央网络安全和信息化委员会办公室．中央网络安全和信息化委员会印发《提升全民数字素养与技能行动纲要》［EB/OL］．(2024-11-05)［2024-07-01］．https：//www.cac.gov.cn/2021-11/05/c_1637708867331677.htm.

［25］吴应强，石乐怡．数字赋能全民共享——2023年全民数字素养与技能提升高峰论坛会议综述［J］．图书与情报，2023（3）：121-125.

［26］程焕文．中国迈向数字文明社会——《提升全民数字素养与技能行动纲要》的时代价值与图书馆的时代使命［J］.图书馆论坛，2021，41(12)：

2-5.

［27］黄如花 . 专题：“提升全民数字素养与技能：新时代图书馆的新担当”笔谈［J］. 图书馆论坛，2021，41（12）：1.

［28］潘燕桃，崔庆林，耿纪昌 . 提升全民数字素养　打赢反诈人民战争［J］. 图书馆论坛，2021，41（12）：10-11.

［29］肖鹏，赵庆香 . 通往数字人才强国之路：《提升全民数字素养与技能行动纲要》与大学生数字素养教育战略［J］. 农业图书情报学报，2021，33（12）：6-15.

［30］中华人民共和国教育部 . 四部门联合印发 2024 年提升全民数字素养与技能工作要点［EB/OL］.（2024-02-23）［2024-07-01］. http：//www.moe.gov.cn/jyb_xwfb/s5147/202402/t20240223_1116362.html.

［31］中国教育和科研计算机网 . 中国教育百年大事［EB/OL］.（2001-09-03）［2024-07-01］. https：//www.edu.cn/edu/jiao_yu_zi_xun/fa_zhan_shi/da_shi_ji/200603/t20060323_14548.shtml.

［32］北大法宝网 . 中国共产党中央委员会、国务院关于扫除文盲的决定［EB/OL］.（1956-03-29）［2024-07-01］. https：//www.pkulaw.com/chl/b36f81547da00ec8bdfb.html.

［33］改变一代人命运的扫盲运动［J］. 文史天地，2024（5）.

［34］中国日报中文网天下专栏 . 从“70 年成就展”上的一张“识字证书”谈起［EB/OL］.（2019-09-29）［2024-07-01］. https：//column.chinadaily.com.cn/a/201909/29/WS5d904af0a31099ab995e312e.html.

［35］黄健江 . 20 世纪末中国教育和人力资源开发史研究——《中国教育改革和发展纲要》的制度与实施［D］. 北京：中共中央党校，2004.

［36］国家统计局 . 第五次全国人口普查公报（第 1 号）［EB/OL］.（2001-05-15）［2024-07-01］.https：//www.stats.gov.cn/sj/tjgb/rkpcgb/qgrkpcgb/202302/t20230206_1901984.html.

［37］澎湃新闻 . 微观数据看中国：一部手机里的十年之变［EB/

OL］.（2022–10–20）［2024–07–01］. https：//www.thepaper.cn/newsDetail_forward_20377871.

［38］中华人民共和国工业和信息化部 . 国新办举行 2024 年一季度工业和信息化发展情况新闻发布会［EB/OL］.（2024–04–18）［2024–07–01］. https：//www.miit.gov.cn/xwdt/gxdt/ldhd/art/2024/art_7c3695b480144be9821514c10133c7b5.html.

［39］TechWeb. 第 86 届奥斯卡金像奖 24 奖项　微软大数据成功预测 21 个［EB/OL］.（2014–03–03）［2024–07–01］.https：//www.techweb.com.cn/internet/2014–03–03/2012629.shtml.

［40］中华人民共和国中央人民政府 . 辉煌 60 年："扫盲" 字眼的消失 一个落后时代的远去［EB/OL］.（2009–09–06）［2024–07–01］.https：//www.gov.cn/jrzg/2009–09/06/content_1410369.htm.

［41］刘坚，魏锐，刘晟，等 .《面向未来：21 世纪核心素养教育的全球经验》研究设计［J］. 华东师范大学学报（教育科学版），2016，34（3）：17–21+113.

［42］陈泉，郭利伟，周妍 . 网络信息检索与实践教程（第 2 版）［M］. 北京：清华大学出版社，2023.

［43］刘春年，高家望 . 论冲突中的信息道德与信息法［J］. 情报资料工作，2002（2）：16–17.

［44］金国庆 . 信息素养一词的概念分析及历史概述［J］. 国外情报科学，1996（1）：26–33.

［45］李智晔 . 城镇居民多媒体信息素养的构成与培养策略［J］. 情报科学，2011，29（3）：374–377+390.

［46］潘燕桃，班丽娜 . 中外教师数字素养标准比较与思考［J］. 大学图书馆学报，2023，41（4）：65–72+97.

［47］Lanham R ..Digital Literacy［J］. Scientific American，1995，273（3）：160–161.

［48］Gilster P. Digital Literacy［M］. New York：Wiley，1997：25–48.

［49］任友群，随晓筱，刘新阳．欧盟数字素养框架研究［J］．现代远程教育研究，2014（5）：3–12.

［50］肖俊洪．数字素养［J］．中国远程教育，2006（5）：32–33.

［51］许欢，尚闻一．美国、欧洲、日本、中国数字素养培养模式发展述评［J］．图书情报工作，2017，61（16）：98–106.

［52］蔡迎春，张静蓓，虞晨琳，等．数智时代的人工智能素养：内涵、框架与实施路径［J］．中国图书馆学报，2024，50（4）：71–84.

［53］程萌萌，夏文菁，王嘉舟，等．《全球媒体和信息素养评估框架》（UNESCO）解读及其启示［J］．远程教育杂志，2015，33（1）：21–29.

［54］UNESCO UIS.A Global Framework to Measure Digital Literacy［EB/OL］.（2018–06–26）［2024–06–29］. https：//uis.unesco.org/sites/default/files/documents/ip51–global–framework–reference–digital–literacy–skills–2018–en.pdf.

［55］European Commission.DigComp 2.2：The Digital Competence Framework for Citizens［EB/OL］.（2022–03–17）［2024–06–29］. https：//pact–for–skills.ec.europa.eu/community–resources/publications–and–documents/digcomp–22–digital–competence–framework–citizens_en.

［56］高春玲，曲悠扬．从实用性思维到包容性理念变革——《欧洲公民数字能力框架（DigComp2.2）》解读［J］．晋图学刊，2024（5）：71–79.

［57］汪庆怡．从欧盟数字素养框架（DigComp2.2）论全民数字素养的提升［J］．图书馆杂志，2023，42（3）：97–106.

［58］International Federation of Library Association and Institutions.IFLA Statement on Digital Literacy［EB/OL］.（2017–08–18）［2024–06–03］. https：//www.ifla.org/files/assets/faife/statements/ifla_digital_literacy_statement.pdf.

［59］何蕾．《国际图联数字素养宣言》分析与启示［J］．图书馆建设，

2018（6）：44–48.

［60］American Library Association Reposition.Information Literacy Competency Standards for Higher Education［EB/OL］.（2000–01–18）［2024–06–03］. https：//alair.ala.org/server/api/core/bitstreams/ce62c38e-971a-4a98-a424-7c0d1fe94d34/content.

［61］American Library Association.Framework for Information Literacy for Higher Education | Association of College and Research Libraries［EB/OL］.（2015–02–02）［2024–06–03］. https：//www.ala.org/acrl/standards/ilframework.

［62］American Library Association Institutional Repository. Digital Literacy，Libraries，and Public Policy：Report of the Office for Information Technology Policy’s Digital Literacy Task Force［EB/OL］.［2024–07–01］. https：//alair.ala.org/server/api/core/bitstreams/db72e923-1e14-45b8-ab0e-b113241c0e4c/content.

［63］杨鹤林．英国高校信息素养标准的改进与启示——信息素养七要素新标准解读［J］．图书情报工作，2013，57（2）：143–148.

［64］谢仕兴，张钰，于颖．数字时代成人数字技能教育何以可能——英国《基础数字技能国家标准》要点与启示［J］. 开放学习研究，2023，28（1）：26–33+53.

［65］回雁雁．澳大利亚和新西兰信息素质标准框架修订理念及其启示［J］．农业图书情报学刊，2010，22（2）：23–26.

［66］READKONG.Australian and New Zealand Information Literacy Framework：Principles，Standards and Practice［EB/OL］.［2024–06–03］. https：//www.readkong.com/page/australian-and-new-zealand-information-literacy-framework-8651273?p=2.

［67］牛金鹏．从 ICT 能力到数字素养：澳大利亚中小学数字教育课程的最新发展研究［J］．教育进展，2023（9）：6561–6570.

［68］中华人民共和国教育部.教育部关于发布《教师数字素养》教育行业标准的通知［EB/OL］.（2022-12-02）［2024-06-03］.http：//www.moe.gov.cn/srcsite/A16/s3342/202302/t20230214_1044634.html.

［69］中华人民共和国中央人民政府.国家版权局关于印发《版权工作“十四五”规划》的通知［EB/OL］.（2021-12-24）［2024-06-03］.https：//www.gov.cn/zhengce/zhengceku/2021-12/29/content_5665256.htm.

［70］人民网.人民日报整版探讨：数字化、智能化为生态文明建设提供新路径［EB/OL］.（2023-12-01）［2024-06-03］.http：//opinion.people.com.cn/n1/2023/1201/c1003-40129377.html.

［71］王丹.DD公司基于敏捷方法的研发项目流程优化研究［J］.中国管理信息化，2018，21（2）：55-56.

［72］冯喆，张强.低代码开发平台在企业数字化转型中的应用研究［J］.互联网周刊，2022（10）：13-15.

［73］马宇栋.大型软件项目管理的流程设计及分析［J］.电子技术与软件工程，2015（22）：64.

［74］杨丹.低代码平台在金融行业的创新研究及实践［J］.金融电子化，2022（3）：18-20.

［75］苏伟，国建勋，冯宽.低代码开发平台发展现状及标准化研究［J］.信息技术与标准化，2024（Z1）：17-21.

附录

提升全民数字素养与技能行动纲要

（中央网络安全和信息化委员会　2021 年）

数字素养与技能是数字社会公民学习工作生活应具备的数字获取、制作、使用、评价、交互、分享、创新、安全保障、伦理道德等一系列素质与能力的集合。提升全民数字素养与技能，是顺应数字时代要求，提升国民素质、促进人的全面发展的战略任务，是实现从网络大国迈向网络强国的必由之路，也是弥合数字鸿沟、促进共同富裕的关键举措。为深入贯彻落实习近平总书记关于网络强国的重要思想，实施全民数字素养与技能提升行动，加快数字化发展，建设网络强国和数字中国，根据《中共中央关于制定国民经济和社会发展第十四个五年规划和二〇三五年远景目标的建议》和《中华人民共和国国民经济和社会发展第十四个五年规划和 2035 年远景目标纲要》，制定本行动纲要。

一、发展形势与重要意义

当前，全球经济数字化转型不断加速，数字技术深刻改变着人类的思维、生活、生产、学习方式，推动世界政治格局、经济格局、科技格局、文化格局、安全格局深度变革，全民数字素养与技能日益成为国际竞争力和软实力的关键指标。全球主要国家和地区把提升国民数字素养与技能作为谋求竞争新优势的战略方向，纷纷出台战略规划，开展面向国民的数字技能培训，提升人力资本水平。党的十八大以来，以习近平同志为核心的党中央作出建设网络强国、数字中国战略决策，加快建设完善数字基础设施，不断提高数字经济、数字社会、数字政府发展水平，持续增强人民群众获得感。同时，也存在顶层设计缺失、数字鸿沟较大、资源供给不足、培养体系尚未形成、数字道德规范意识有待增强等问题，亟须加大工作力度，完善政策措施，整体提升全民数字素养与技能水平。

立足新时代世情国情民情，要把提升全民数字素养与技能作为建设网络强国、数字中国的一项基础性、战略性、先导性工作，切实加强顶层设计、统筹协调和系统推进，注重构建知识更新、创新驱动的数字素养与技能培育体系，注重建设普惠共享、公平可及的数字基础设施体系，注重培养具有数字意识、计算思维、终身学习能力和社会责任感的数字公民，促进全民共建共享数字化发展成果，推动经济高质量发展、社会高效能治理、人民高品质生活、对外高水平开放，为我国开启全面建设社会主义现代化国家新征程和向第二个百年奋斗目标进军注入强大动力。

二、总体要求

（一）指导思想

以习近平新时代中国特色社会主义思想为指导，全面贯彻党的十九大和十九届二中、三中、四中、五中全会精神，深入学习贯彻习近平总书记在庆祝中国共产党成立 100 周年大会上的重要讲话精神，立足新发展阶段，贯彻新发展理念，构建新发展格局，坚持以人民为中心，落实高质量发展要求，以满足人民日益增长的美好生活需要、促进人的全面发展和全体人民共同富裕为根本目的，坚持深化供给侧结构性改革，以创新驱动、高质量供给引领新需求，着力发展数字基础设施、优化数字资源供给、完善数字环境保障，着力构建覆盖全民、城乡融合、公平一致、可持续、有韧性的数字素养与技能发展培育体系，着力拓展全民数字生活、数字学习、数字工作、数字创新四大场景，激发全民建设网络强国和数字中国的积极性、主动性、创造性，提升全民数字化适应力、胜任力、创造力，增强人力资本积累，拓展人口质量红利，厚植创新发展新优势，为全面建设社会主义现代化国家提供强大的数字动力支撑和坚实的人力资源基础。

（二）基本原则

坚持以人为本，普惠共享。秉持发展为了人民、发展依靠人民的理念，推动数字教育资源、数字技能培训、数字产品和信息服务等高质量发展和开放共享，不断提高人民群众的获得感、幸福感、安全感。

坚持统筹谋划，系统推进。遵循数字化发展规律，针对不同类型的群体、不同年龄阶段的公民，强化顶层设计和统筹谋划，整合资源，筑牢基础，补齐短板，整体提升全民数字学习、工作、生活和创新的素养与技能。

坚持深化改革，协调发展。聚焦提升全民数字素养与技能过程中的突出矛盾和难点问题，创新政策供给，破除体制机制障碍，不断弥合城乡、区域和人群间的数字鸿沟，营造良好的数字学习和创新创业环境，促进区域协调、城乡融合发展。

坚持正确导向，保障安全。统筹发展和安全，强化底线思维和风险意识，坚持正能量是总要求、管得住是硬道理、用得好是真本事，主动防范化解风险，有力有序推进全民数字素养与技能提升。

（三）发展目标

到 2025 年，全民数字化适应力、胜任力、创造力显著提升，全民数字素养与技能达到发达国家水平。数字素养与技能提升发展环境显著优化，基本形成渠道丰富、开放共享、优质普惠的数字资源供给能力。初步建成全民终身数字学习体系，老年人、残疾人等特殊群体数字技能稳步提升，数字鸿沟加快弥合。劳动者运用数字技能的能力显著提高，高端数字人才队伍明显扩大。全民运用数字技能实现智慧共享、和睦共治的数字生活，数字安全保障更加有力，数字道德伦理水平大幅提升。

展望 2035 年，基本建成数字人才强国，全民数字素养与技能等能力达到更高水平，高端数字人才引领作用凸显，数字创新创业繁荣活跃，为建成网络强国、数字中国、智慧社会提供有力支撑。

三、主要任务与重点工程

（一）丰富优质数字资源供给

1. 优化完善数字资源获取渠道。加快千兆光网、5G 网络、IPv6 等新型基础设施建设部署，不断拓展网络覆盖范围、提升网络质量，提高数字设施和智能产品服务能力。加大适老化智能终端供给，推进互联网应用适老化改造。加快推动信息无障碍建设，打造推广数字化助残服务，运用数字技术为残疾人生活、就业、学习等增加便利。支持少数民族语言语音技术研发应用。有序引导科研院所、普通高校和职业院校、企业机构、团体组织、高端数字人才等发挥自身优势，开发设立数字素养与技能培训网站、移动应用程序和公众账号等，为数字资源提供多样化获取渠道。

2. 丰富数字教育培训资源内容。围绕数字生活、工作、学习、创新等需求，运用视频、动画、虚拟现实、直播等载体形式，做优做强数字素养与技能教育培训资源。支持各地区各行业制订培训方案，统筹规划、差异设计培训内容，鼓励向社会提供优质免费的数字教育资源和线上学习服务。

3. 推动数字资源开放共享。鼓励党政机关、企事业单位、团体组织等，依法规范有序开放公共数据资源，推动数据资源跨地区、跨层级共享。推动大中小学校、专业培训机构、出版社等积极开放教育培训资源，共享优质数字技能教学案例，推动数字技能教育资源均衡配置。实施互联网平台数字培训开放共享行动，推动平台向社会开放培训资源。

4. 促进数字公共服务普适普惠。建设完善全国一体化政务服务平台，加快线上线下融合互补，优化政务服务体验，畅通丰富办事渠道，让企业和个人好办事、快办事。在政务服务大厅、医院、交通枢纽等服务场所设立志愿者、引导员或服务员，依托城乡社区综合服务设施开展宣传培训，为群众提供指导和协助，助力提升数字公共服务使用技能。

专栏 1　公民数字参与提升工程

数字化赋能城市治理。充分依托政府门户网站，为市民参与政策制定、产业发展、城市管理等提供建言献策渠道。创新“随手拍”等市民数字化参与城市治理的途径和方式，不断提升市民获得感。

数字化赋能社区治理。充分依托数字化平台，丰富居民数字参与场景，以数字技术促进民意汇聚、民主协商，引导居民密切日常交往、参与公共事务、开展协商活动、组织邻里互助。加强社区工作者队伍建设，提升运用数字化方式开展社区治理的能力。探索网格化社区治理和服务新模式。

数字化赋能乡村治理。推动“互联网 + 乡村治理”，拓展村民参与村级公共事务和公益事业的渠道，提升网上村务监督水平。

（二）提升高品质数字生活水平

5. 培育智慧家庭生活新方式。完善智慧家庭综合标准化体系，提高智能家居系统平台、设备产品、应用的易用性、便捷性和兼容性，增强产品感知与互动能力，便捷用户管理和使用。积极引导企业开展智能家居产品体验、应用培训等活动，提高全民使用智能家居产品的能力。

6. 提高智慧社区建设应用水平。优化智慧社区建设规划布局，建立健全社区基础设施和综合服务设施智能化建设与改造群众意见征求机制，提升智能安防、智能停车等设施便捷易用性。运用数字技术完善社区服务需求收集、项目设计、资源链接、过程管理、绩效评价等机制，提高社区服务精准化、精细化水平。建立社区数字技能公益团队和兴趣小组，开展“数字技能进社区”等宣传推广活动。鼓励社区设立数字服务志愿者、引导员，引导社区居民用好数字产品和服务。

7. 丰富新型数字生活场景。推动 5G、超高清视频、虚拟现实、人工智能等数字技术在生活中普及应用，提高电子商务、移动支付、共享经济、智慧出行等新型数字生活服务体验，发展智慧商店、智慧商圈，提升居民数字资源、数字工具的使用意愿，共同营造良好的数字生活氛围，让全民享受便捷的数字服务。

8. 开展数字助老助残行动。充分考虑老年人和残疾人群体特殊性，加强数字设备、数字服务信息交流无障碍建设，在老年人、残疾人的出行、就医、就餐、购物等高频服务场景中保留人工服务渠道，防止出现强制性数字应用、诱导性线上付款等违规行为。依托老年大学、开放大学、养老服务机构、残疾人服务机构、社区教育机构、老科协等，丰富体验学习、尝试应用、经验交流、互助帮扶等老年人、残疾人数字技能培训形式和内容。推动形成社会各界积极帮助老年人、残疾人融入数字生活的良好氛围，构建全龄友好包容社会。

专栏 2　数字社会无障碍和适老化改造提升工程

探索线上线下融合的老年人、残疾人数字技能培训模式，引导数字产品和服务提供商，开发适合老年人、残疾人使用的硬件产品和软件应用，制作老年人、残疾人易懂会用的产品使用手册和教程。建设适老化全媒体课程资源，组织推介优秀培训项目和优秀工作案例。推动互联网网站与互联网应用（APP）适老化及无障碍改造，组织改造水平测评，提升互联网应用适老化水平及无障碍普及率。

实施银龄科普行动，积极开发老龄人力资源，大力发展老年协会、老科协等组织，充分发挥老专家在数字科普方面的作用。发展壮大老年志愿者、助老志愿者队伍，帮助老年人学习使用数字产品与服务。

（三）提升高效率数字工作能力

9. 提高产业工人数字技能。完善企业员工职业技能培训体系，建立和共享职工培训中心、网络学习平台等培训载体，丰富数字素养与技能培训内容，提高员工职业胜任力。健全企业职工培训制度，针对产业工人系统开展面向生产全环节的数字技能培训，持续壮大现代产业工人队伍，培养数字领域高水平大国工匠，提升数字化生产能力。提升企业管理人员数字素养，建立数字化思维，提高数字化经营管理能力。

专栏3 数字技能产教融合工程

搭建产教融合平台。围绕集成电路、人工智能、工业互联网、电子商务等数字技术重点应用领域，深入实施产学合作协同育人项目，集中产教融合型城市、行业、企业优质资源，布局建设数字化、高水平、专业化、开放型产教融合创新平台和人才联合培养基地。

创新产教融合教育资源。充分发挥企业主体作用，支持企业与普通高校和职业院校共建联合学院、实验室、实习基地等，推动职业院校人才培养与企业联盟、与行业联合、同园区联结，探索中国特色学徒制，加快构建规范化数字技能教学和实习实训体系。

10. 提升农民数字技能。构建现代农业科教信息服务体系，优化完善全国农业科教云平台，汇集整合新技术推广、电商销售、新媒体应用等优质培训资源，持续推进农民手机应用技能培训工作，提高农民对数字化“新农具”的使用能力。引导企业、公益组织等参与农民数字技能提升工作，推动数字服务和培训向农村地区延伸。

11. 提升新兴职业群体数字技能。面向“互联网 + 教育”、互联网医疗、电子商务、供应链管理服务、线上办公、“虚拟”产业园、“无人经济”等新业态新模式，制定数字领域新职业的职业标准，丰富职业培训课程，开展从业人员培训，壮大新兴职业群体人才队伍。引导支持新兴职业群体，积极利用 5G、人工智能、虚拟现实、大数据、区块链等数字技术创新创业。

12. 开展妇女数字素养教育与技能培训。依托各类网络平台，推出一批面向妇女设计制作的数字素养公开课，增强妇女安全上网、科学用网、网上创业等的数字意识和能力。加强妇女通过网络参与经济生活的能力，加大直播带货、电商运营等培训力度，引导西部地区、偏远山区妇女网上就业创业。

13. 提升领导干部和公务员数字治理能力。加大领导干部和公务员信息化培训力度，丰富数字经济、数字社会、数字政府等领域线上培训资源，把提高党员领导干部数字治理能力作为各级党校（行政学院）的重要教学培训内容。引导领导干部和公务员运用网络了解民意、开展工作，提升学网、懂网、用网的能力。在公务员选拔任用中，加强数字能力方面的考察。

专栏4　领导干部和公务员数字素养提升工程

建立领导干部数字素养全员培训体系，分层次、分类别、分阶段推进领导干部全员培训。建立公务员数字技能分级分类培训体系，全覆盖、差异化开展公务员数字技能培训。

（四）构建终身数字学习体系

14. 提升学校数字教育水平。将数字素养培育相关教育内容纳入中小学教育教学活动，设立信息科技相关必修课程，打造优质精品教材，开展数字素养相关课外活动。加强普通高校和职业院校数字技术相关学科专业建设，推进数字技能基础课程和实习实训基地建设，完善数字创新人才培养机制，提升人才培养质量和水平，鼓励学生运用数字技术创新创业。实施战略型紧缺人才培养教学资源储备计划，加大相关领域数字教学资源储备。开展教师数字技术应用能力培训，提高教师运用数字技术改进教育教学的意识和能力，增强中小学、职业院校和普通高校专业教师的教学能力，持续壮大高水平数字技能师资力量。全面推进数字校园建设，建设一批智慧教室、智慧教学平台、虚拟实验室、虚拟教研室等，全面提升数字化水平，支撑引领教育信息化特色发展、高质量发展，引导科学合理使用数字产品，保护师生视力健康。

15. 完善数字技能职业教育培训体系。完善数字技能职业教育，加强职业院校数字技能类人才培养，动态更新职业教育专业目录，推进专业升级和数字化改造，优化完善课程设置，建设高水平数字技能职业教育教师队伍。制定完善数字技能职业教育国家标准，推行“学历证书＋职业技能等级证书”制度，打造一批高水平数字技能职业院校和专业。加大数字技能职业培训力度，研制培训方案和内容标准，规范数字技能职业培训，试点探索“互联网＋”职业技能培训模式，推动数字化培训模式发展。

16. 建设数字技能认证体系与终身教育服务平台。推进国家学分银行建设，发挥开放大学优势，推动制定面向全民、适应行业发展的数字技能能力框架和认证单元，搭建国家级数字技能终身教育服务平台，设计符合相关标准的课程体系和配套学习资源与服务，贯通培训、学习、体验、考核、学习成果认定、学分互换等环节，为全民终身数字学习体系的建设提供可信可靠的“补给站”和四通八达的“立交桥”。

专栏5　退役军人数字素养与技能提升工程

建立退役军人数字信息档案。依托退役军人建档立卡工作，进一步丰富完善退役军人和其他优抚对象的综合信息数据库，系统分析研判广大退役军人和优抚对象的数字技能提升需求，形成电子档案。

引导退役军人逐步提高数字技能。引导学校、社会机构等开发面向退役军人的线上线下学习资源，积极发展退役军人移动服务平台，推出电子优待证，为退役军人提供线上就业创业服务，帮助退役军人和其他优抚对象共享互联网发展成果。

（五）激发数字创新活力

17. 打造企业数字化竞争力。发挥行业龙头企业在新一轮科技革命和产业变革中的引领和示范作用，培育造就一大批高水平、创新型、复合型的数字化人才队伍，积极开展数字创新大赛、成果推广、创先示范等活动，不断激发企业创新活力。加快完善面向中小企业员工的数字化服务体系，提升中小企业数字化发展意愿和能力。

18. 探索数据驱动科研新范式。适应国家创新驱动发展战略和大数据发展趋势，鼓励企业、高等学校、科研院所和科研工作者挖掘利用数据资源，探索数据密集型科研范式，支持国家科学数据中心建设，加快数据资源开放和利用，形成大数据驱动的科研创新模式，推动开放创新、协同创新。

专栏 6　高端数字人才培育工程

培育创新型数字人才。支持发展高水平信息科技专业资源，强化信息科技基础教育，鼓励学术领域、行业领域优秀数字人才开展专题讲座，大力支持基础创新、应用创新。

培育复合型数字人才。积极推动人工智能、大数据、云计算、量子信息等数字科技与计算机、控制、数学、金融等学科交叉融合，推动跨学科复合型数字人才队伍建设。

培育数字技术工程师。依托专业技术人才知识更新工程，围绕智能制造、物联网、区块链、虚拟现实、集成电路、工业互联网等数字技术领域，组织开发国家职业标准和培训课程，开展规范化培训、社会化评价，培育壮大高水平数字技术工程师队伍。

（六）提高数字安全保护能力

19. 提高全民网络安全防护能力。引导全民积极参与国家网络安全宣传周、“网络安全进社区”等活动，普及网络安全知识，提升网络安全防范意识。通过举办网络安全专题讲座和培训班、制作印发宣传册、线上视频宣讲等方式，增强全民对网络谣言、电信诈骗、信息窃取等不法行为的辨别能力和安全防护技能。

20. 强化个人信息和隐私保护。加大个人信息和隐私保护相关法律法规的普及宣传力度，提高全民个人信息和隐私保护意识。制定完善个人信息和隐私保护标准，健全个人信息和隐私保护监管机制，优化社会群众监督举报机制，压实行业组织、企业机构等保护个人信息安全主体责任，加大对侵犯个人信息和隐私等违法犯罪行为的打击力度。

（七）强化数字社会法治道德规范

21. 引导全民依法规范上网用网。坚持依法管网、依法办网、依法上网，加强网络空间生态治理，规范网络传播秩序。积极开展网络普法，增强网民法律意识和法治思维，加强网民自律，引导广大网民自觉抵制网络不良信息和不法行为。

22. 提高全民网络文明素养。建立完善网络文明规范，普及网络文明观念，发展积极健康的网络文化，进一步完善政府、学校、家庭、社会相结合的网络文明素养教育机制，不断提升青少年网络素养，引导健康合理使用数字产品和服务，推动全社会形成文明办网、文明用网、文明上网、文明兴网的共识。

23. 强化全民数字道德伦理规范。加强道德示范引领，深化网络诚信建设。各级政府、科研院所、行业组织、企业、线上社区等各方力量主动作为，督促数字技术和产品开发人员遵守职业道德和准则。加强人工智能技术治理，发展负责任的人工智能。提高全民数字获取、制作、使用、交互、分享、创新等过程中的道德伦理意识，引导全民遵守数字社会规则，形成良好行为规范。

四、保障措施

（一）加强组织领导

加强实施全民数字素养与技能提升行动的统筹协调、整体推进和督促落实，建立网信、组织、宣传、政法、发展改革、教育、工业和信息化、民政、财政、人力资源社会保障、农业农村、国资监管、工会、妇联、科协等部门参加的部际协调机制，加强部门间政策协同、资源整合和工作衔接，形成系统推进格局。各地区、各部门要加强组织领导，依据本行动纲要，制订工作实施方案，完善配套政策措施，确保各项任务落实。

（二）加大政策支持

完善政策支持和资金保障机制，多措并举加大对数字素养与技能薄弱环节的投入，完善支持数字素养与技能提升的长效机制。加快推动制修订涉及手机支付、防范网络诈骗、无障碍改造等法规制度，切实保障全民使用数字技术的合法权益。深化“放管服”改革，充分调动各方面积极性，打造一批数字素养与技能提升培训基地，鼓励社会力量参与全民数字素养与技能提升行动。

（三）开展试点示范

按照统筹规划、整体设计、资源整合、有序推进的原则，组织开展全民数字素养与技能提升试点示范工作，支持有条件的地区和行业先行先试，创新工作机制模式，探索有益经验，形成一批可复制可推广的典型案例，带动全民数字素养与技能整体提升。

（四）强化考核评估

加强数字素养与技能理论研究。建立符合我国国情的全民数字素养与技能发展评价指标体系。定期开展全民数字素养与技能发展监测调查和评估评价，编制发布全民数字素养与技能发展水平报告，以评促建、以评促用，指导各地区各行业开展相关工作。

（五）加强宣传推广

构建立体多元的宣传体系，创新网络宣传方式方法，营造全社会关注并积极参与全民数字素养与技能提升行动的浓厚氛围。按照国家有关规定，对在推动全民数字素养与技能提升工作中作出突出贡献的集体和个人给予表彰。举办全民数字素养与技能提升主题活动，开展数字技能相关职业技能竞赛活动，促进各地区各部门经验总结和交流推广。

（六）深化国际合作

发挥政府、行业组织、企业等各方力量，搭建数字素养与技能国际交流合作平台，设计开发一批数字技能公共产品与项目，多渠道宣介我成果经验。积极参与联合国框架下的国际合作机制，积极参加相关国际组织活动，借鉴吸收国际经验，促进全民数字素养与技能水平提升。